总第14辑
2023.9

晟典律师评论

SD & Partners Law Review

主办 广东晟典律师事务所
主编 周海荣 副主编 黎伟 周殷梁 黄霆

法律出版社
LAW PRESS·CHINA
北京

图书在版编目(CIP)数据

晟典律师评论. 总第14辑 / 周海荣主编 ; 广东晟典律师事务所主办. -- 北京 : 法律出版社, 2023
ISBN 978-7-5197-8189-7

Ⅰ. ①晟… Ⅱ. ①周… ②广… Ⅲ. ①律师业务-丛刊 Ⅳ. ①D916.5-55

中国国家版本馆CIP数据核字(2023)第148922号

晟典律师评论(总第14辑)
SHENGDIAN LÜSHI PINGLUN
(ZONG DI-14 JI)

周海荣 主编
广东晟典律师事务所 主办

策划编辑 许 睿
责任编辑 许 睿
装帧设计 汪奇峰

出版发行 法律出版社
编辑统筹 司法实务出版分社
责任校对 朱铁佳
责任印制 胡晓雅
经　　销 新华书店

开本 710毫米×1000毫米 1/16
印张 22 **字数** 327千
版本 2023年10月第1版
印次 2023年10月第1次印刷
印刷 三河市兴达印务有限公司

地址:北京市丰台区莲花池西里7号(100073)
网址:www.lawpress.com.cn
投稿邮箱:info@lawpress.com.cn
举报盗版邮箱:jbwq@lawpress.com.cn
销售电话:010-83938349
客服电话:010-83938350
咨询电话:010-63939796

书号:ISBN 978-7-5197-8189-7
定价:88.00元
凡购买本社图书,如有印装错误,我社负责退换。电话:010-83938349

《晟典律师评论》编委会

目　录

mulu

论文

律师实务

探索与实证

Table of Contents

Articles

Lawyers' Practices

Explorations and Empirical Studies

CISG 延伸适用于香港之相关问题探讨

徐三桥*

中国政府于2022年5月5日向联合国秘书长送交《联合国国际货物销售合同公约》领土适用延伸至中华人民共和国香港特别行政区（全文简称香港）的声明①。根据CISG第97条第（3）款的规定，该声明自2022年12月1日起生效。根据该声明，中国不受CISG第1条第（1）款（b）项约束的保留声明，将不适用于香港②。

CISG延伸适用于香港之后，涉及一方当事人营业地在香港的货物销售合同的法律规则的改变必然会影响一方当事人营业地在香港的货物销售。对于营业地分别位于中国内地和香港的货物销售是否产生影响？由于内地和香港之间紧密的经贸关系，这一问题备受关注。另外，CISG适用于香港之后，不仅香港法院以及仲裁地在香港的仲裁要处理相关的CISG适用问题，内地法院以及仲裁地在内地的仲裁、发生在外

* 广东一裁律师事务所律师，被列入中国国际经济贸易仲裁委员会、北京仲裁委员会、上海国际经济贸易仲裁委员会、深圳国际仲裁院、南京仲裁委员会、上海仲裁委员会、海南国际仲裁中心、香港国际仲裁中心等仲裁机构仲裁员名册。

① https：//uncitral. un. org/en/news/china – deposits – declaration – territorial – application – united – nations – convention – contracts，访问日期：2022年5月17日。

② https：//unis. unvienna. org/unis/en/pressrels/2022/unisl327. html，访问日期：2022年5月17日。

国的诉讼或仲裁也要面对同样的问题，是否可能因管辖地视角不同而对同一问题产生不同的看法和处理结果，均有待观察。CISG 适用于香港之后产生的相关适用问题，既包括 CISG 的一般适用问题，如 CISG 的自动适用、排除适用、选择适用等，也牵涉不追溯原则、内地与香港之间货物销售合同是否适用 CISG 等特殊的适用问题。笔者作为仲裁实务工作者，在以前的一些仲裁案件中，也曾处理了一些国际货物销售合同适用 CISG 相关的法律问题，以下笔者将基于之前的相关经验，针对 CISG 延伸适用于香港之后所产生的适用规则相关的问题进行分析，以求教于方家。

一、CISG 在香港的自动适用

对于一份国际性的货物销售合同，法院及/或仲裁庭通常是采用“两步走”的方法适用法律——首先援引法院地/仲裁地的国际私法规则确定合同应当适用的实体法，然后适用该法律。

CISG 是一部调整国际货物销售合同法律关系的实体法公约，符合条件的国际货物销售合同，在缔约国范围内将自动适用 CISG，而无须援引国际私法规则。换言之，对 CISG 的适用无须援引国际私法规则，这是 CISG 在适用问题上与其他国际性合同在适用法律问题上的一个重要区别。CISG 这一适用特点，一方面，为国际货物销售合同法律关系带来直接的、实质性的解决方法；另一方面，随着缔约国的增加，CISG 的适用范围越来越大，客观上起到了统一国际货物销售合同规范的作用。正如 CISG 序言中所明确的那样，其宗旨是为国际货物销售提供一套统一的法律规则，减少国际贸易的法律障碍，促进国际贸易的发展。

CISG 延伸适用于香港，符合 CISG 规定条件的国际货物销售合同将自动适用 CISG，在自动适用 CISG 过程中，除了会涉及 CISG 适用中遇到的一般性或者说共性的问题如销售合同的国际性判断标准、CISG 优先于本地国际私法规则的适用、销售合同的范围、CISG 的时间效力等问题，还可能产生一些在香港适用 CISG 的特殊适用问题，这些问题在实务中均有其重要性。

1. 货物销售合同的国际性判断标准

CISG 适用于国际货物销售合同，顾名思义，适用 CISG 的合同应当具有国际性，而非不具有国际性的本地或者国内合同。对于国际性的划分标准，理论上可以从合同主体、合同标的即货物、订立合同的法律事实等多个角度进行区分。CISG 采用了营业地作为判断标准，根据 CISG 第 1 条第（1）款的规定，营业地在不同国家的当事人之间订立的销售合同，具有国际性。

“营业地”对于确定合同的国际性至关重要，但对于何为营业地，CISG 并未给出一个确切的定义，CISG 只是从多个角度对营业地的确定作出了某些方面的限定：

第一，CISG 第 1 条第（3）款规定，在确定 CISG 的适用时，当事人的国籍和当事人或合同的民事或商业性质不予考虑。因此，在确定当事人的营业地时，当事人的国籍和当事人或合同的民事或商业性质不是一个考虑因素。

第二，CISG 第 10 条（b）项规定，当事人没有营业地的，以其惯常居住地为准。该款中的“惯常居住地”似乎更适用于合同主体为自然人的合同。

第三，当事人有一个以上营业地的，CISG 第 10 条（a）项规定：“以与合同及合同的履行关系最密切的营业地为其营业地，但要考虑到双方当事人在订立合同前任何时候或订立合同时所知道或所设想的情况。”

第四，营业地的确定，要根据订立合同时或之前已知的情况，而不能根据合同订立后才知道的情况。因此，据以确定营业地在不同国家这一事实的时点，CISG 第 1 条第（2）款规定：“如果从合同或从订立合同前任何时候或订立合同时，当事人之间的任何交易或当事人透露的情报均看不出，应不予考虑。”

CISG 第 1 条和第 10 条的规定，理论上对于营业地的确定并没有太大的帮助，而且上述规定似乎暗示：营业地更大程度上是一个事实问题，需要根据每个案件的具体事实才能确定。根据一些国家法院的判决，可以将“营业地”定义为“事实上从事营业活动的地方［……］；这要求有一段持续时间、一定的稳定性以及一定程度的自主性”。在另一些判决中，谈判场所、缔结合同的地方、存贮货物的地方，都不构成CISG意义上的营业地。①

在实务中，更多的情形是作为企业的当事人的营业地和注册地是在同一个国家，这在一定程度上缓解了CISG对于营业地概念不确定的不利影响。基于这一考量因素，笔者之前曾经在一些仲裁案件中，在没有相反证据的情况下，推定当事人的营业地与其注册地一致。当然，在作出这一推定时，应当特别关注当事人是否在订立合同时或者之前披露了营业地的相关信息，比如，当事人在合同中披露的地址不同于其注册地，这可能是其营业地与注册地不同的一个重要信号，需要进一步调查核实。

另外，CISG延伸适用于香港之后，还存在两类特殊类型的公司，其营业地可能和注册地不一致：

一类公司是中国内地公司为了商业上的便利而在香港注册成立的子公司，这类公司性质上属于香港公司，但这类公司，除法律规定其商业注册地址作为接收有关部门的信函和通知外，在香港并没有实际的营业地。公司的实际运营都和中国内地的母公司在一起，因此，这类公司注册地在香港，但营业地实际上在内地。

另一类公司是在香港登记的非香港公司，如在BVI、开曼群岛等地注册成立的公司，再到香港注册为非香港公司，这类非香港公司虽然原始注册地不在香港，但其公司的实际运营地在香港，因此，这类公司属于CISG意义上营业地在香港的公司。

2. 货物销售合同

CISG适用于国际货物销售合同，但CISG对于货物销售合同也没有作出任何定义。

① UNCITRAL Digest of Case Law on CISG, United Nations Publication, 2016 edition, p. 4.

CISG 第 30 条[①]和第 53 条[②]对货物销售合同项下卖方和买方的主要义务作出了规定。从上述规定可以推断 CISG 所涵盖的货物销售合同定义，即："根据合同约定一方当事人（卖方）有义务交付货物并转移其所售货物的财产权，而另一方当事人（买方）有义务支付价款并接受货物的合同。"[③]

CISG 第 2 条明确了某些类型的销售并非 CISG 意义上的货物销售，包括特定当事人的销售（消费者为一方当事人的货物销售）、特殊方式的销售（拍卖、执行程序中的销售）、特定标的物的销售（票据、证券、船只、飞机、电力等）。

CISG 第 3 条从两个方面区分销售合同和劳务合同：一项供应尚待制造或生产货物的合同，应视为销售合同；但是如果由订货一方提供其制造或生产所需的大部分材料，则不属于销售合同。如果供货一方的绝大部分义务在于提供劳动力或其他服务，则 CISG 不适用[④]。

3. 不追溯原则——适用 CISG 的合同订立时间

CISG 第 100 条确立了不追溯原则。依据 CISG 第 100 条第（1）款，CISG 第二部分关于合同订立的规则，仅当订立合同的发价（要约）于 CISG 在相关国家生效的当日或之后作出的情况下才适用；依据 CISG 第 100 条第（2）款，CISG 第三部分关于当事人权利和义务的规则，明确其"只适用于在它对第 1 条第（1）款（a）项所指缔约国或第 1 条第（1）款（b）项所指缔约国生效之日或其后订立的合同"。换言之，对于 CISG 生效之前作出的发价或订立的合同，CISG 没有溯及力，不能适用。

由于 CISG 延伸适用于香港的声明自 2022 年 12 月 1 日起生效，根

---

① CISG 第 30 条规定：卖方必须按照合同和本公约的规定，交付货物，移交一切与货物有关的单据并转移货物所有权。

② CISG 第 53 条规定：买方必须按照合同和本公约规定支付货物价款和收取货物。

③ UNCITRAL Digest of Case Law on CISG, United Nations Publication, 2016 edition, p. 6.

④ Explanatory Note by the UNCITRAL Secretariat on the United Nations Convention on Contracts for the International Sale of Goods, United Nations Publication, Sales No. E. 10. V. 14, ISBN 978-92-1-133699-3, p. 9.

据 CISG 第 100 条的规定，一方当事人的营业地在香港的销售合同，如果发价时间或者合同订立时间在该日期之前，则不适用 CISG。

对于合同订立时间在 CISG 延伸适用于香港的声明生效时间前后一段时间且订立时间不明确的合同，是否适用 CISG 的规定，可能会在一段较长的时间内成为当事人争议的问题。为减少或者避免争议发生，当事人在合同中明确约定适用 CISG，或者明确约定合同的订立日期为 2022 年 12 月 1 日或之后，可能是一个较好的预防措施。

二、CISG 在香港的间接适用

如前文所述，CISG 自动适用于当事人双方的营业地在不同缔约国所订立的合同，但是，CISG 也可以在某些条件下间接适用，即在只有一方当事人的相关营业地在缔约国（或者双方当事人的营业地都不在缔约国）的情况下，也可以根据第 1 条第（1）款（b）项的规定在缔约国适用 CISG，只要国际私法规则导致某一缔约国的法律的适用。

中国政府在 1986 年 12 月正式核准加入 CISG 时，根据第 95 条的规定，对第 1 条第（1）款（b）项的适用作出了保留声明。因此，在中国内地，不能依据第 1 条第（1）款（b）项的规定间接适用 CISG。

如前文所述，中国于 2022 年 5 月 5 日送交 CISG 领土适用延伸至香港的声明时，明确中国不受 CISG 第 1 条第（1）款（b）项约束的保留声明，将不适用于香港。① 据此，营业地在香港的一方当事人订立的货物销售合同，即便另一方当事人的营业地在非缔约国，或者双方当事人的营业地都在非缔约国的销售合同，仍然存在根据国际私法规则适用 CISG 的可能，即如果根据国际私法规则应当适用香港法律，依据 CISG 第 1 条第（1）款（b）项的规定，合同应当适用 CISG。这一点，是营业地分属中国内地和香港的当事人所订立的合同在适用 CISG 问题上的一个重要区别。

---

① https：//unis. unvienna. org/unis/en/pressrels/2022/unisl327. html，访问日期：2022 年 5 月 17 日。

举例说明:

营业地在英国的 B 公司和营业地在中国内地的 C 公司、香港的 H 公司分别订立了两份货物销售合同,由于英国不是 CISG 缔约国,不能依据 CISG 第 1 条第(1)款(a)项的规定自动适用 CISG。由于中国政府根据 CISG 第 95 条的规定对 CISG 第 1 条第(1)款(b)项的适用声明保留,但该保留声明不适用于香港,英国 B 公司和中国内地的 C 公司之间的合同、英国 B 公司和中国香港地区 H 公司之间的合同,是否适用 CISG,或者国际私法规则导致分别适用中国内地法律、香港法律?

在上面这个例子中,法院地不同可能导致产生不同的结果。如果法院地是中国内地,因中国政府作出了对 CISG 第 1 条第(1)款(b)项的保留声明,内地法院将适用中国内地的《民法典》;如果法院地是香港,香港法院将根据 CISG 第 1 条第(1)款(b)项的规定适用 CISG。

上面例子抽象化之后的适用规则可以归纳为下表:

法院地 营业地	缔约国[对第 1 条第(1)款(b)项声明保留]	缔约国[未对第 1 条第(1)款(b)项声明保留]
双方营业地均在缔约国	根据第 1 条第(1)款(a)项自动适用 CISG	根据第 1 条第(1)款(a)项自动适用 CISG
一方(或者双方)营业地在非缔约国	不适用 CISG	根据第 1 条第(1)款(b)项选择适用 CISG

三、CISG 的选择适用(opting – in)

CISG 并未明确规定在 CISG 不能自动适用的情况下当事人是否可以约定 CISG 作为合同适用的法律。前德意志民主共和国代表团在外交会议上提出一项提案,认为如果双方当事人想要适用本公约,即使没有满足本公约适用的前提条件,本公约也可以适用,但该提案被否决。在讨论中人们指出,该提案没有必要,因为当事人意思自治原则足以允许双方当事人“选择适用”（opting – in）CISG。[①]

选择适用在两种情况下扩大了 CISG 的适用范围：一是一方或者双方当事人的营业地不在缔约国境内因而不能自动适用 CISG 的情况；二是缔约国根据 CISG 第 95 条规定对第 1 条第（1）款（b）项的适用作出了保留声明的情况。

四、CISG 适用的排除（opting – out）

CISG 虽然是一部调整国际货物销售合同法律关系的国际公约，但其主要的实体法内容（第四部分“最后条款”除外）仍然属于私法领域的调整规范，根据 CISG 第 6 条的规定，当事人可以全部或者部分排除 CISG 的适用，也可以在第 12 条的条件下减损其中的任何规定或者改变其效力。该条款的内容表明：国际货物销售合同中的契约自由作为一项基本原则得到承认，当事人意思自治原则得到充分尊重，同时也明确承认 CISG 并不具有强制性。

1. 明示排除

当事人可以明示排除 CISG 的适用，既可以在合同中明确约定“CISG 不适用于本合同”，也可以通过并入包含有明示排除 CISG 适用的标准合同条款，达到排除 CISG 适用的效果。

2. 默示排除

（1）能否采用默示方式排除 CISG 的适用。

排除 CISG 的适用，是否可以采用默示的方式？这个问题常常引起争议。

在讨论 CISG 草案的外交会议中，英国曾经提出一项建议，将第 6 条的内容修改为：“各当事人可以默示地或明示地不适用本公约，或减损公约的任何规定，或改变任何规定的效力。”但该项提案未被多数意见采纳。与此同时，另几个国家在提案中建议必须采用“明示”的方

---

① See Official Records of the United Nations Conference on Contracts for the International Sale of Goods, Vienna, 10 March – 11 April 1980 (United Nations Publication, Sales No. E. 81. Ⅳ. 3), p. 86, 252 – 253.

式才能全部或部分排除 CISG 的适用，这些提案也未被多数意见采纳。[1]由于英国建议的提案未被采纳，最终的 CISG 第 6 条文本中未明确提及“默示排除”，一些法院判决和一项仲裁裁决据此认为 CISG 没有明确规定“默示排除”的可能性，因而 CISG 不能被默示排除。[2] 而在讨论 CISG 草案的外交会议中，未明确提及“默示排除”的原因，实际上是考虑到本公约的案文删除明确提及“默示”排除的可能性，仅仅是为了防止“特别提及‘默示’排除可能会鼓励法院在缺乏充分理由的情况下就得出结论，认为本公约的适用被全部排除了”。[3] 由此可见，CISG 条文的立法原意并没有否定“默示排除”的可能性。

（2）选择适用某一缔约国的法律，是否构成默示排除？

通过在合同中选择适用非缔约国的法律，可以达到默示排除 CISG 适用的目的。但是，较为棘手的问题是，选择适用某一缔约国的法律，是否构成默示排除？

实务中针对这一问题存在两种不同的看法。“一些仲裁裁决和几个法院判决指出，这一选择应当构成对本公约适用的默示排除，至少在双方当事人提及缔约国的法律‘排他性’适用时，表明对本公约的默示排除。不过，多数法院判决和仲裁裁决都采纳了另一种不同的观点，其主要理由是，本公约是双方当事人所选择的缔约国法律的一部分；双方当事人的选择仍然有意义，因为它确定采用国内法来填补本公约中的空白。根据此类判决，对缔约国法律的选择，如果没有特指（particular reference to）该国的国内法，则不排除本公约的适用，甚至在所选择的法律属于一个联邦国家的一个州的法律时，至少在一些法院的判决中，

---

① Official Records of the United Nations Conference on Contracts for the International Sale of Goods, Vienna, 10 March - 11 April 1980（United Nations Publication, Sales No. E. 81. Ⅳ. 3）, p. 85 - 86.

② UNCITRAL Digest of Case Law on CISG, United Nations Publication, 2016 edition, p. 34.

③ Official Records of the United Nations Conference on Contracts for the International Sale of Goods, Vienna, 10 March - 11 April 1980（United Nations Publication, Sales No. E. 81. Ⅳ. 3）, p. 17.

不排除本公约的适用。当然，如果双方当事人明确选择某一缔约国的国内法来适用于其合同，则本公约必须视为被排除。”①

笔者赞同后一种观点，认为支持后一种观点的两个理由更加符合逻辑，更令人信服。其一，CISG 是缔约国法律的一部分。缔约国通常采用两种方式将 CISG 纳入其国内法律体系，一种是通过缔约国立法机关批准加入 CISG 的方式使之成为国内法律的一部分，另一种是通过国内专门立法的方式将 CISG 的内容纳入。不管采用哪一种方式，CISG 都成为缔约国法律的一部分。因此，当事人概括性选择适用某一缔约国的法律，并没有排除 CISG 的适用。其二，CISG 第 4 条明确其实体内容仅包括销售合同的订立和卖方、买方因此种合同而产生的权利和义务，CISG 不涉及合同的效力、合同对所售货物所有权可能产生的影响；第 5 条明确 CISG 不适用于产品侵权责任问题。那么，对于 CISG 没有规定的事项，当事人选择适用的国内法能够起到填补 CISG 空白的功能。因此，在这个意义上，当事人概括性选择适用国内法，并没有排除 CISG 的适用。

但是，如果当事人在合同中并非概括性约定适用国内法，而是约定适用特定的国内法，比如，选择适用中国内地的《民法典》、香港的《货品售卖条例》（SALE OF GOODS ORDINANCE，CAP 26），那么，这种缔约国特定法律的选择，就应当视为当事人默示排除了 CISG 的适用。

（3）仅依据国内法进行论辩，是否构成对 CISG 适用的排除？

在适用 CISG 的所有条件都满足的情况下，当事人在诉讼或仲裁程序中仅依据国内法进行论辩，是否构成对 CISG 适用的排除？

在这个问题上，各国法院/仲裁庭存在两种不同的观点。一种观点是当事人仅依据国内法争辩，仅凭这一点不会导致对 CISG 适用的排除。根据不同法院的判决，如果双方当事人没有意识到本公约的适用，

① UNCITRAL Digest of Case Law on CISG, United Nations Publication, 2016 edition, p. 34.

其在国内法的基础上进行诉争仅是因为他们错误地认为其国内法是适用的，则法官应适用本公约。另一种观点是当事人以其各自的国内法进行争辩，则公约的适用被排除。①

笔者认为，当事人以其各自的国内法进行争辩，但未表明双方对适用法律问题达成共识，故不能认定当事人默示地排除了 CISG 的适用，这一点应当是确定的；但是，如果双方当事人适用同一个国家的国内法进行争辩，是否表明双方当事人默示同意排除 CISG 的适用呢？在中国内地，各方当事人并没有以书面或者口头等明示的方式对适用法律作出选择，但在诉讼过程中各方当事人均援引同一国家的法律且均未对法律适用问题提出异议，对此，人民法院一般会认为当事人已经就涉外民事关系应当适用的法律作出了选择，即适用当事人共同援引的法律作出裁判，这一做法被司法解释接纳并成为通行规则。② 笔者认为，中国内地的司法解释并未考虑到一种特殊情况，即各方当事人均援引同一国家的法律，系因双方当事人的错误认识，他们都认为应当适用国内法，而没有意识到本来应该适用 CISG。因此，笔者认为，有必要提示双方当事人，让他们澄清是在知情的情况下选择国内法的适用，还是基于错误的认识选择国内法的适用，从而判断双方当事人之间是否存在排除 CISG 适用的真实意思。

（4）合同约定适用国际商会《国际贸易术语解释通则》，是否构成对 CISG 适用的默示排除？

国际商会《国际贸易术语解释通则》（Incoterms）是一套在全球得到广泛认可的、可以适用于国内和国际贸易的标准贸易术语，它清晰地

① UNCITRAL Digest of Case Law on CISG, United Nations Publication, 2016 edition, p. 34.

② 《最高人民法院关于审理涉外民事或商事合同纠纷案件法律适用若干问题的规定》（法释〔2007〕14 号，已废止）第 4 条第 2 款规定：当事人未选择合同争议应适用的法律，但均援引同一国家或者地区的法律且未提出法律适用异议的，应当视为当事人已经就合同争议应适用的法律作出选择；《最高人民法院关于适用〈中华人民共和国涉外民事关系法律适用法〉若干问题的解释（一）》（法释〔2012〕24 号）第 6 条第 2 款规定：各方当事人援引相同国家的法律且未提出法律适用异议的，人民法院可以认定当事人已经就涉外民事关系适用的法律作出了选择。

界定了买方和卖方各自的义务、风险和成本，从而大大减少了双方误解或争议的可能性。当事人在合同中通过援引《国际贸易术语解释通则》的方式将其并入合同中，成为合同内容的一部分，这是否构成对 CISG 适用的默示排除？实务中也存在不同的法院判决。①

笔者认为，虽然 CISG 和《国际贸易术语解释通则》都针对买卖合同，但两者的性质和调整的范围并不相同。首先，《国际贸易术语解释通则》虽然提供了一套统一的贸易术语，但它不是一份完整的合同文本，并且需要当事人在合同中援引才能并入成为合同的一部分，而 CISG 则是调整国际货物销售合同关系的国际公约，在条件满足时自动适用；其次，两者都是针对买卖双方权利义务的划分，但两者的调整范围并非完全重合，《国际贸易术语解释通则》并不涉及合同是否订立、价款的支付、违约救济、不可抗力导致的免责等方面的内容，而这些内容构成 CISG 第二部分和第三部分中的主要内容之一，《国际贸易术语解释通则》的适用，客观上也替代不了 CISG 的适用。因此，从合同约定适用《国际贸易术语解释通则》的事实，并不能推定出双方当事人之间存在默示排除适用 CISG 的共同意思。

当然，理论上也不排除《国际贸易术语解释通则》和 CISG 在个别具体问题上的规定存在差别的可能性，在这种情况下，基于当事人意思自治原则，当事人选择适用《国际贸易术语解释通则》的，应当优先于 CISG 的适用，但这种情况不是对 CISG 适用的全部或者部分排除，而是下面将要分析的对 CISG 个别条款效力的减损。

3. 减损 CISG 的任何规定

根据 CISG 第 6 条的规定，当事人可以在第 12 条的条件下减损其中的任何规定或者改变其效力。

（1）关于减损规定适用的限制条件。

与 CISG 的排除适用没有附加任何条件限制不同，当事人对 CISG

① UNCITRAL Digest of Case Law on CISG, United Nations Publication, 2016 edition, p. 34.

任何规定的减损受到了一点限制：如果适用 CISG 的合同一方当事人的营业地所在国依第 96 条作出了保留，双方当事人不能减损第 12 条或者改变其效力。第 96 条赋予缔约国随时可以作出书面保留声明，即如果该缔约国国内法要求合同必须以书面形式订立或者证明，在合同一方当事人的营业地在该缔约国的情况下，CISG 关于非书面要求的条款不适用。

中国加入 CISG 时作出了书面保留声明，但 1999 年生效的《合同法》（已废止）第 9 条规定“当事人订立合同，有书面形式、口头形式和其他形式”，对加入 CISG 时生效的《涉外经济合同法》关于合同形式的规定作出了实质性改变，在合同订立形式上的规定接受了 CISG 的立法模式，因而书面保留声明已无必要，故此，中国政府于 2013 年 1 月 16 日向联合国秘书长正式交存有关撤销其在 CISG 项下“书面形式”声明的申请，该项撤回声明于 2013 年 8 月 1 日对中国正式生效。①

到目前为止，CISG 的 95 个缔约国中，仅有阿根廷、亚美尼亚、白俄罗斯、智利、朝鲜、巴拉圭、乌克兰、越南 8 个国家仍然维持书面保留声明②。因此，该项书面保留在实务中并无太大的实际影响。换言之，对当事人减损 CISG 任何规定的限制，在实务中的意义已经近乎可以忽略。

（2）减损 CISG 任何规定的方式和意义。

当事人排除 CISG 适用，不管是全部排除还是部分排除，通常会明示约定排除 CISG 适用，或者默示地选择其他适用的法律；而减损 CISG 任何规定，当事人一般不会明示或者默示地作出减损的意思表示，只是在合同中对某项权利或义务作出了与 CISG 任何规定不同的约定。这是减损 CISG 任何规定与排除 CISG 适用的区别。

---

① China Withdraws “Written Form” Declaration Under the United Nations Convention on Contracts for the International Sale of Goods (CISG), visited at https://unis.unvienna.org/unis/pressrels/2013/unisl180.html，访问日期：2022 年 6 月 3 日。

② Status: United Nations Convention on Contracts for the International Sale of Goods (Vienna, 1980) (CISG), visited at https://uncitral.un.org/en/texts/salegoods/conventions/sale_of_goods/cisg/status，访问日期：2022 年 6 月 3 日。

减损 CISG 任何规定与排除 CISG 适用，都是当事人意思自治原则在国际货物销售合同领域的具体体现。CISG 作为一项国际公约，和其他国内法关于合同法律关系调整规范的性质一样，起到对当事人合同条款缺漏的补缺作用，不具有强制性。因此，基于当事人意思自治原则，当事人在合同中的任何约定，只要与 CISG 关于私法领域的规定不同（CISG 中第四部分第 89 ~ 101 条关于国际公法的规定除外），都是对 CISG 规定的减损，应当优先于 CISG 的规定。这一点，在实务中经常为一些当事人及其律师所忽略，他们主张合同中的约定违反了 CISG 的规定，因而当事人的约定无效，这是对 CISG 作为一种任意性规范的错误认识，应当予以纠正。

五、内地和香港之间的销售合同是否适用 CISG?

2022 年 12 月 1 日起 CISG 延伸适用于香港之后，中国内地和香港均成为 CISG 适用范围，营业地分别在内地和香港的当事人之间订立的货物销售合同，是否也可以适用 CISG？这个问题成为两地法律界、商界人士共同关注的问题。

对此问题，香港律政司在其于 2021 年 3 月提交立法会司法及法律事务委员会的文件①中，首先明确了中国内地企业和香港企业之间的交易在同一国家内进行，CISG 作为规管国际货物销售的国际公约，并不适用。

在之前提交的《咨询文件》第 4.10 段，香港律政司提出了下列初步建议：

“4.10　然而，即使《销售公约》不会自动适用于［中国内地企业与香港企业之间的交易］，鉴于中国内地与香港经济关系紧密，为便利两地企业之间的货物销售，现建议新订条例单方面包含条文，使《销售公约》规则实质上适用于营业地分别位于中国内地与香港的当事各方之

① https：//www. legco. gov. hk/yr20 – 21/english/panels/ajls/papers/ajls20210322cb4 – 648 – 3 – e. pdf，访问日期：2020 年 6 月 4 日。

间所订立的货物销售合同。”①

咨询的结果是，普遍支持 CISG 适用于内地和香港之间的货物销售，原因是减少不同法律传统的地区之间进行交易而产生的误解和法律费用、提高确定合同适用法律的预知性、增强当事各方的信心、促进大湾区的贸易发展。但是，香港律师会建议：中国内地和香港之间就 CISG 适用于营业地分别位于内地和香港的当事人之间的交易这一问题达成相互安排。因应上述咨询建议，香港政府计划与内地商讨订立安排使 CISG 适用于营业地分别位于内地和香港的当事人之间的交易。②

基于上述原因，在内地与香港之间就 CISG 适用于营业地分别位于内地和香港的当事人之间的交易达成相互安排之前，CISG 还不能适用于营业地分别位于内地和香港的当事人之间的交易。但是，在两地达成相互安排之前，作为一种制度性安排的替代解决方法，营业地分别位于内地和香港的当事人，仍然可以在合同中约定适用 CISG，从而达到在特定、具体合同中选择适用 CISG 的目的。

（本文仅代表作者个人观点。特约编辑：郭莎莎）

① https：//www. doj. gov. hk/sc/featured/consultation_ paper. html，访问日期：2020 年 6 月 4 日。

② https：//www. legco. gov. hk/yr20 –21/english/panels/ajls/papers/ajls20210322cb4 –648 –3 –e. pdf，第 14 –16 段，访问日期：2020 年 6 月 4 日。

非营利民办学校企业所得税纳税义务探究

王永敬*

自2016年《民办教育促进法》修订颁布以来，按现行有效的《企业所得税法》及其实施条例，非营利民办学校作为非营利性组织通常并未承担企业所得税的纳税申报、缴纳等义务。

近期，C市税务局第三稽查分局对C医学院作出税务事项处理决定书称，依照《企业所得税法》及其实施条例："你单位取得的学费住宿费收入不属于企业所得税不征税收入，也不适用企业所得税免税规定，依法应当并入收入总额申报缴纳企业所得税。"

一石激起千层浪，C市税务局第三稽查分局的该涉税处理决定将非营利民办学校的企业所得税纳税义务问题快速纳入税务专业界和公众视野，一时成为热议话题。税收实务界以税收政策文件为依据，多数倾向于认为非营利民办学校的学费、住宿费收入应当申报和缴纳企业所得税。

笔者认为，该涉税事项处理决定可能成为一个标志性事件，引起纷纷效仿，导致非营利民办学校在《民办教育促进法》和《企业所得税法》法治框架下的不征税待遇落空，产生税收执法的非法治化结果。因此，有必要著文对非营利民办学校的企业所得税纳税义务问题作进一步的研讨。

---

* 广东晟典律师事务所高级合伙人，武汉大学法学博士。

一、涉税事项争议背景与分歧

C 医学院认为，教育部针对该涉税事项于 2021 年 7 月 18 日已回函："非营利性民办学校学费和住宿费与公办学校上述费用性质相同，应享受同样的税收优惠政策；非营利性民办学校属于享有税收优惠的'符合条件的非营利组织'；非营利性民办学校是在民政部门登记的民办非企业单位，为从事非营利性社会服务活动的社会组织，符合《企业所得税法》第二十六条和《企业所得税法实施条例》第八十四条有关非营利性组织的条件和免税资格认定条件，其有关收入应为免税收入。"C 医学院认为，非营利民办学校的学费、住宿费应为免税收入。

C 市税务局第三稽查分局认为，C 医学院没有办理免税证明，且学费、住宿费收入并未如同公办学校上缴财政纳入预算外监控，故不属于民政收费，都是自收自支，不满足享有税收优惠政策条件，不能享有税收优惠。有的税收实务专业人士也认为，按照《财政部、国家税务总局关于非营利组织企业所得税免税收入问题的通知》（财税〔2009〕122 号）已明确规定非营利性组织可以免税的收入类型，非营利民办学校的学费、住宿费不在其列，故不属于免税收入。

更有专家认为，《财政部、国家税务总局关于教育税收政策的通知》（财税〔2004〕39 号，部分已失效）第 1 条第 10 项规定："对学校经批准收取并纳入财政预算管理或财政预算外资金专户管理的收费不征收企业所得税；对学校取得的财政拨款，从主管部门和上级单位取得的用于事业发展的专项补助收入，不征收企业所得税。"故，如同本次涉税事项主管税务机关所言，C 医学院所收学费、住宿费并未上缴财政或纳入财政预算外专户监控，故不应免税。

似乎 C 医学院所收学费、住宿费应申报缴纳企业所得税无疑。

二、本次涉税事项的征税决定不应依据《财政部、国家税务总局关于教育税收政策的通知》第1条第10项规定

理解税法及税收政策时，需要考虑相关法律法规的背景和影响。显然，《财政部、国家税务总局关于教育税收政策的通知》（财税〔2004〕39号，部分已失效）第1条第10项规定是针对公办学校的。原因在于，按照财政预算法律法规，只有公办学校才将其学费、住宿费等收费上缴财政或纳入财政预算外专户监控，民办学校不具备也不可能将学费、住宿费交由财政预算内管理或预算外监控，这涉及财政预算法律及法规的强制性规定限制。

2002年12月28日公布的《民办教育促进法》（历经2013年、2016年、2018年三次修订）第46条规定："民办学校享受国家规定的税收优惠政策。"2004年3月5日公布的《中华人民共和国民办教育促进法实施条例》（以下简称2004版《民办教育促进法实施条例》，2021年已修订）第38条进一步规定："捐资举办的民办学校和出资人不要求取得合理回报的民办学校，依法享受与公办学校同等的税收及其他优惠政策。"此处的"捐资举办的民办学校"即是民法上的捐助法人或民政部门登记的非营利组织。理解财税〔2004〕39号文件第1条第10项的逻辑为：公办学校与民办学校负有同样的义务，公办学校履行了该义务可免税；而民办学校未履行该义务故不得免税。本次涉税事项的主管税务机关和有关专家错误理解和适用财税〔2004〕39号文件的原因就在于逻辑前提错误，将公办学校和民办学校在财政预算管理上的义务视为相同。如果主管税务机关转而认为财税〔2004〕39号文件第1条第10项只规定了公办学校享受企业所得税不征税待遇，非营利民办学校不能享受，则该理解明显违反了2004版《民办教育促进法实施条例》第38条关于非营利学校与公办学校同等税收待遇的规定。

三、税法渊源不限于单行税收法律、税收法规及政策文件，《民办教育促进法》等其他单行法中的涉税法律规范亦是税法渊源

税法的渊源一般是指税法的效力来源，通常包括宪法、税收法律、税收法规、部委规章和有关规范性文件、地方性法规、地方政府规章和有关规范性文件、自治条例和单行条例、国际税收条约或协定、习惯、判例、税收通告等。税法的根本渊源是国家意志所形成的法律法规，其中由税收行政机关启动立法或起草后立法生效的税收单行法律法规属于国家意志的法律体现，其他部门或采取其他方式启动立法形成的单行法律法规的涉税规范也属于国家意志的法律体现。可见，税收实务界长期认为征税与否，是否享受税收优惠等均以专门税收单行法律、法规和通告规定为准，是偏颇的甚至错误的观念。

税收法律、税收行政法规、税收通告等税法渊源，既包括专门的税收单行法律、法规及通告，如《企业所得税法》及其实施条例、财税〔2004〕39号文件等；也包括其他单行部门法中涉及税收问题的规定，如《民办教育促进法》规定非营利民办学校按公办学校享受税收优惠政策，《法律援助法》第52条规定法律援助补贴不征收个人所得税等，相关法律条款均构成税法的渊源。现行《民办教育促进法》第47条明确规定："民办学校享受国家规定的税收优惠政策；其中，非营利性民办学校享受与公办学校同等的税收优惠政策。"正如国民待遇原则、最惠国待遇原则可以作为税收执法的依据，《民办教育促进法》第47条作为税收法律规范，其效力高于税收法规和税收通告，已经赋予非营利民办学校与公办学校同等税收待遇原则——包括享有同等的税务优惠和执行同等的税收政策，税务机关对公办学校学费、住宿费执行不征企业所得税，应同等对非营利民办学校的学费、住宿费不征收企业所得税，而不是以似是而非的征税政策通告文件为依据征收企业所得税。

四、应严格区分不征税收入与免税收入，非营利民办学校收取的学费、住宿费应属于法定不征税收入而非免税收入

不征税收入系指其根源上就不属于营利性活动的收费，如财政补贴、事业性收费等；免税收入系指属于企业经营性收入或非企业组织营利性收入，但税法、税收政策予以优惠而免收。《企业所得税法》所述的应税“收入”应指企业的收入（全部收入）和非企业单位的应税性收入（非全部收入），对该等应税收入可依法依规进行减免。非营利组织的收费如为实现其非营利事业职能所必需而设定，不应属于企业所得税的征税收入范畴，如行业协会的会员费，公办学校的学费、住宿费，非营利民办学校的学费、住宿费等。对于免税收入，税法和税务机关有进一步明确优惠条件和程序的余地，对于不征税收入，并无执法余地和弹性。

《企业所得税法》第7条规定：“收入总额中的下列收入为不征税收入：（一）财政拨款；（二）依法收取并纳入财政管理的行政事业性收费、政府性基金；（三）国务院规定的其他不征税收入。”可见，公办学校收取的学费住宿费上缴财政或存在预算外专户接受财政监控，属于前述《企业所得税法》第7条第2项规定情形，《财政部、国家税务总局关于教育税收政策的通知》（财税〔2004〕39号，部分已失效）第1条第10项规定将公办学校的学费、住宿费作为不征税收入。学校教育属于社会公共事业，一般应由国家财政进行支付，公办学校的收费通常不足以弥补其成本开支，所以成本差额由国家财政承担。非营利民办学校与公办学校都是非营利组织，收取学费、住宿费的目的都是从事教育社会服务事业，不以营利为目的。非营利民办学校成本开支的资金来自按相关标准收取的学费、住宿费等收费项目，国家、各省、市层面发展改革委和教育主管部门均予以核准或备案，并以满足学校运营为收费基准。因此，非营利民办学校按规定收取的学费、住宿费与公办学校学费、住宿费的用途和目的相同，按《民办教育促进法》第47条之规定，应享受同等税收政策——按不征税收入处理。

另外，非营利民办学校收费标准高于同等公办学校收费标准的差额应属以自费形式替代及缓解了财政支出，财政支出与补贴都不征税，缓解财政压力和自费支出（成本开支），则更不应征税。

五、税收法规政策与税务机关并无定性非营利学校（组织）的法定权限

涉税主体资格及其性质按照《公司法》《民办非企业单位登记管理暂行条例》等相关法律规定进行注册登记，税收法规政策与税务机关并无决定涉税主体资格及性质的权限。非营利民办学校是依据《民办非企业单位登记管理暂行条例》或《事业单位登记管理暂行条例》注册登记的非营利性组织，获得了相应的登记证书，其非营利性组织主体资格与身份并非由税务机关再次决定或予以否定。

《企业所得税法实施条例》第84条第1款规定在非营利性组织认定时，首先要以依法注册登记为准，并以非营利性活动为主。实际上，该规定只是重述《民办非企业单位登记管理暂行条例》或《事业单位登记管理暂行条例》等法律关于非营利性组织注册、登记、存续的法律规范。如前文所述，非营利性组织的主体资格依据《民办非企业单位登记管理暂行条例》或《事业单位登记管理暂行条例》等法律进行规范，《企业所得税法实施条例》第84条第1款并无决定、否定非营利性组织主体资格的实际法律效力。

《企业所得税法实施条例》第84条第2款规定非营利性组织的认定管理办法由国务院财政、税务主管部门会同国务院有关部门制定。由于非营利性组织按其设立时的实体法、组织法已具有非营利性组织主体资格，且其非营利性主体资格是依据其相关实体法或组织法产生的，所以国务院有关部门再去会同财政部、国家税务总局另行制定非营利性组织认定办法的必要性和法律依据是缺失的。实际上，至今也不存在有关部门会同制定此类认定办法的任何信息。毕竟，对已依法设立的非营利性组织再去制定非营利性组织认定办法，缺乏必要性。《关于非营利组织免税资格认定管理有关问题的通知》（财税〔2018〕13号，已废止）

第1条规定几乎全文照搬了《企业所得税法实施条例》第84条第1款的内容，对如何认定非营利性组织进行规定，该文件存在如下问题：其一，如前文所述，是否属于非营利性组织不是税务机关、税收文件甚至税务法规决定的，而是由非营利性组织法律所规范的，财税〔2018〕13号文件设定非营利性组织资格标准，与法有悖；其二，按《企业所得税法实施条例》第84条第2款规定，即便要再从税务角度认定非营利性组织资格身份，也须由财政部、国家税务总局会同国务院有关部门制定认定办法并据该办法认定，财税〔2018〕13号文件违反了《企业所得税法实施条例》第84条第2款规定。

六、依《企业所得税法》第26条的立法本义，非营利性组织的营利性收入才需申报缴纳企业所得税，非营利民办学校的学费、住宿费属于非营利性收入

《企业所得税法》第26条对企业的免税收入作出明确规定，该条第4项为“符合条件的非营利组织的收入”。最基础最直接的语法字面解释为：符合条件的、非营利性组织的收入，“符合条件”限定的是“收入”。其一，如前文所述，非营利组织资格条件不由税法规范确定。其二，从《企业所得税法实施条例》第85条关于“企业所得税法第二十六条第（四）项所称符合条件的非营利组织的收入，不包括非营利组织从事营利性活动取得的收入，但国务院财政、税务主管部门另有规定的除外”的规定中直接使用“非营利组织”而不用“符合条件的非营利组织”，并区分出营利性活动的收入，可见《企业所得税法》第26条第4项规定的规范意旨在于非营利组织的收入要免税需符合条件而非该非营利组织是否符合条件。税法或税务机关可以认定收入的涉税性质，但不可认定涉税主体的主体法律资格及性质。由此而论，基于《企业所得税法》第26条第4项规定，《企业所得税法实施条例》等可以具体规定非营利组织的哪些收入可以免税、哪些收入不能免税，《企业所得税法实施条例》第84条的意旨在于对非营利组织的资格条件再设认定标准是多余的，至今并未依法落实。

关于《企业所得税法》第26条第4项规定的“符合条件的收入”，《企业所得税法实施条例》第85条已明确规定，非营利组织的免税收入不包含其营利性收入，即非营利性收入均免税。《民办教育促进法》区分了营利民办学校与非营利民办学校的标准：前者以营利为目的，其学费、住宿费等偏市场调节；后者不以营利为目的，其学费、住宿费等以维持成本为基准并受政府调控和管制。因此，非营利民办学校按政府规定标准收取的学费、住宿费等收入不属于营利性收入，不应征纳企业所得税。

七、《财政部、国家税务总局关于非营利组织企业所得税免税收入问题的通知》与上位法冲突，且未囊括非营利组织免税收入所有类型，不能作为认定免税收入的唯一依据

《财政部、国家税务总局关于非营利组织企业所得税免税收入问题的通知》（财税〔2009〕122号）第1条规定：“非营利组织的下列收入为免税收入：（一）接受其他单位或者个人捐赠的收入；（二）除《中华人民共和国企业所得税法》第七条规定的财政拨款以外的其他政府补助收入，但不包括因政府购买服务取得的收入；（三）按照省级以上民政、财政部门规定收取的会费；（四）不征税收入和免税收入孳生的银行存款利息收入；（五）财政部、国家税务总局规定的其他收入。”从表面上看，似乎非营利组织不在上述范围内的收入都不属于免税收入。然而，该文件规定不具有法律上和实践上的效力。

根据《企业所得税法》第26条及《企业所得税法实施条例》第85条的规定，非营利组织的非营利收入符合免税条件，其营利性收入不符合免税条件，但国务院财政、税务主管部门另有规定的除外。可见，《企业所得税法实施条例》第85条授权国务院财政、税务主管部门可对营利性收入另行规定免税政策。因此，财政部和国家税务总局根据《企业所得税法》第26条及《企业所得税法实施条例》第85条，只能规定非营利组织可免税的营利性收入，而不是另行规定非营利组织哪些非营利收入可以免税。财税〔2009〕122号文件是另行规定非营利组织

的哪些非营利性收入可以免税，其文件宗旨与上位法《企业所得税法》第26条及《企业所得税法实施条例》第85条的规定是相抵牾的，本质上应属于违反上位法的无效税收公告文件。依非营利组织的税收执法实践分析，亦不可以作出“凡财税〔2009〕122号文件未规定的收入类型均不在免税范畴”的结论。即便不将该公告宗旨认定为背离《企业所得税法实施条例》第85条之规定，也仅能将其认定为是对《企业所得税法》第26条及《企业所得税法实施条例》第85条概括性规定的免税收入的部分列入，而非全部涵盖。实践中，大量的义务教育、公共卫生、科研院所、赈灾扶贫的服务性收入并未包含在财税〔2009〕122号文件所列范畴，但也作为不征税收入或免税收入。

八、余　论

根据《民办教育促进法》第47条的规定，非营利民办学校按规定收取的学费、住宿费的税收政策和待遇应与公办学校学费、住宿费税收政策一致，按不征税收入认定。即使不按不征税收入认定，非营利民办学校为实现非营利教学而收取的学费、住宿费也应属于《企业所得税法》第26条及《企业所得税法实施条例》第85条规定的非营利组织非营利性收入，应依法享受免税收入待遇。以非营利民办学校学费、住宿费未纳入财政管理，或以其不在财税〔2009〕122号文件所列免税收入之列等为由，而对其征收企业所得税，不仅违反《民办教育促进法》第47条的规范意旨，也是对《企业所得税法》第26条及《企业所得税法实施条例》第84条、第85条的偏颇或错误执行。

对税务机关而言，对非营利民办学校的收入监管依法应着重于：一方面，监管非营利民办学校的营利性收入及发展改革委、教育部门规定项目之外的收入，将其认定为企业所得税应税收入管理；另一方面，监管非营利民办学校的学费、住宿费等非营利性收入标准是否符合政府核准、备案标准，非营利性收入与相关支出费用是否匹配，是否有以非营利性收入之名行营利之实，并协调会同教育、发展改革等主管部门进行纠偏。对于非营利民办学校而言，在前述涉税法规政策并未十分清晰明确的税务环境下，应当筹划与落实非营利组织免税资格认定工作，并且应清晰地分别核算非营利性收入、成本与营利性收入、成本，以避免及减轻企业所得税涉税合规风险。

（本文仅代表作者个人观点。特约编辑：廖素芳）

“区分原则”在《民法典》中之展开

孙　鹏*

《中华人民共和国民法典》（以下简称《民法典》）第215条规定：“当事人之间订立有关设立、变更、转让和消灭不动产物权的合同，除法律另有规定或者当事人另有约定外，自合同成立时生效；未办理物权登记的，不影响合同效力。”

该规定完全来自2007年的《中华人民共和国物权法》（以下简称《物权法》）。那么，《物权法》确立、《民法典》承袭的“区分原则”，在浩瀚的《民法典》中是如何展开的，本文试图回答这一问题。

一、“区分原则”的内涵

透过《民法典》第215条的表达，我们能够看到，此法的本意在将“变动不动产物权的合同效力”与“不动产物权变动的实际”区分开来。

当事人之间签订一份合同的目的是发生不动产物权变动。而签订合同的行为与不动产物权变动是两个阶段、两个步骤，不动产物权尚未发生变动，不能够得出追求不动产物权变动的合同有效力瑕疵的观点。

《民法典》第215条文字表述的倾向是区分合同的效力与合同的履行。合同的效力评判，是依合同成立进程当中的若干要素进行价值判断。一份有效的合同是一份客观成立的，经历了法律价值的过滤、没有

* 西南政法大学教授。

瑕疵的合同。而合同履行的过程，是另一件事，是这份没有瑕疵的合同如何实现的过程。合同的效力判断在前，合同的履行进程判断在后。合同的履行是建立在有效且生效的合同基础之上的。如果说事实上成立的合同未能经过法律价值的过滤，不能发生效力，那当然就不需要考虑履行与否了。而一份经过了法律价值过滤的有效合同，正如《民法典》第 215 条所规定的那样，除非法律另有规定或者当事人另有约定，就构成成立并开始生效，同时也具备了履行的条件。

所谓法律另有规定，例如需要行政审批的合同，当事人尚未报批；或者虽然报批了，有权审批的机关尚未给出一个审批的结论。即使合同主体合格，意思表示真实，内容不违反法律、行政法规的强制性规定，你也必须静静地守候，守候那一纸批文的来临。所谓当事人另有约定，例如附生效条件的合同、附生效期限的合同等，而这种条件尚未成就或期限尚未届满。

一旦一份合同在成立阶段、效力评价阶段没有问题，并且不存在法律规定的或当事人约束的阻止合同生效的事由，那么它就进入可以履行或者应当履行的序列。若在这个序列中出现了问题，合同未得到履行，只能表明它尚未修成正果。但是，绝对不能因为这个合同事后的履行有障碍，就反过去颠覆合同的效力。这就是“区分原则”的魅力所在。

二、“区分原则”的几种常见存在形式及其具体展现和影响

我们可以通过不同的场景来理解“区分原则”。

（一）约定不动产抵押，但未办理不动产抵押登记或约定不办理不动产抵押登记

李四找张三借钱，张三担心李四到期无法偿还借款，不愿出借。王五以自己的房屋对张三担保说：“你把钱借给李四，我将我的房屋抵押给你，如李四到期不能偿还借款，你有权行使房屋抵押权。”于是，张三和王五签订了抵押合同。抵押合同约定：“王五以该房屋向张三进行不动产抵押，用于担保李四对张三的欠款，但是不办理抵押登记，仅将

该房屋的不动产权证交由张三保管。如李四到期不清偿债务，张三有权拍卖、变卖该房屋并就拍卖、变卖取得的价款优先受偿。”债务到期后，李四无法清偿债务，张三向人民法院起诉王五，要求王五承担担保责任。一审人民法院判决张三胜诉，王五应当以其提供抵押的房屋对李四向张三的债务承担担保责任。一审判决作出之后，王五不服提起上诉。二审法院改判，驳回了张三要求王五承担抵押担保责任的诉讼请求，理由是：主债务人是李四而非王五，王五不是主债务人，亦没有债务加入的意思；虽然王五有担保的意思，但依据我国担保法律规定，王五向张三的担保不属于保证、抵押、质押、留置、定金的任何一种；尽管王五以房屋作抵押，但不动产抵押生效的前提条件是必须要办理登记；王五不仅没有办理登记，甚至王五与张三在合同中明确约定不进行抵押登记。因此，二审人民法院认为，王五与张三签订的合同，虽有以房屋担保的意思，但不符合我国法律规定的担保类型，该担保于法无据。二审人民法院以于法无据为由，驳回了债权人张三对王五的诉讼请求。

笔者认为，本案一审人民法院的判决才是正确的。王五与张三签订了一个类似抵押而不是抵押的合同，虽然不符合当时的《担保法》（已废止）中规定的任何一种担保方式，但是张三与王五签订这个合同时有强烈的担保意图，并且合同主体合格，意思表示真实且没有瑕疵。依据《合同法》（已废止）第8条，依法成立的合同对当事人具有法律约束力，法院就应予以认可，王五应在其提供抵押财产价值范围内对张三承担违约赔偿责任。

《最高人民法院关于适用〈中华人民共和国民法典〉有关担保制度的解释》（法释〔2020〕28号，以下简称《担保制度解释》）第46条规定：“不动产抵押合同生效后未办理抵押登记手续，债权人请求抵押人办理抵押登记手续的，人民法院应予支持。抵押财产因不可归责于抵押人自身的原因灭失或者被征收等导致不能办理抵押登记，债权人请求抵押人在约定的担保范围内承担责任的，人民法院不予支持；但是抵押人已经获得保险金、赔偿金或者补偿金等，债权人请求抵押人在其所获金额范围内承担赔偿责任的，人民法院依法予以支持。因抵押人转让抵押财产或者其他可归责于抵押人自身的原因导致不能办理抵押登记，债权人请求抵押人在约定的担保范围内承担责任的，人民法院依法予以支持，但是不能超过抵押权能够设立时抵押人应当承担的责任范围。”意即，抵押人如果不依照约定办理抵押登记，债权人拥有登记请求权，有权要求抵押人按照合同的约定进行抵押登记，若未办理抵押登记，债权人则可以请求抵押人在约定提供抵押的标的物的价值范围内承担违约责任。

例如，王五约定用某一不动产来抵押担保李四欠张三的债务，如果李四还不起债，假设债务金额为1300万元，而王五约定抵押的不动产价值1000万元，那王五就在1000万元的范围内承担责任。如没有办理抵押登记，且不可归责于抵押人，则债权人就不能要求抵押人在约定的范围内承担责任，只能请求抵押人在债权未得清偿的价值范围内赔偿。

另假设，王五、张三签订了合同，约定用王五的一套房屋为李四的欠债向张三设定抵押，在办理抵押登记之前，一场龙卷风卷走了待抵押房屋，此时标的物已灭失，张三已无法要求王五办理抵押登记，此时张三便不能要求王五在房屋价值范围内对李四的债务承担责任。但如果王五曾经给房屋向保险公司投保了财产险，对这次意外灭失保险公司赔了50%的损失，那么适用这条司法解释张三能够要求王五将保险公司支付的赔偿金用于承担其对李四债务的赔偿责任，王五无须按照约定在其提供抵押的标的物的价值范围内来担责。

最高人民法院（2019）民再155号（最高人民法院公布的第168号指导案例）认为：“综合考虑双方当事人的过错程度以及本案具体情况，本院酌情认定陈某某等三人以抵押财产价值为限，在华丰盛公司尚未清偿债务的二分之一范围内，向中信银行东莞分行承担连带赔偿责任”（陈某某等三人为抵押人，华丰盛公司为债务人，中信银行东莞分行为债权人或约定抵押权人）。根据该再审判决，当事人已经签订不动产抵押合同但没有进行抵押登记，在债权人也有过错的情况下，约定抵押人仍需向约定抵押权人在抵押财产价值范围内承担赔偿责任，但可相应减少抵押人的赔偿额度，该案的赔偿额度为尚未清偿债务的二分之一。

（二）未完成权利变动公示程序的让与担保或者流质让与

《民法典》第388条规定，担保合同包括抵押合同、质押合同以及其他具有担保功能的合同。这个“其他具有担保功能的合同”的外延很宽。比如《民法典》中明确规定的所有权保留买卖的约定、融资租赁、保理等，此外，让与担保合同也应该属于其他具有担保功能的合同。

假设张三借给李四1000万元后又与李四签订了一个房屋买卖合同，该买卖合同约定：李四将价值1000万元的一套房屋出售给张三，若李四履行了还款义务，则他不再履行房屋买卖合同；若张三还想要购买该套房屋则需再另行支付购房款。如果李四不履行还款义务，只交付房屋，那么他可以通过办理房屋产权转移登记来了结该借款的债权债务。根据《担保制度解释》第68条的规定，张三与李四不仅签订了房屋买卖合同，而且办理了过户登记，虽然双方形式上采取的是买卖方式，但真实的意思是担保。而所谓的买受人实际上是债权人，所谓的出卖人是债务人。假设债务人到期无法履行还款义务，房屋也已经登记在债权人名下；假设债务人到期履行了还款义务，又需要债权人将房屋过户回债务人名下。既然这样，何不直接签署一份让与担保协议呢？以前我国没有让与担保登记的规定，让与担保登记不被准许，现在最高人民法院认为只要办理了登记都享有优先受偿权。但认可优先受偿权并不代表债权人可以实质取得让与担保物的所有权。

关于流质条款，《民法典》第401条、第428条的立法表达和此前《担保法》（已废止）的表达有微弱的差异。原《担保法》规定在抵押合同中，抵押人、抵押权人在债务履行期限届满之前，不得约定债务履行期限届满债务人不履行债务时标的物所有权自动为抵押权人所有。质押合同中，债务履行期限届满前，当事人不能约定债务履行期限届满债务人不履行债务的质押标的物自动为债权人所有。而《民法典》第401

条、第428条规定，如果债务履行期限届满前，抵押人、出质人与债权人约定债务人不履行到期债务时抵押或质押财产归债权人所有的，则债务履行期限届满，债务人不履行债务，债权人只能取得抵押物、质押财产的优先受偿权。

《担保制度解释》第68条第2款规定，“让与担保或流质让与约定完成权利变动公示可以优先受偿”，却没有规定未完成权利变动公示怎么办。例如，李四欠张三1000万元，王五与张三之间存在让与担保或者流质让与约定，但没有办理登记。《担保制度解释》没有规定未办理登记的让与担保或者流质让与如何处理，最高人民法院也没有公布指导案例。笔者认为，可以参照适用“区分原则”，即虽然没有登记让与担保或者流质让与，致使债权人不享有优先受偿权，但不等于让与担保或者流质让与的约定无效。

（三）以物抵债或代物清偿

一直以来，法学界都认为代物清偿是个实践性合同，但没有强调如果债务人没有将替代清偿的标的物权利移转给债权人，那么代物清偿合同不生效。

笔者认为以物抵债、代物清偿的协议，只要双方当事人意思表示一致且真实、主体合格、内容不违法，则该份协议是有效的。至于标的物是否发生转移，不影响合同的效力。我们一定要区分代物清偿协议与代物清偿，代物清偿必须要将替代性清偿的标的物交给债权人。

最高人民法院2019年发布的《全国法院民商事审判工作会议纪要》（以下简称《九民纪要》）第44条第1款规定：“当事人在债务履行期限届满后达成以物抵债协议，抵债物尚未交付债权人，债权人请求债务人交付的，人民法院要着重审查以物抵债协议是否存在恶意损害第三人合法权益等情形，避免虚假诉讼的发生。经审查，不存在以上情况，且无其他无效事由的，人民法院依法予以支持。”不能认为因代物清偿协议是实践性合同，就以先实际交付为由不予认可。只要履行期限届满，不损害第三人合法权益即可向人民法院诉请履行。

2011 年，最高人民法院认定代物清偿协议为实践性合同。2016 年，最高人民法院开始认为履行期限届满后的代物清偿协议为诺成性合同，并且认为如果债务履行期限届满之后约定以物抵债，可以视为债的更新，新的债务就替代了原来的债务。如果当事人缺乏这样的约定，就予以推定，此为新债清偿。新债清偿是在原有的内容之外增加了一种债务履行方式。第一种清偿方式是还钱，第二种清偿方式是给替代物。两种清偿方式都合法，唯债权人主张权利受到限制。债权人必须首先要求债务人给付替代物，只有无法给付替代物时才能要求以金钱方式清偿。但债务人可以选择给付替代物或金钱。

《九民纪要》第 45 条以及《最高人民法院关于审理民间借贷案件适用法律若干问题的规定》第 23 条的宗旨均为债权人与债务人在履行期限届满前约定以物抵债，不得诉请履行，只能按照原来的债权关系处置。胜诉之后可以请求拍卖约定抵债之物。

最高人民法院就这个问题的认定是通过两个著名的案例发展而来的，一个是（2011）民提字第 344 号，朱某某与山西嘉和泰房地产开发有限公司商品房买卖合同纠纷案。双方在债务履行期限届满之前签订了一份商品房买卖合同，约定如债务人在债务到期时能够履行还款义务，则无须履行该商品房买卖合同，反之则履行该合同。最高人民法院认为案涉当事人之间签订的该买卖合同附解除条件，解除条件是债务到期时债务人能偿还债务。并且该合同旨在担保，不构成流质，可以诉请履行。原因是该合同需要得到履行，并非流质条款能够让债权人自动取得所有权，因此，债权人可以直接以买受人的身份起诉实际上为债务人的出卖人，要求其履行买卖合同。这是最高人民法院早期的观点。

另一个是（2013）民提字第 135 号，广西嘉美房地产开发有限责任公司与杨某某商品房买卖合同纠纷案。最高人民法院认为该案法律关系实为借款合同关系，并且构成流质，不应当支持。

在以物抵债这个问题上，最高人民法院为什么如此刻意地区分履行期限届满前、履行期限届满后？履行期限届满后约定以物抵债原则上有效，尽管动产没有交付、不动产没有登记，亦不妨碍区分原则。但当事人在履行期限届满前进行约定，法院会认为当事人是为了在债务人到期不履行债务时直接取得标的物的所有权，这是法律不允许的。因为债务履行期限届满之后约定以物抵债，债权人和债务人的地位已经反转了，债权人压迫债务人的可能性几乎为零，不会构成流质。而在履行期限届满前，债务人容易被债权人压迫，冒出流质条款。

此外，债务履行期限届满之前，债务人与债权人达成以物抵债的协议或者以买卖的形式去确保债务的履行，几乎不能起到担保的效果。

如果在债务履行期限届满之前要让以物抵债有价值，则提供标的物用于抵债的人应当是债权债务关系之外的第三人。第三人向债权人承诺以物抵债或者第三人与债权人签订合同，约定债务人在到期不履行债务时将第三人的房子卖给债权人。此时没有办理登记，根据“区分原则”，即使债权人不能对标的物优先受偿，但是债权人可以要求第三人在标的物的价值范围内承担替代清偿责任。

上述场景尽管略微有差别，但实质相同。由此，我们弄清“区分原则”的真实内涵时，可以得出以下几个结论：

第一，“区分原则”可以适用的标的物不限于不动产。区分原则旨在形式上区分变动不动产物权合同的效力与不动产的物权变动，实质上是区分合同效力与合同的履行。而合同效力与合同履行的区分，对于动产、不动产是一样的。

关于动产领域适用“区分原则”很好理解。甲乙双方签订买卖合同，约定甲方将手表出卖给乙方，合同为有效合同。到了交付日甲方没有按约定交付手表，甲方违约，但该买卖合同还是一份有效的合同，只是甲方的行为构成违约应当继续履行甚至承担违约责任。《担保制度解释》第55条正式规定了动产流动质押。动产流动质押是相对于动产固定质押而言的。

由于动产的静态质押给出质人、质权人制造了诸多不便，因此出现了流动质押。动产流动质押，又被称为动态质押、存货动态质押等，是指债务人或者第三人为担保主债务的履行，以其有权处分的原材料、半成品、产品等库存货物为标的向银行等债权人设定质押，双方委托第三方物流企业占有并监管质押财产，质押财产被控制在一定数量或者价值范围内进行动态更换、出旧补新。

流动质押在债权人或者质押权人控制住标的物的时候成立，控制的方式就是监管。没有控制住标的物不影响流动质押合同的效力，这就是“区分原则”适用于动产流动质押的表现。

《担保制度解释》明确，流动质押中，监管人受债权人委托监管并实际控制货物时相当于交付质权成立；监管人受出质人委托监管货物，或虽受债权人委托但未实际履行监管职责，导致货物仍由出质人实际控制，质权未设立。这强调了享有流动质权与普通的动产质权一样，普通的动产质权要交付标的物，流动质权要求控制或监管标的物。其后，《担保制度解释》第55条第2款又作出了新的规定：“债权人可以基于质押合同的约定请求出质人承担违约责任，但范围不超过质权有效设立时出质人应当承担的责任范围。”自此就建立起了动产流动质押的“区分原则”。

出质人实际在履行监管职责时，如果债权人显然没有完全控制质押标的物，那么就相当于没有交付，而没有交付这个质押权就成立不了。质押权虽然成立不了，但是质押合同是有效的。由于质押合同是有效的，所以债权人能够要求出质人承担责任。

有这么一个具有典型意义的案件：2014年10月9日，浦发银行和某粮库签订动产最高额质押合同，质押财产为21186.45吨小麦。当日，双方与中海公司签订动产质押监管协议，约定出质小麦由中海公司监管。该粮库出具证明称质押粮食系自有资产购买，质押期间在监管公司的监管下购进、售出，剩余粮食的价值一直符合合同约定。中海公司与粮库签订的《租赁及监管协议》约定，中海公司租用粮库的租金为1元。流动质押的监管有多种模式：出质人库监管、监管人库监管、第四人库监管，本案则属于出质人库监管。这些货物仍然在出质人的库房，监管公司为了证明由自己监管质押物，与出质人签订了租赁合同，监管人承租出质人的库房并支付名义租金1元钱，监管人与出质人签订的《租赁及监管协议》约定，中海公司租用粮库的租金1元，由中海公司派驻监管人员履行监管职责，又委托粮库对仓库进行管理、履行质物的保管、仓库维修维护以及安全保卫责任。粮库负责质物安全，承担质物毁损的责任。粮库可以申请质物解除质押出库或申请货物入库质押。

质押期间，质押物在品种、数量、储存舱位上均发生过变动。2015年9月23日，粮库以深圳农发行提供的8800万元小麦收购贷款形成的3707.6272万千克小麦库存抵押给深圳农发行，双方签订浮动抵押合同并办理了抵押登记。

但是在此后的债务纠纷诉讼过程中，法院无法查明深圳农发行的抵押物与浦发银行的质押物之间是否重合以及重合的数量。此时，粮库无法清偿浦发银行或者深圳农发行的债务，深圳农发行要求实现抵押权对库存小麦拍卖、变卖、折价优先受偿，浦发银行则主张对质押小麦享有第一顺序的优先受偿权。

至此，如果浦发银行的担保成立，则是一个流动质押，深圳农发行的担保是浮动抵押。这两个担保物权共同存在于一批货物上，肯定是有重叠的，但法院无法查清是否重叠以及重叠的数量，此时需要双方当事人的举证帮助法院审理查明。浦发银行认为它的质押在前面，深圳农发行的在后面。如果该说法成立，深圳农发行则无法通过对该批货物的抵押权进行优先受偿，因此深圳农发行需要证明浦发银行的流动质押没有成立，证明途径是流动质押的监管没到位，即质押标的动产没有交付。

具体到本案结论，如果法院认定监管没有到位，质押权不成立，从“区分原则”的角度来看，质押合同有效但已经没有了价值。

第二，“区分原则”也不限于物权变动，它可以适用于一切权利。

从《民法典》的法条表达看，“区分原则”看似只适用于物权，物权没有发生变动不能说有关合同无效，但除了物权，股权、知识产权同样适用。签订股权转让合同之后股权还没有真正的转让，只有将股权变动的事实记载在股东名册，才完成股权转让程序。相关方仅签订了股权转让合同，没有在股东名册上记载股权转让的事实，没有据此做成新的公司章程。股权转让程序没有完成，但不等于股权转让合同无效。这同样体现了“区分原则”。

再有，专利权转让、商标权转让，除签订合同外还要办理登记。办理登记之前，专利权、商标权没有完成权利转让程序，但不等于专利权、商标权转让合同无效。

此外，股权质押、知识产权质押、应收账款质押、基金份额质押都必须办理登记，没有办理登记，质押权不成立，但质押合同的效力不受影响，仍然有效。如果出质人是第三人，债权人虽然不能优先受偿，但是债权人可以在出质人承诺出质的权利的价值范围内要求出质人承担责任。所以，“区分原则”的适用范围比字面表达宽。

第三，“区分原则”不适用于意思主义之权利变动，只适用于形式主义的权利变动。不仅需要权利变动的意思表示，还需要在意思表示之外有行为。例如，所有权动产交付、不动产登记、权利质押登记。如果是意思主义的权利变动，那区分原则就彻底遁迹消失了。

第四，“区分原则”也不适用于实践性合同。实践性合同就是将履行与效力融在一起，关键在于行动。如果没有出现履行合同的行为，那么合同就如同儿戏，不具有任何法律意义。

第五，笔者认为承认区分原则，并非一定要承认物权行为。

物权行为很难单独成立，基本上都存在合同依据。例如，基于买卖合同交付动产的行为和基于租赁合同交付动产的行为，从外表看是一样的，都是两个行为主体在实施交付行为。如何在交付的标的物相同的情况下区分两个行为，关键在于交付行为的原因，即先前行为。基于买卖合同的交付转移所有权，基于租赁合同的交付转移使用权，交付行为本身是没有意思表示的，意思表示存在于先前的行为中。

关于无因性问题，当先前行为无效时，基于先前行为进行的交付行为同样无效。比如买卖合同的标的物是海洛因，买卖合同因为违背公序良俗而无效；交付的标的物海洛因是禁止流通物，该交付行为同样因违背公序良俗而无效。如买卖的出卖人意思表示不真实，那交付的意思表示大概率亦不会真实；如出卖人行为能力有欠缺，那交付行为能力亦有欠缺。

因此，笔者不认为区分原则就一定要承认物权行为。

综上所述，我们发现区分原则的适用对象不限于不动产，可以涵盖动产；它适用的权利不只是物权，可以涵盖各种权利。《民法典》将区分原则放在物权编第215条，其实区分原则更适合放在《民法典》的合同编通则部分，因为合同就可以覆盖所有的权利变动，可以更清晰地区分合同效力和合同履行。

三、“区分原则”适用于履行不能

合同没有履行有两个层面：一个层面是能够履行而没有履行；另一个层面是本来就无法履行。能够履行却没有履行，适用“区分原则”。但根本无法履行时还适用“区分原则”吗？回答是肯定的。

第一个方面，无权处分。根据《民法典》第597条规定，因出卖人没有取得处分权，致使标的物所有权不能转移的，买受人可以解除合同并请求出卖人承担违约责任。该条规定除表明买受人能够请求解除合同，请求出卖人承担违约责任外，还表明买受人不能主张合同无效。

笔者曾经裁决这么一个案子：张三、李四签订一份委托合同，张三委托李四将自己的房子卖出，买方可以是任何人。在合同中，除约定佣金费用承担之外，还约定当李四和买家签订合同后，如果张三对买家违约，那么张三向李四支付违约金100万元。后来李四找到了一个买家王五。李四与王五很顺利地签订了合同，张三也按照委托合同的约定承担了一切费用，向李四支付了足够的佣金。但张三对王五违约了，李四现在提起仲裁，要求张三承担违约责任。笔者认为，张三对王五违约与李四无关，李四为何能向张三主张100万元违约金呢？虽然笔者不能说服自己，但合同是这么约定的。

根据原《合同法》第8条的规定，依法成立的合同具有法律约束力，该合同主体合格、意思表示真实、内容不违法、不违背公序良俗，因此张三就应该支付李四100万元违约金。

李四依据原《合同法》第107条向张三主张100万元违约金，而原《合同法》第107条规定系一方不履行合同或者履行合同不符合约定，向对方承担继续履行支付违约金、赔偿损失等责任，前提是对方构成违约。而本案中张三对李四怎么构成违约？李四作为受托人的权利系向张三主张佣金，张三已经向李四支付了佣金，既然对李四没有违约行为，那李四就不能主张违约责任。

私自出租他人之物，或者承租人擅自转租，租赁是否无效？从《民法典》的法条表达而言，擅自出租他人之物包括擅自转租。例如《民法典》第723条规定：因第三人主张权利，致使承租人不能对租赁物使用、收益的，承租人可以请求减少租金或者不支付租金。承租人可以少交或不交租金，这意味着合同是有效的。

再有《民法典》第716条规定：承租人未经出租人同意转租，出租人可以解除合同。《民法典》第717条规定：承租人经出租人同意将租赁物转租给第三人，转租期限超过承租人剩余租赁期限的，超过部分的约定对出租人不具有法律约束力。

出租人同意转租，而承租人转租期限又比剩余的租期长，超出的那一部分对出租人不具有法律约束力。这个原《合同法》的表达就不一样，原《合同法》表达的是“超出的部分无效”，在《民法典》中改为“超出的部分对出租人不具有法律约束力”，不具有法律约束力就是与出租人没有关系。与出租人没有关系，与承租人有没有关系呢？答案是有密切关系，他需要承担违约责任。

再如定金，定金不能超过合同标的额的20%，原来《担保法》《合同法》规定超过的部分无效，现在超过的部分不发生定金效力。不发生定金效力即不能要求没收或者要求双倍返还，其他效力还是有的。

第二个方面，权属争议。标的权属有争议时对合同效力有何影响？《城市房地产管理法》第38条规定房地产不得转让的情形，其中第5项就是权属有争议的。而《民法典》第399条表述不得抵押的财产，其中第4项就是权属有争议的。权属有争议的财产进行了转让或抵押，虽然违背了上述条款的规定，但并不意味着相应的合同无效。《担保制度解释》第37条规定，权属争议绝对不影响抵押合同效力。当抵押物权属有争议时，合同有效，但抵押权可能无法成立。

物权权属有争议时，不必然影响物权变动。以不动产异议登记为例，不动产登记上甲系房屋所有权人，此时乙主张自己是该房屋所有权人，做成异议登记。此前关于不动产异议登记的规定比较强硬，如存在不动产异议登记，无法再办理房屋的过户登记、抵押登记等。但现行《不动产登记暂行条例实施细则》第 84 条规定：异议登记不妨碍后续登记。为什么会有这个改变？因为不动产异议登记本身没有门槛，并且不动产异议制度会影响财产的流转乃至经济的发展。例如，乙因私人原因想要阻碍甲的房屋买卖，在甲的不动产上提出权属异议，登记机关必须要将乙的异议记录在案。在乙提出权属异议后的 15 日内向人民法院起诉。原本房屋的买受人看到房屋涉案，不再愿意继续履行合同，这对甲的损失是不可估量的。所以《不动产登记暂行条例实施细则》第 84 条规定，异议登记不妨碍后续登记。

不论怎样，物权权属有争议，对合同的效力都是不该有影响的。《担保制度解释》第 37 条规定，抵押人以抵押权设立时财产被查封或者扣押为由主张抵押合同无效的，人民法院不予支持。因此，被法院查封、扣押的房子设定了抵押，签署了抵押合同，抵押合同有效，无法办理抵押登记，但不影响抵押合同的效力。

除了抵押，买卖合同遵循同样的道理。以前，如果不动产被查封后作为债务人的不动产权利人执意将该不动产进行买卖是不被允许的。但是这种交易行为并不一定会损害他人利益。首先，债权人申请查封了债务人的不动产，债务人将被查封不动产出售给第三人，不会损害债权人的利益。因为根据我国法律，被查封的不动产是无法办理过户登记的。债务人无法将被查封房屋登记在第三人名下，当该房屋进入执行拍卖程序时，也只好说债务人与第三人之间的买卖合同有效，但对申请查封的债权人而言并没有影响。其次，债务人与第三人之间的买卖合同效力认定意义重大，事关民事领域的效率和交易安全。如第三人在知情标的房屋已被人民法院查封的情况下仍决定签订买卖合同，人民法院若判定该买卖合同无效，则显然没有考量当事人的真实意愿。

值得注意的一点是，现在法律还认为不动产存在查封时无法办理任何登记，如过户登记、抵押登记等，笔者认为是没有道理的。根据《民法典》第406条的规定，抵押权存续期间转让抵押物无须先行注销抵押权登记，即使抵押权人不同意，抵押人亦可以转让抵押物，但该项转让不影响抵押权，抵押权人仍享有优先受偿权。

当债务人系自然人时，仅申请查封还无法受偿，需要等到人民法院判决债权人胜诉并由法院执行拍卖后，债权人才取得了对标的物的参与分配权，非优先受偿权。因而，抵押权人有优先受偿权都不能够阻挡后续的过户登记，法律竟然认为债权人的查封行为能够阻挡后续的登记，这更是不应该的。笔者认为不动产查封后仍可以办理抵押登记，但要考虑后续债权人的权利，抵押权人不可妨碍债权人权利的实现，需要承受债权人查封的负担。

此外，《城市房地产管理法》第38条规定房地产不得转让的情形，第1项就是根据《城市房地产管理法》第39条——已完成的投资开发总额没有达到25%以上的，工业用地没有达到连片开发条件的，不得转让。现在有很多土地投资没有达到开发总额的25%，甚至是零投资，此时如果签订土地使用权转让合同，合同效力该如何认定？以前，法院通常判决该类合同无效，直至最高人民法院在最高人民法院公报2005年第7期上发布了一个案例，改变了以往的认定思路，即《城市房地产管理法》第38条关于土地转让时投资应达到开发投资总额25%的规定，是对土地使用权转让合同标的物设定的物权变动时的限制性条件，转让的土地未达到25%以上的投资，属于合同标的物的瑕疵，并不直接影响土地使用权转让合同的效力。

因而，土地使用权转让合同还是有效的，不过土地使用权的转让会受到限制。如张三有一块土地，跟李四签土地使用权转让合同，约定半年之后办理土地使用权过户手续。如果张三到期投资没有达到开发投资总额25%的，而法院又判定合同无效的话，即把土地使用权转让人张三从合同的约束中解放出来。但如果法院判定合同有效的话，土地使用权受让人李四仍可要求张三承担合同责任。2016年《最高人民法院第八次全国法院民商事审判工作会议（民事部分）纪要》，以会议纪要的方式再一次肯定宣称《城市房地产管理法》第39条第1款第2项规定并非效力性强制性规定，当事人仅以转让国有土地使用权没有达到转让条件为由请求确认转让合同无效的不予以支持。

另外，权利限制还有一种行为是预告登记，这个比较简明，《民法典》第221条认为，未经预告登记人同意，处分预告登记项下不动产的，不发生物权效力。

预告登记对权利限制的作用是比较强的，根据《不动产登记暂行条例实施细则》第85条的规定，存在预告登记的不动产，没有取得预告登记权利人同意，处分该不动产权利申请登记的，不动产登记机构应当不予以办理。不予办理登记不产生物权变动，不意味着合同效力存在问题，合同本身还是有效的，这里面也看到了“区分原则”的适用。

另一个需要注意的是，优先购买权在民法当中分布很广，按份共有人、承租人、有限责任公司股东都享有优先购买权。《最高人民法院关于适用〈中华人民共和国民法典〉物权编的解释（一）》第12条强调：按份共有人不得以侵害优先购买权为由请求确认合同无效或撤销合同。《民法典》第728条明确：出租人妨害承租人行使优先购买权，承租人可以请求出租人承担赔偿责任，但是出租人与第三人订立的房屋买卖合同效力不受影响。由于不同主体享有的优先购买权不同，因此优先购买权的行使方式及属性可以分场景讨论。

第一种场景：按份共有人欲处分自己已出租的物权，承租人及其他按份共有人享有优先购买权，出于考虑其他优先购买权人的利益，出卖人应通知承租人及其他按份共有人，如其他优先购买权人有意在同等条件下行使优先购买权，则出卖人需向优先购买权人出售；如其他优先购买权人无意行使优先购买权，即放弃优先购买权也是在行使优先购买权。此时，放弃优先购买权同放弃其他权利一样，无须追究它的性质。

第二种场景：出卖人通知了承租人及其他按份共有人，承租人愿意行使优先购买权，在同等条件下优先购买。出卖人与承租人之间形成买卖合同关系。

第三种场景：出卖人没有通知承租人及其他按份共有人，与第三人签订了买卖合同。之后，承租人知悉了该事情，并要求行使优先购买权，尽管第三人不同意，但是可以判定承租人与出卖人之间也成立了买卖合同。此时，如承租人与第三人同时将出卖人诉至法庭要求出卖人履行合同，法院只能依据承租人享有优先购买权而认定标的物权归属于承租人。但出卖人与第三人签订的买卖合同仍是有效的，合同目的无法实现不能否认合同的效力。

如果出卖人没有通知承租人及其他按份共有人，与第三人签订了买卖合同，且在其他优先购买权人知情之前，出卖人已与第三人办理了过户登记手续。此时，优先购买权人应考虑第三人是否善意。如第三人明知存在优先购买权且出卖人未履行通知义务时，即买受人非善意第三人时，优先购买权人可要求登记机关撤销对第三人的登记，此时优先购买权具有破坏性。

但如果第三人确不知情，为善意第三人时，优先购买权人无法再要求登记机关撤销登记，因为第三人已经享有了标的物的所有权。优先购买权人虽然不能再取得标的物的物权，却能因出卖人损害了优先购买权而要求赔偿，此时优先购买权具有损害赔偿请求权的属性。

但无论是哪一种场景，优先购买权人都不能主张出卖人与第三人的合同无效。

第三个方面，关于权利受限。《民法典》第 276 条规定，规划用来停放汽车的车位、车库应当首先满足业主需要。问题在于，怎么才能被认定符合首先满足业主需要？《最高人民法院关于审理建筑物区分所有权纠纷案件适用法律若干问题的解释》（2020 年修正）第 5 条认为：建设单位按配置比例将规划车位处分给业主，应认定为首先满足业主需要。配置比例即规划的车位、车库与这个小区房屋套数之间的比例。一般的公寓小区车位数量是少于房屋套数的，因此小区配置比例低于 1。

部分地方的物业管理条例对这个问题进行了细化，比如《重庆市物业管理条例》第 77 条、《北京市物业管理条例》第 80 条、《上海物业管理条例》第 62 条、《广东省物业管理条例》第 54 条、《深圳经济特区物业管理条例》第 86 条，尽管上述条例规定之间存在微妙的差别，但是普遍规定原则为已规划的车位不得出售给业主以外的人，只能出售给同小区的人。配建比例低于 1 的时候，每户业主只能购买一个车位。即便系本小区的业主，也不能购入超过一个车位。因为本来车位的总量都少于房屋的套数，如果一个业主可以购入多个车位，导致其他业主无法购入车位系对其他业主的不公平。但如果经过公告，其他业主放弃购买车位，则每户业主可以相应增加购入车位比例。当已规划车位闲置时，开发商一直处于等待状态，因此部分地方的物业管理条例允许开发商发布公告通知业主，如果业主在多少天之内没有表明购买车位的意愿，视为放弃购买。因业主放弃购买所闲置的车位，其他业主可以考虑购入。

这种处理方式也会引发新的问题，如果开发商出售车位的时候，所有的房子都已经出售，没有问题；如果待出售房屋只销售了部分，开发商系未出售房屋的业主，但开发商享有的业主身份没有实际意义，因为房屋最终是要对外出售的。如果此时开发商对业主发布出售车位的通知，还需要考虑待出售房屋将来业主的权利。

空余的车位，可以短期出租给业主以外的人。我查阅到的部分地方性的法规，通常规定的短租期为 6 个月。这些地方性法规是否符合《民法典》的立法精神呢？我觉得未必，因为这些地方性法规没有明白“区分原则”。“空余车位不准卖给业主之外的人，但可以短期出租给业主物外的人，租期 6 个月。”为什么不能卖给小区业主以外的人？为什么规定租期 6 个月，不能更长呢？若在出租期内业主需要使用车位又如何处理？

下面我们来看一些判例，关于违反《民法典》第 276 条处分规划车位，主要是出卖车位的案例。广东省高级人民法院（2019）粤民终 278 号案、湖北省高级人民法院（2014）鄂民申字第 00236 号案、宁夏回族自治区高级人民法院（2017）宁民终 131 号案判决都认为：如果将小区车位向业主以外的第三人出售，则合同无效；如果向小区业主出售车位，则为有效。这样的判决思路都是没有理解“区分原则”。

而重庆市高级人民法院（2019）渝民再 32 号案、重庆市高级人民法院（2015）渝高法民申字第 01723 号案判决都认为向业主以外的第三人出售车位的买卖合同有效。在这两个案例当中认为，它仅仅影响物权变动。如果说你卖给本小区业主以外的人，导致本小区的业主无法使用这个车位，就不允许你把这个车位交给外面的人，不允许登记到外面人的名下。重庆市高级人民法院的这两个案件审判思路认为，满足本小区业主的需要，仅仅影响物权变动，一定不影响买卖合同效力，这就是“区分原则”的体现。

除重庆市高级人民法院外，重庆市渝北区人民法院作为基层人民法院，也有相关案例，法官认为原《物权法》第 74 条描述首先满足本小区业主需要，仅妨碍物权变动，不影响合同效力。既然基层人民法院法官有“区分原则”的意识，那么中级人民法院、高级人民法院法官的判决思路更应从“区分原则”角度出发。

云南省高级人民法院（2015）云高民二终字第 242 号、北京市高级人民法院（2015）高民申字第 04482 号、山东省高级人民法院（2017）鲁民终 1021 号案件的判决认为，将小区车位出售给本小区业主以外的人，合同是有效的。但认定合同有效的事实和理由各有不同，云南省高级人民法院认为合同有效的理由是，虽然将车位出售给本小区业主以外的人没有首先满足业主的需要，违反原《物权法》第 74 条以及《民法典》相关条文，但该行为违反的条文并非效力性强制规范，同时云南省高级人民法院还强调，在本案中出售的车位并没有妨碍业主使用车位。在云南省高级人民法院所涉及的这个案子中，大概有 600 多个车位出售给了业主以外的人，但该小区的业主入住率非常低，该小区亦剩余 600 余个车位，入住的人数都无法把剩余的车位使用完毕，未入住的人当然无权霸占小区内的车位。因此，如果法院认为将车位出售给了小区以外的人违反了原《物权法》第 74 条的规定，那么在本案中，更不存在业主需要未被满足之虞。

北京市高级人民法院审理的相关案件，几乎全部车位都出售给了本小区以外的人，不过于合同中有特别约定，小区业主以外的买受人买受该小区车位之后，应承诺他买受的车位供该小区的业主停车使用，或者只能转卖给本小区业主，并一定遵守原《物权法》第 74 条的规定；因此北京市高级人民法院认为买卖合同应该有效，并没有违背首先满足本小区业主需要的规定。

山东省高级人民法院审理的案件情况是，车位已经出售，但受让人没有承诺买受这个车位之后绝对不挪作他用。但是山东省高级人民法院法官认为尽管合同没有约定小区业主以外的买受人应承诺车位优先保障业主使用，但是买卖合同仍应有效。尽管规划车位、车库的原始所有权归属于开发商，而所有权人享有占有、使用、收益、处分的全部权益，但是开发商享有所有权的规划车位负载了特殊的使用目的，负载了特定的功能，因此开发商的所有权受限制，必须首先满足业主需要。现在虽然开发商与业主以外的买受人订立了买卖合同，所有权人变成了业主以外的第三方，但业主仍然有权利要求车位应首先满足业主需要，因此买卖合同可以有效。不仅合同可以有效，哪怕车位所有权转移也不影响业主权利。

谈论到车位、车库的问题，我们可以稍做总结。规划用来停放汽车的车位、车库，它的归置有几个路径，第一个路径是彻底放开，合同可以有效，甚至也可以转移所有权，但是业主首先使用的权益如同抵押权一样，无论所有权怎么转移，抵押权附随。业主首先使用的权利亦可以附随着所有权，不论所有权如何转移，业主的优先使用权至上，但这种思路与“区分原则”没有关系。第二种思路是认定买卖合同有效，但是不允许转移车位的所有权，这是区分合同的履行与合同的效力。

不论按照哪种思路解决问题，都不应简单地认定合同无效。可以通过“区分原则”，将合同的效力与所有权区分开来，以更好地解决问题。

（本文仅代表作者个人观点。特约编辑：周殿梁）

公司法修订对企业A股或H股上市的影响评析

蒋文俊* 何廷财**

近期，全国人大常委会公布《中华人民共和国公司法（修订草案）》（以下简称《修订草案》），向社会征求意见。《修订草案》共15章260条，在现行《公司法》合计13章218条的基础上，实质性新增和修改合计大约70条。《修订草案》从多处反映公司法律制度适应近年来市场经济的发展演变，有利于进一步实现境内外资本市场制度和规则接轨，对中国境内企业A股或H股上市及上市公司治理完善具有重大意义。

与此同时，经国务院批准，2023年2月17日，中国证监会发布境外上市备案管理相关制度规则；同日，中国证监会及相应上海证券交易所、深圳证券交易所和北京证券交易所发布A股全面实行股票发行注册制的相关制度规则。该等规则的修改及出台预期将对中国企业境内及境外上市产生全面且深远的影响。

我们结合本所律师多年来从事境内外资本市场项目的经验，针对《修订草案》对企业A股或H股上市的主要影响作一评析。本文针对《修订草案》五个方面的实质修订，提出一些意见：

---

* 上海对外贸易大学法学学士，君合律师事务所上海分所合伙人、律师。

** 华东政法大学法学硕士，上海交通大学法学学士，北京市君合律师事务所合伙人、律师。

一、《修订草案》对企业 A 股或 H 股上市的影响

1. 涉及公司设立和退出规定修订的评析

《修订草案》专门新设公司登记一章，明确公司设立登记、变更登记、注销登记的事项和程序，同时要求公司登记机关优化登记流程，提高登记效率和便利化水平。从企业登陆 A 股、H 股的角度而言，《修订草案》在公司设立和退出方面的重要修订如下表所示：

序号	现行《公司法》规定	本次修订	简评
1	第二十七条　股东可以用货币出资，也可以用实物、知识产权、土地使用权等可以用货币估价并可以依法转让的非货币财产作价出资。	第四十三条　股东可以用货币出资，也可以用实物、知识产权、土地使用权、股权、债权等可以用货币估价并可以依法转让的非货币财产作价出资。	明确股权、债权可以作价出资，为企业上市前实施的股权或债权出资及重组提供更明确的法律依据。
2	第七十八条　设立股份有限公司，应当有二人以上二百人以下为发起人，其中须有半数以上的发起人在中国境内有住所。	第九十三条　设立股份有限公司，应当有一人以上二百人以下为发起人，其中须有半数以上的发起人在中华人民共和国境内有住所。 一个自然人或者一个法人以发起设立方式设立的股份有限公司为一人股份有限公司。	允许设立一人股份有限公司，使得一人有限公司在股改时无须引入外部投资人或另行重组。
3	/	【新增】第二十四条　股东会、董事会召开会议和表决可以采用电子通讯方式，公司章程另有规定的除外。	明确股东会及董事会电子通讯方式召开的有效性，解决现行《公司法》未明确允许给企业带来的困扰，利于企业高效运作，A 股或 H 股上市的合规性。

（1）明确股权和债权可以作价出资。

随着私募股权投资在企业前期发展中的越发常见，很多 A 股或 H

股拟上市企业存在多轮股权融资。在核查公司历史沿革的各轮融资股权变更时，我们可能遇到股权或债权作价出资所产生的历史遗留法律问题。现行《公司法》也并未排斥债权或股权作价出资，《修订草案》进一步明确并强化了该等操作的合法性。

《修订草案》明确债权可以作价出资，从交易程序上节省了标的公司偿还投资人借款、投资人再增资入股或受让股权安排的时间，可促进投融资交易的便捷性和稳定性，同时也将为拟登陆 A 股或 H 股企业开展上市申报前融资提升估值等提供方便。另外，《修订草案》明确规定股权可以作价出价，为拟 IPO 企业在上市前抓住市场机会进行商业投资提供了可能；同时，亦为企业实施上市前结构重组并以股权出资事宜提供了公司法层面更明确的规则依据。但我们理解，相关实施细则还需予以明确，诸如，股权作价出资可能产生的股权转让应税行为与税收法律法规的衔接。

（2）允许设立一人股份公司。

《修订草案》在允许有限责任公司设置一人公司的基础上，进一步允许股份公司设置一人公司。《修订草案》删除现行《公司法》关于一人公司股东连带责任的规定，为更多优秀创始人设立公司开展商业冒险及公司融资股改提供了法律保障，这将促进创新，加快催生更多 A 股、H 股公司。

随着《修订草案》生效对一人股份公司设立的认可，我们理解新三板规则也需作出相应调整，这将给新三板公司的并购重组方案设计提供更多可能。此外，我们也关注到现行新三板机制下，挂牌股份公司还需具有两人以上股东。

（3）规定可以电子通讯方式召开董事会、股东会。

社会对董事会是否应当以现场召开方式作为基本会议形式（以便于实现董事会的重大事项决策权）存在意见分歧，现行《公司法》并未明确规定公司可完全以电子通讯方式召开董事会或股东会。

鉴于部分外部投资人股东、董事因出差或经常住所原因分布在各地甚至海外，要求现场召开董事会和股东会未能充分考虑这一情况。若不明确允许电子通讯形式召开董事会或股东会，则会导致公司决策低效，会议召开方式也存在合规隐患。《修订草案》修正了该规则，无疑有利于拟 A 股或 H 股上市企业更加高效和合规地决策。

2. 涉及公司组织结构设置修订的评析

从境内企业拟于 A 股或 H 股上市的角度而言，《修订草案》在公司组织结构设置的重要修改如下表所示：

序号	现行《公司法》规定	本次修订	简评
1	第四十六条　董事会对股东会负责，行使下列职权： （一）召集股东会会议，并向股东会报告工作； （二）执行股东会的决议； （三）决定公司的经营计划和投资方案；	第六十二条　有限责任公司设董事会。董事会是公司的执行机构，行使本法和公司章程规定属于股东会职权之外的职权。 公司章程对董事会权力的限制不得对抗善意相对人。	明确董事会在公司治理中的地位，吻合近期资本市场监管层面要求董事承担诸多责任的趋向。
2	/	【新增】第一百二十五条　股份有限公司可以按照公司章程的规定在董事会中设置由董事组成的审计委员会等专门委员会。审计委员会负责对公司财务、会计进行监督，并行使公司章程规定的其他职权。 设审计委员会且其成员过半数为非执行董事的股份有限公司，可以不设监事会或者监事，审计委员会的成员不得担任公司经理或者财务负责人。	允许在董事会中设审计委员会的股份公司不再设置监事会或监事，更贴近境内企业运营管理实践，亦有利于 H 股上市企业对接香港资本市场的公司治理实践。

续表

序号	现行《公司法》规定	本次修订	简评
3	第四十四条　有限责任公司设董事会，其成员为三人至十三人；但是，本法第五十条另有规定的除外。 两个以上的国有企业或者两个以上的其他国有投资主体投资设立的有限责任公司，其董事会成员中应当有公司职工代表；其他有限责任公司董事会成员中可以有公司职工代表。董事会中的职工代表由公司职工通过职工代表大会、职工大会或者其他形式民主选举产生。	第六十三条　董事会成员为三人以上。职工人数三百人以上的有限责任公司，其董事会成员中应当有公司职工代表。 第一百二十四条　本法第六十二条关于有限责任公司董事会职权的规定，第六十三条第一款关于董事会成员中职工代表的规定，第六十五条、第六十六条关于有限责任公司董事的任期、辞职和解任的规定，适用于股份有限公司。	（1）要求职工人数300人以上的有限责任公司董事会成员中需要有公司职工代表，体现从职工角度对公司治理的参与度；从过往案例看，相应实操及制度保障尚需强化。 （2）有限责任公司和股份有限公司董事会人数不再设上限，特别是规模较小的股份公司董事会结构可以更简单。

（1）股东会中心主义逐步转向董事会中心主义。

《修订草案》借鉴英美法系董事会中心主义的公司治理理念，赋予承担主要管理职责的董事会公司治理的核心地位，符合近期资本市场监管层面要求董事承担诸多责任的导向，同时也有利于拟于H股上市的企业的公司治理体系更容易为国际资本所理解和接受。

此外，在我们承办的很多高科技企业A股或H股上市项目中（诸如半导体芯片公司、生物医药公司），发现这些新兴公司股权分散、公司无实际控制人，而该等公司的第一大股东大多是纯粹财务投资人，股东会更多关注投资回报，难以从公司业务发展角度管理公司，此时便需要一个强有力的执行机构，即董事会，发挥其在公司治理和公司管理中的核心作用。《修订草案》在强化董事责任的同时，亦强化了董事会在公司治理中的地位，做到权责对等。

（2）允许不再设置监事会或监事。

我国公司治理长期沿用大陆法系的双层治理结构，设置监事会以监督董事会及管理层的合规运转。结合我们对A股和H股上市项目的观察，大部分公司监事为职工监事或为投资人委派监事，而因职工监事与公司之间的雇佣关系，投资人委派监事与投资人之间的雇佣关系，故监事会的独立性不强，导致监事会很难起到监督董事会及管理层的作用。

《修订草案》进一步借鉴英美法系一元公司治理结构，是适应我国公司治理现状作出的优化调整。《修订草案》允许设立审计委员会的公司免于设立监事会，相比监事会机制应当更能起到有效的监督效用。由于《上市规则》要求拟上市公司的审计委员会召集人，需由会计专业的外部独立董事担任，因此通过发挥独立董事的独立性和专业性作用，审计委员会的监督相对于监事会的监督更加独立和专业。

我们注意到，企业申请 A 股或 H 股上市，需根据《上市公司章程指引》或《到境外上市公司章程必备条款》制定公司章程，而《上市公司章程指引》第七章、《到境外上市公司章程必备条款》第十三章都明确规定公司需设置监事会。《修订草案》若在立法机构获得通过，则《上市公司章程指引》第七章和《到境外上市公司章程必备条款》第十三章关于监事及监事会的规定，从法理上有必要依据上位法作出相应修改。但是，也不排除企业在相关章程指引修改前提交申报材料，需要按照现行章程指引的规定设置监事会。

（3）要求 300 人以上公司选任职工董事。

在我国公司组织架构中有建立工会组织的传统，以职工董事这一新的形式实现企业职工参与公司治理是实现社会主义民主的良好方式。西方发达国家也在极力提倡企业社会责任，包括要求在董事会中设立 ESG 专委会等。《修订草案》反映了这一发展趋势，要求在 300 人以上规模的公司中选任职工董事，以强化企业社会责任，也有利于照顾公司各利益相关者。与此同时，因为职工董事通常并非熟悉资本市场的专业人士，同时，考虑在公司法和证券法的新近修改中均大幅强化了对董事的责任要求和处罚力度，故在企业 IPO 过程中涉及的诸多相关事项有必要给予他们专业支持。

3. 涉及公司资本制度修订的评析

从评判企业上市角度分析，《修订草案》在公司股本制度的重要修改如下表所示：

序号	现行《公司法》规定	本次修订	简评
1	/	【新增】第九十七条 公司章程或者股东会可以授权董事会决定发行公司股份总数中设立时应发行股份数之外的部分，并可以对授权发行股份的期限和比例作出限制。	在股份公司中引入授权资本制，由董事会根据实际需要发行剩余股份，有利于实施H股上市的企业更好对接香港资本市场的公司治理实践，将增强在A股上市公司资本运作的灵活性。
2	第一百二十五条第一款 股份有限公司的资本划分为股份，每一股的金额相等。	第一百五十五条 公司的资本划分为股份。公司的全部股份，根据公司章程的规定择一采用面额股或者无面额股。采用面额股的，每一股的金额相等。 公司可以根据公司章程的规定将已发行的面额股全部转换为无面额股或者将无面额股全部转换为面额股。 采用无面额股的，应当将发行股份所得股款的二分之一以上计入注册资本。	允许公司采用面额股或无面额股发行股份，有利于实施H股上市的企业更好对接香港资本市场的公司治理实践，可增强在A股上市公司的资本运作灵活性。
3	第一百三十一条 国务院可以对公司发行本法规定以外的其他种类的股份，另行作出规定。	第一百五十七条 公司可以按照公司章程的规定发行下列与普通股权利不同的类别股： （一）优先或者劣后分配利润或者剩余财产的股份； （二）每一股的表决权数多于或者少于普通股的股份； （三）转让须经公司同意等转让受限的股份；	明确特别表决权机制（AB股机制），并扩展了类别股的外延，有利于创始人股东在股权稀释的情形下保持公司控制权。

续表

序号	现行《公司法》规定	本次修订	简评
3		（四）国务院规定的其他类别股。 公开发行股份的公司不得发行前款第二项、第三项规定的类别股；公开发行前已发行的除外。	
4	/	【新增】第一百五十八条　发行类别股的公司，有本法第一百一十九条第三款规定的事项，可能对类别股股东的权利造成损害的，除应当依照第一百一十九条第三款的规定经股东会决议外，还应当经出席类别股股东会的股东所持表决权三分之二以上通过。 公司章程可以对需经类别股股东会决议的其他事项作出规定。	弥补现行《公司法》中对于AB股机制存在的缺陷，有利于防范上市公司恶意收购，充分保障A股或H股创始人团队对公司的管理权。
5	第八十六条　招股说明书应当附有发起人制订的公司章程，并载明下列事项： （一）发起人认购的股份数； （二）每股的票面金额和发行价格； （三）无记名股票的发行总数； （四）募集资金的用途； （五）认股人的权利、义务；	第一百六十五条　公司向社会公开募集股份，必须经国务院证券监督管理机构注册，公告招股说明书。 招股说明书应当附有公司章程，并载明下列事项： （一）发行的股份总数； （二）发行面额股的，每股的票面金额和发行价格，发行无面额股的，股份发行价格； （三）募集资金的用途；	取消无记名股，衔接了反洗钱相关监管规则，排除合规风险。

续表

序号	现行《公司法》规定	本次修订	简评
5	（六）本次募股的起止期限及逾期未募足时认股人可以撤回所认股份的说明。	（四）认股人的权利和义务； （五）股份种类及其权利和义务； （六）本次募股的起止期限及逾期未募足时认股人可以撤回所认股份的说明。 公司设立时发行股份的，还应当载明发起人认购的股份数。	

（1）引入授权资本制度，采用无面额股等灵活机制。

《修订草案》反映了我国公司法从法定资本制到授权资本制的转变。授权资本制对于一家上市公司的优势之一在于允许董事会在股东会整体授权的发行规模下根据实际需要另行发行剩余股份，使得公司能够在瞬息万变的市场经济中掌握筹集资金的时机。相较于传统A股项下定增的复杂性（例如在本次A股全面推行注册制之前，主板仍需经过证监会审核，创业板及科创板需交易所审核并递交证监会注册）及时间上的不可控性（一般需数月方能完成），美股或港股上市的公司定增发行可以在数周甚至一周内即可完成，且一般仅需在董事会层面审批发行股份即可，从而给予了企业极大的自由度和灵活性。《修订草案》引入授权资本制，在相当程度上提高了中国境内企业在A股或H股上市后资本运作的灵活性和竞争力。在本次A股全面推行的注册制规则后，《上市公司证券发行注册管理办法》对上市公司向特定对象发行股份的简易程序规则，即上市公司年度股东大会可以根据公司章程的规定，授权董事会决定向特定对象发行融资总额不超过人民币3亿元且不超过最近一年年末净资产20%的股票，董事会据此有权决定在年度恰当的时间择机选择定增募资的时间，从而有利于上市公司快速完成募资相关工作。

此外，笔者所在律师事务所承做的很多拆除红筹后赴A股上市的项目中，公司原计划在境外上市，股东设立BVI公司投资开曼公司，以开曼公司作为上市主体，开曼公司设立香港公司，并通过香港公司设立境内外商独资企业经营业务或通过外商独资企业协议控制境内经营实体从而实现经营目的。上述各境外实体在公司资本制度上均适用授权资本制，与《修订草案》出台前我国的法定资本制存在较大差异。因此，我们在处理境内企业赴境外上市搭建海外架构，或者境外企业拆除红筹架构回境内上市项目时，会面临境内外公司资本制度的基本差异，需调整处理很多公司资本法律事项。《修订草案》引入授权资本制、取消无记名股等机制优化，有利于企业在 A 股、H 股与红筹架构赴港股或美股等境内外资本市场上市之间的灵活转换。

另外，根据《修订草案》第 155 条的规定，公司可以采用无面额股方式发行股份，无面额股发行所得股款（发行总额）二分之一以上计入注册资本，其余计入资本公积，公司的股本等于注册资本，可以提高股票的流通数量和流通速度并有利于实现股票的分割，因此在一定程度上促进了我国公司资本制度与英美法系灵活资本制度的接轨，有利于增强 A 股、H 股市场的竞争力。

（2）增设类别股，允许 AB 股安排，弥补了现行 AB 股机制上的一些缺陷。

在 2019 年推出科创板之前，在中国境内设立的股份公司（无论是上市公司还是非上市股份公司）均无设置 AB 股机制的先例，其中主要原因在于我国《公司法》在制定之初就明确了股份公司需遵守“同股同权”基本原则（虽然《公司法》第 131 条规定“国务院可以对公司发行本法规定以外的其他种类的股份，另行作出规定”，为今后的制度创新留了口子）。在科创板及创业板制度推进过程中，虽科创板股票上市规则、创业板股票上市规则及全面注册制规则等明确了股份公司可以设置特别表决权机制，但在法律层面仍缺乏直接制度规定（具体请见笔者在君合专题研究报告《首单 AB 股架构科创板上市公司的诞生之路》中的相应介绍）。

《修订草案》弥补了上述缺陷。基于该等规则，在股份公司阶段（而非必须要作为一家 A 股或 H 股上市公司），企业即可有充分的法律依据设置AB股，而非将企业AB股机制下的生效与实施与境内A股上市规则进行挂钩（例如是否需满足100亿元市值/50亿市值+最近年度营业收入达5亿元的要求）。这对于计划股份制改造并设置AB股机制A股上市，或者完成AB股机制设置后转道申报H股上市的企业而言，有了《公司法》层面的直接规则支撑。当然，对于纯粹处于股份公司阶段的企业或后续H股上市的企业而言，AB股机制应当如何具体适用，仍有待于立法部门的进一步明晰。

此外，《修订草案》第158条进一步规定："发行类别股的公司，有本法第一百一十九条第三款规定的事项，可能对类别股股东的权利造成损害的，除应当依照第一百一十九条第三款的规定经股东会决议外，还应当经出席类别股股东会的股东所持表决权三分之二以上通过。公司章程可以对需经类别股股东会决议的其他事项作出规定。"这一修订安排弥补了原有的科创板及创业板规则及现有的全面注册制规则上对于AB股机制所存在的僵硬。在原有的科创板及创业板机制及现有的全面注册制规则下，规定修改公司章程必须一股一票表决，也就意味着假若发生上市公司恶意收购事项时，假若收购方通过其持有的少数股份提议修订公司章程时（包括提议取消AB股机制），持有AB股的实际控制人团队在相应表决机制上仅能一股一票，因此很可能导致AB股机制被废止，从而造成上市公司实际控制权发生变更，而该等情况在根本上将动摇AB股机制设置的初衷。《修订草案》规定"股东会作出修改公司章程"的决议，在可能损害类别股股东的权利的情况下，持有特别表决权股份的股东可以要求"经出席类别股股东会的股东所持表决权三分之二以上"方可通过。该修改无疑响应了AB股机制设立以来的市场实践需求。

与此同时，《修订草案》亦允许发行在"分配利润或者剩余财产"方面存在优先或者劣后关系的股份，以及发行"转让需经公司同意等转让受限的股份"等，这在很大程度上也反映了《公司法》对于市场实践的响应。例如，在一家企业股份改制后且上市之前，基于其外部财务投资人的要求或内部管理的需要，需在公司层面设置有关"优先清算权”“优先分红权”“创始人转股限制”“投资人转让股份给公司竞争对手的限制”等机制，由于现行《公司法》要求“同股同权”，使得实践中股份公司上述设置可能被认为有异于“同股同权”原则，存在合规性问题。《修订草案》响应了该等市场实践需求，弥补了相应立法缺位。

但是，对于股东优先分红权和优先清算权，根据香港交易所指引信（HKEX－GL43－12）第3.1条的规定，在上市后不得继续生效，以符合所有股东均受平等对待的一般原则。因此，申报企业需与特别权利股东签署补充协议，在H股上市前终止股东优先分红权和优先清算权。另外，对于申请A股上市的企业，通常操作是提交首次申报前即终止股东优先分红权、优先清算权等股东特别权利。《修订草案》正式生效后，申请A股上市企业关于分配利润或者剩余财产的股东优先权利能否延长至上市时终止尚有待观察。

4. 涉及股东失权制度和简易减资修订的评析

序号	现行《公司法》规定	本次修订	简评
1	/	【新增】第四十六条　有限责任公司成立后，应当对股东的出资情况进行核查，发现股东未按期足额缴纳出资，或者作为出资的非货币财产的实际价额显著低于所认缴的出资额的，应当向该股东发出书面催缴书，催缴出资。 公司依照前款规定催缴出资，可以载明缴纳出资的宽限期；宽限期自公司发出出资催缴书之日起，不得少于六十日。宽限期届满，股东仍未缴纳出资的，公司可以向该股东发出失权通知，通知应当以书面形式发出，自通知发出之日起，该股东丧失其未缴纳出资的股权。 依照前款规定丧失的股权，公司应当在六个月内依法转让，或者相应减少注册资本并注销该股权。	增加股东未缴纳出资的股东失权制度，且可强制执行，增加了企业IPO前股权融资方面的灵活性。

续表

序号	现行《公司法》规定	本次修订	简评
2	/	【新增】第二百二十一条　公司依照本法第二百一十条第二款的规定弥补亏损后，仍有亏损的，可以进行简易减资，但不得向股东进行分配，也不得免除股东缴纳股款的义务。简易减资不适用前条第二款的规定，但应当在报纸上或者统一的企业信息公示系统公告。 公司简易减资后，在法定公积金累计额超过公司注册资本前，不得分配利润。	增加简易减资程序，有利于企业上市前的重组安排。

（1）落实资本充实原则，增设股东失权制度。

根据《修订草案》第46条的规定，股东未按期足额缴纳出资的，公司需履行催缴义务，应核查股东出资情况，并向未按期足额出资股东发出书面催缴书；对于欠缴出资额的股东，自公司发出失权书面通知时，即丧失其未缴纳出资的股权。结合我们A股、H股上市项目经验，新增的股东失权规定，一方面有利于公司资本充实，另一方面有利于清理僵尸股东、为股东之间权属纠纷提供可实操的解决路径。

参考我们过往资本市场项目经验，市场监管部门尚未认可仅以股东会决议办理股东除名、公司减资。未实缴出资股东除名、公司减资，在办理工商变更登记时会遇到被除名股东不配合签字的情形，导致减资程序按照市场监管部门现行指引无法办理。而根据《修订草案》第46条的规定，失权通知在程序上由公司直接发出，无须召开股东会作出股东决议，即公司可直接以失权通知申请市场监管部门办理变更登记、除名未实缴出资股东。考虑实践中工商管理部门为规避牵连诉讼，在不认可仅以股东会决议办理股东除名减资登记的情况下，我们判断其更难仅以公司失权通知为依据办理股权变更登记。因此，股东失权制度在实操层面的落实，也有待于工商登记相关行政法规和实施细则的出台。

另外，在公司主要股东不履行出资义务且该主要股东控制董事会、监事会，公司不发出失权通知的情形下，我们理解利益受侵害的中小股东也可以提出股东代表诉讼，请求公司向未按期缴纳出资的股东发出失权通知。

（2）增加简易减资程序。

《修订草案》出台前，公司减资程序一般至少需要45天公告期，简易减资可极大缩短公司减资的时间。根据我们的项目经验，在拟上市公司进行股份制改造时，或会在关键时间节点出现需要减少注册资本的事件，如按照常规减资程序操作很可能会延误股改基准日，推迟申报时间，影响拟IPO企业的如期申报。简易减资程序极大地节省了拟上市公司申报时间，可以预见在股改等节点将会被不少适格的拟A股或H股上市企业采用。

5. 涉及控股股东和实际控制人责任修订的评析

序号	现行《公司法》规定	本次修订	简评
1	第二十条　公司股东应当遵守法律、行政法规和公司章程，依法行使股东权利，不得滥用股东权利损害公司或者其他股东的利益；不得滥用公司法人独立地位和股东有限责任损害公司债权人的利益。 公司股东滥用股东权利给公司或者其他股东造成损失的，应当依法承担赔偿责任。 公司股东滥用公司法人独立地位和股东有限责任，逃避债务，严重损害公司债权人利益的，应当对公司债务承担连带责任。 第二十一条　公司的控股股东、实际控制人、董事、监事、高级管理人员不得利用其关联关系损害公司利益。 违反前款规定，给公司造成损失的，应当承担赔偿责任。	第二十条　公司股东应当遵守法律、行政法规和公司章程，依法行使股东权利，不得滥用股东权利损害公司或者其他股东的利益；公司股东滥用股东权利给公司或者其他股东造成损失的，应当承担赔偿责任。 公司的控股股东、实际控制人不得利用关联关系损害公司利益；公司的控股股东、实际控制人利用关联关系损害公司利益给公司造成损失的，应当承担赔偿责任。 第二十一条　公司股东滥用公司法人独立地位和股东有限责任，逃避债务，严重损害公司债权人利益的，应当对公司债务承担连带责任。 公司股东利用其控制的两个以上公司实施前款规定行为的，各公司应当对任何一个公司的债务承担连带责任。	压实控股股东和实际控制人利用关联关系损害公司利益的责任。

《修订草案》规定了股东利用受控实体滥用股东权利的连带责任，同时，吸收《证券法》规范关联交易的规定，增加了控股股东、实际控制人利用关联关系损害公司利益的赔偿责任。实践中，我们在进行A股或H股上市企业尽职调查核查时，关联交易是重点核查事项之一。若企业存在控股股东、实际控制人利用关联交易占用公司资金，或者虚构公司财务数据且未进行整改的情形，将可能构成企业上市的障碍。我们在此也提示筹划A股或H股上市的公司控股股东和实际控制人，需严格按照关联交易必要性、合理性和定价公允性三原则，在上市报告期前一年即对与公司相关的关联交易进行严格规范。《公司法》明确规定控股股东和实际控制人的相关赔偿责任，有利于进一步规范控股股东、实际控制人关联交易行为，并维护公司合理利益。

二、《修订草案》部分规则进一步完善的思考

除上述分析外，我们对《修订草案》项下相应规则的进一步完善提出一些思考，以抛砖引玉：

1. 允许特定情形下股东会豁免提前通知

根据现行《公司法》及《修订草案》，股份公司的股东会议召开至少需要提前15天通知。但是，据我们承办上市项目的经验，不少股份公司的股权结构简单、股东人数很少，提前15天通知并无实际需要，但《公司法》或上市规则并未允许股东会豁免股东会通知期。实践中很多企业实际豁免了通知期，导致中介机构出具意见时，需确认该等法律瑕疵不构成重大法律问题或瑕疵。就此，我们建议立法机关，可以考虑对于股东人数低于一定数量的公司，立法上允许股东会豁免提前15天通知股东的要求，从而减少公司治理的合规瑕疵。

2. 完善国家出资公司的规定

鉴于《修订草案》专辟一章《国家出资公司的特别规定》，根据我们的项目经验，中央或地方的各国资公司，其履行出资人职责的政府部门各不相同，不同部门适用的监管规定各异，且相关监管政策文件并不一定公开。我们建议立法机关，可以考虑对国家出资公司如何履行出资

人职责作出统一规定，这也可为国家出资公司在A股或H股上市过程中涉及的国有资本历史出资或需整改事项提供统一标准。

本文转载自《君合法律评论》

（蔡敬律师对本文也有贡献）

（本文仅代表作者个人观点。特约编辑：张晓静）

知识产权恶意诉讼司法认定及其责任承担
——基于126份知识产权恶意诉讼裁判文书的分析

马　原[*]　杨玉芳[**]

近年来，随着我国知识产权保护力度的不断加大，知识产权的商业价值日益凸显，越发受到各方面的重视。但知识产权对于不同市场主体的价值内涵存在区别。不论是出于保护自身创新成果的目的，还是基于市场竞争的考虑，抑或是为满足商业运营的需要等，只要是在合法、合规前提下的知识产权获权和维权行为均无可厚非。但部分市场主体在商业利益驱使下，明知不具备正当权利基础，为了谋取不正当利益而恶意提起知识产权诉讼的行为则另当别论。近段时间以来，“潼关肉夹馍”、“逍遥镇胡辣汤”以及“青花椒”商标维权等事件引起社会广泛热议，有观点①认为上述事件属于恶意诉讼，虽然上述事件均以权利人停止维权告一段落，但也再次引发公众对恶意诉讼的关注与讨论。

目前，我国针对知识产权恶意诉讼尚没有专门的法律规定，但实践中已经出现了众多司法纠纷。有鉴于此，本文侧重于相关司法实践，对其中存在的难点问题进行分析探讨。

---

*　天同律师事务所合伙人。

**　天同律师事务所重庆办公室律师。

①　剑东：《“青花椒”也被告？这哪是维权，更像是碰瓷》，载微信公众号“央视网”，2021年12月26日。

一、知识产权恶意诉讼的司法现状

尽管缺乏明确规定，但我国《专利法》《商标法》的部分条款中体现了对恶意诉讼行为的否定态度。如《专利法》第 47 条第 2 款规定："宣告专利权无效的决定，对在宣告专利权无效前人民法院作出并已执行的专利侵权的判决、调解书，已经履行或者强制执行的专利侵权纠纷处理决定，以及已经履行的专利实施许可合同和专利权转让合同，不具有追溯力。但是因专利权人的恶意给他人造成的损失，应当给予赔偿。"《商标法》第 47 条第 2 款规定："宣告注册商标无效的决定或者裁定，对宣告无效前人民法院做出并已执行的商标侵权案件的判决、裁定、调解书和工商行政管理部门做出并已执行的商标侵权案件的处理决定以及已经履行的商标转让或者使用许可合同不具有追溯力。但是，因商标注册人的恶意给他人造成的损失，应当给予赔偿。"

在司法实践的不断探索中，恶意诉讼的法律由上述原则性宣告逐渐走向规范构造及规则细化。一系列辅助性文件起到了"造法"作用，如《最高人民法院关于全面加强知识产权司法保护的意见》（法发〔2020〕11 号）提到"妥善审理因恶意提起知识产权诉讼损害责任纠纷，依法支持包括律师费等合理支出在内的损害赔偿请求"。《最高人民法院关于加强新时代知识产权审判工作　为知识产权强国建设提供有力司法服务和保障的意见》（法发〔2021〕29 号）提到"加大对于知识产权虚假诉讼、恶意诉讼等行为的规制力度，完善防止滥用知识产权制度，规制'专利陷阱''专利海盗'等阻碍创新的不法行为，依法支持知识产权侵权诉讼中被告以原告滥用权利为由请求赔偿合理开支，推进知识产权诉讼诚信体系建设"。

从我国恶意诉讼的司法历程看，南京市中级人民法院早在 2006 年就对国内首例恶意诉讼案即袁某某与扬州市通发气动阀门执行器厂、扬中市通发事业有限公司专利侵权纠纷案作出裁判。由于当时还未设置恶意诉讼的案由，被告在侵权诉讼中系以反诉的形式提出认定对方恶意诉讼的请求①。2011 年最高人民法院修改《民事案件案由规定》时增加了“因恶意提起知识产权诉讼损害责任纠纷”案由，该案由置于知识产权权属、侵权纠纷项下，恶意诉讼由此成为一项独立案由。

为了准确了解恶意诉讼的司法概况，笔者在威科先行法律数据库中选择“因恶意提起知识产权诉讼损害责任纠纷”案由，得到 170 条结果，剔除其中的管辖权异议、执行、反诉以及案件录入错误的案件，剩余 126 件。对该 126 件案件的裁判年份进行统计并形成下表，从表中可明显看出，恶意诉讼案件从 2017 年开始大幅增加，至 2019 年达到 26 件，2020 年和 2021 年稍有减少（见图 1）。

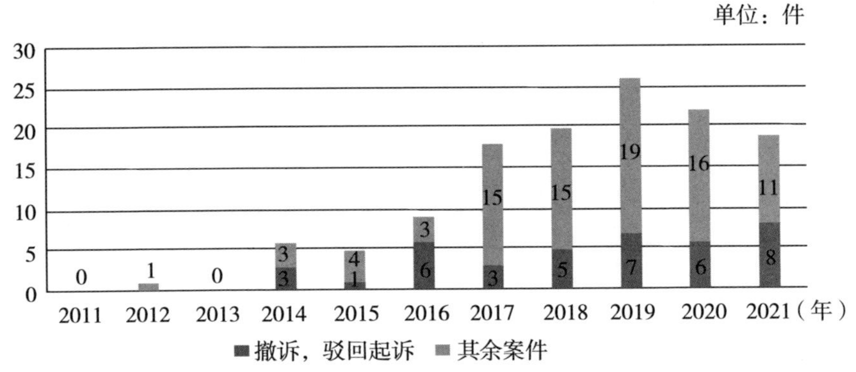

图 1　2011—2021 年恶意诉讼案件年份分布

在前述 126 份裁判文书中，在剔除撤诉、驳回起诉、调解案件后，有实体判决结果的裁判文书 84 份。通过对该 84 份裁判文书的分析，笔者发现此类案件的主要争议焦点和难点在于恶意诉讼的认定以及责任的承担。

二、知识产权恶意诉讼的概念

恶意诉讼一般指以他人受到损害为目的，无事实根据和正当理由而提起民事诉讼，致使相对人在诉讼中遭受损失的，应当承担民事责任的

① 参见江苏省南京市中级人民法院民事判决书，(2003) 宁民三初字第 1446 号。

行为①。对恶意诉讼进行规制的理论基础是诚实信用原则。恶意诉讼最早可追溯至罗马法中的"好诉"制度。根据罗马法，一般来说，"承审员"不得判罚原告，因为按照常理来说，起诉乃是原告在增加其利益而非减损之，但是为了制止"好诉"，被告可以请求在判决中加入"反判"的条款②。按照民事诉讼法的一般理论，诉权是法律赋予当事人维护自身合法权益的重要权利，但如果当事人为谋求不法利益，恶意提起无根据的诉讼，属于对诉权的滥用，理应受到一定程度的规制。

关于恶意诉讼概念，我国法律没有明确规定。2012 年修改《民事诉讼法》时新增加的第 112 条、第 113 条③规定了虚假诉讼，对于上述规定与恶意诉讼的关系，业内存在不同观点。有观点④将虚假诉讼归为恶意诉讼的范围内，也有观点⑤认为虚假诉讼有别于恶意诉讼。笔者认为，《民事诉讼法》规定的虚假诉讼需要具有共谋这一要件，出现上述分歧的关键在于恶意诉讼的概念分歧，广义的恶意诉讼可以涵盖虚假诉讼。但实践中，对于恶意诉讼多采纳狭义概念，故不包括虚假诉讼。

三、知识产权恶意诉讼的构成要件及认定

1. 知识产权恶意诉讼的构成要件

恶意诉讼属于侵权行为的一种，从"因恶意提起知识产权诉讼损害

---

① 《最高人民法院民三庭关于恶意诉讼问题的研究报告》，载道客巴巴 2017 年 2 月 27 日，https://www.doc88.com/p-1177436659084.html? r=1。

② 周枏:《罗马法原论》(下册)，商务印书馆 1994 年版，第 973 页。

③ 2012 年《民事诉讼法》第 112 条规定："当事人之间恶意串通，企图通过诉讼、调解等方式侵害他人合法权益的，人民法院应当驳回其请求，并根据情节轻重予以罚款、拘留；构成犯罪的，依法追究刑事责任。"第 113 条规定："被执行人与他人恶意串通，通过诉讼、仲裁、调解等方式逃避履行法律文书确定的义务的，人民法院应当根据情节轻重予以罚款、拘留；构成犯罪的，依法追究刑事责任。"

④ 参见宋朝武:《新〈民事诉讼法〉视野下的恶意诉讼规制》，载《现代法学》2014 年第 6 期；徐卓斌:《恶意提起知识产权诉讼之侵权构成》，载《人民司法(应用)》2017 年第 19 期。

⑤ 如《最高人民法院关于加强新时代知识产权审判工作为知识产权强国建设提供有力司法服务和保障的意见》(法发〔2021〕29 号)提到"加大对于知识产权虚假诉讼、恶意诉讼等行为的规制力度"。

责任纠纷”案由位于知识产权权属、侵权纠纷项下可以看出，人民法院将恶意诉讼当作侵权行为的一种类型。一般而言，按照过错责任原则，侵权责任的成立必须具备违法行为、损害事实、因果关系和主观过错四个要件，缺一则不能构成侵权责任[①]。

司法实践中，对于恶意诉讼的构成要件，不同裁判文书之间会有表述上的差异。如广东省高级人民法院在谭某某与深圳市腾讯计算机系统有限公司恶意诉讼案[②]中认为：“恶意诉讼应具备主观过错、侵害行为、损害后果、侵害行为和损害后果之间有因果关系四个要件。即认定某种具体的诉讼行为属于恶意提起知识产权诉讼，应当满足以下四个构成要件：1. 一方当事人以提起知识产权诉讼的方式提出了某项请求；2. 提出请求的一方当事人具有主观上的恶意；3. 具有实际的损害后果；4. 提出请求的一方当事人提起知识产权诉讼的行为与损害后果之间具有因果关系。”最高人民法院在山东比特智能科技股份有限公司与江苏中讯数码电子有限公司恶意诉讼案[③]中则认为：“恶意提起知识产权诉讼的构成要件有：1. 行为人提起知识产权诉讼无事实或者法律依据；2. 行为人提起诉讼主观上具有恶意；3. 行为人恶意提起知识产权诉讼给他人造成了损失，且损失与行为人恶意提起知识产权诉讼具有因果关系。”笔者认为，上述裁判文书中对恶意诉讼的构成要件认定的表述虽有差异，并无实质区别，基本符合上述四要件理论。

2. 知识产权恶意诉讼之“恶意”的认定

在恶意诉讼的前述要件中，恶意是最关键之要件，恶意诉讼具有形式合法的特点，其与普通商业维权行为的区别在于，提起恶意诉讼当事人的主观心态存在恶意。从证明角度来看，行为、结果以及行为与结果之间的因果关系较容易证明，当事人主观上是否具有恶意属于内在心理

---

① 最高人民法院民法典贯彻实施工作领导小组：《中华人民共和国民法典侵权责任编理解与适用》，人民法院出版社 2020 年版，第 25 页。

② 参见广东省高级人民法院民事判决书，（2019）粤民终 407 号，本案系最高人民法院发布的 2019 年中国法院十大知识产权案件之六。

③ 参见最高人民法院民事裁定书，（2019）最高法民申 366 号，本案系最高人民法院知识产权案件年度报告（2019）中典型案例之三十六。

状态，只能通过外在的诸多行为来推理证明其内在心理状态，因此，恶意是司法实践中的认定难点。前述84份有实体判决结果的裁判文书中，人民法院认定当事人具有恶意的案件为27件，约占全部案件的32%，且人民法院认定当事人具有恶意的案件，其裁判结论均为构成恶意诉讼。因此，本文重点探讨恶意的认定问题。

所谓恶意，是指提出请求的一方当事人明知其请求缺乏正当理由，以有悖于诉权设置时的目的，不正当地行使诉权，意图使另一方当事人受到财产或信誉上的损害。[①] 一般的侵权责任中，主观过错既包括故意，也包括过失，但恶意诉讼中的恶意只指故意，不包括过失。

从知识产权司法实践看，一件具体的“因恶意提起知识产权诉讼损害责任纠纷”通常存在一个与之关联的在先诉讼。在先诉讼一般是专利、商标、著作权、商业秘密等侵权诉讼，但也可能是权属纠纷诉讼等其他知识产权诉讼。以专利、商标侵权诉讼为在先诉讼的恶意诉讼为例，当事人的恶意既可以表现在权利的取得环节，也可以表现在权利的行使环节。在权利的取得环节，如果当事人能够明确认识到其取得的权利具有缺陷，一般会被认定为具有恶意，常见的情形主要有：①以不正当手段抢先注册他人已经使用并有一定影响的商标[②]；②将自己公开销售过的产品申请为外观设计专利[③]；③在主动放弃和修改涉案专利权利要求后，又基于此部分权利要求提起侵权诉讼的[④]。

在权利的行使环节，当事人在诉讼中具有违反诚实信用原则的行为，如提出明显不合理的赔偿数额、申请财产保全金额明显过高等会成为是否构成恶意的考量因素，如上海市高级人民法院在张某某与深圳市

---

① 参见广东省高级人民法院民事判决书，（2019）粤民终407号，本案系最高人民法院发布的2019年中国法院十大知识产权案件之六。

② 参见江苏省高级人民法院民事判决书，（2017）苏民终1874号。

③ 参见上海市高级人民法院民事判决书，（2019）沪民终139号，本案系最高人民法院发布的2019年中国法院五十件知识产权典型案例之四十三。

④ 参见北京知识产权法院民事判决书，（2015）京知民初字第1446号，本案系2015年北京市法院十大知识产权创新案例之七。

乔安科技有限公司、上海凯聪电子科技有限公司恶意诉讼案①中认为："张某某在18号案中提出高达1000万元的损害赔偿请求……该金额明显超出了外观设计专利对产品利润的贡献，即便侵权成立也不会获得法院全额支持，故张某某提出该项诉请显然具有诉讼维权以外的不正当目的。同时，张某某在18号案诉讼中申请财产保全，冻结乔安公司资金1000万元，张某某应当预见到其1000万元诉讼标的获得法院全额支持的可能性极低，冻结乔安公司的资金1000万元会给乔安公司造成不必要的损失，可见其提起18号案诉讼具有损害乔安公司利益的不正当目的，且存在明显不当、有违诚信的诉讼行为。"

如前所述，在恶意认定中，只能从当事人的外在诸多行为去推理当事人的主观心态，实践中一般是结合在先诉讼原告起诉时是否具有不当目的、原告权利是否有缺陷、原告在诉讼中是否有违反诚实信用原则的行为等因素综合判断当事人是否具有恶意，不会仅以在先诉讼的胜诉或败诉结果为标准，人民法院在认定恶意时相对慎重。如果权利人仅在侵权诉讼中提出了明显不合理的损害赔偿请求，司法机关不会据此认定构成恶意。只有在案证据足够证成当事人的恶意时人民法院才会认定构成恶意。

实践中，很多当事人对凭专利被宣告无效的事实能否倒推专利权人在侵权诉讼上具有主观恶意的问题比较关注。笔者认为，该问题需要根据案情作具体分析，例如专利被宣告无效的具体理由，如果仅以专利被宣告无效的事实，难以倒推专利权人主观上具有恶意。例如，山东省高级人民法院在魏某某与姜某某恶意诉讼案②中认为："国家知识产权局专利复审委员会虽然在无效宣告请求审查决定中，作出了宣告涉案专利为无效专利的决定，但同样确认了涉案专利与对比设计相比存在差别；而且专利权是否有效的判断具有一定的专业性和复杂性，不能简单地以涉案专利在诉讼期间被宣告无效，就认定专利权人在提起知识产权诉讼时，对其专利权是否有效有确定无疑的判断，从而推定其具有主观恶

① 参见上海市高级人民法院民事判决书，（2019）沪民终139号，本案系最高人民法院发布的2019年中国法院五十件知识产权典型案例之四十三。

② 参见山东省高级人民法院民事判决书，（2020）鲁民终1832号。

意。”类似的问题还有商业秘密侵权诉讼中，法院最终认定的秘密点与原告的诉请有所不同，能否据此认定原告具有恶意，答案也应是否定的。例如，上海知识产权法院在华奇（中国）化工有限公司与圣莱科特化工（上海）有限公司恶意诉讼案①中认为：“确定商业秘密的权利内容是一个复杂的过程，没有明确的权利文本可参照，除了需当事人提出主张外还要通过诉讼程序加以确认，并不能苛求当事人在诉讼之初就完全无误地确定，因此不能以最终法院确认的商业秘密秘点与当事人的诉请有所不同就认定被告具有明知自己不享有相关权益却提起诉讼的主观恶意。”

四、知识产权恶意诉讼的责任承担

1. 责任承担方式的确定

从最高人民法院《民事案件案由规定》所使用的“因恶意提起知识产权诉讼损害责任纠纷”表述来看，侵权人承担的是损害责任，并未限定只是赔偿责任。《民法典》第 179 条第 1 款规定：“承担民事责任的方式主要有：（一）停止侵害；（二）排除妨碍；（三）消除危险；（四）返还财产；（五）恢复原状；（六）修理、重作、更换；（七）继续履行；（八）赔偿损失；（九）支付违约金；（十）消除影响、恢复名誉；（十一）赔礼道歉。”由于恶意诉讼不仅可能给当事人带来财产损失，也可能导致当事人的名誉、商誉产生损害，因此，对于恶意诉讼的责任承担方式既可以是赔偿，也可以包括消除影响、恢复名誉等。

从前述 27 件构成恶意诉讼的裁判文书来看，在能够举证证明当事人存在商誉损失的情况下，人民法院也会支持赔偿以外的其他责任承担方式，主要是消除影响的方式。例如，江苏省无锡市中级人民法院在山东比特智能科技股份有限公司与江苏中讯数码电子有限公司恶意诉讼案②中认为：“比特公司的恶意诉讼行为给中讯公司造成了不良影响，

① 参见上海知识产权法院民事判决书，（2015）沪知民初字第 391 号。
② 参见江苏省无锡市中级人民法院民事判决书，（2016）苏 02 民初 71 号。

中讯公司要求其公开消除影响的诉讼请求，应当予以支持。”广东省高级人民法院在汕头市乐立方玩具实业有限公司与钟某某恶意诉讼案①中认为，至于乐立方公司要求钟某某在相关报刊上刊登声明，赔礼道歉的诉请，由于消除影响的民事责任形式主要适用于涉及侵犯他人名誉权、商誉权等情形，而根据现有证据，并不存在因诉讼造成乐立方公司商誉受损的情形，对该部分诉请不予支持。广东省高级人民法院在本案中虽然没有支持消除影响的诉求，但明确指出未支持的理由是本案中不存在商誉受损，从相反方向说明了同一主题。

2. 损害赔偿范围的确定

损害赔偿的范围通常包括直接损失和间接损失。直接损失是积极损失，是当事人现有财产的减少，主要包括当事人为应对恶意诉讼所支出的诉讼费、律师费、公证保全费、无效宣告请求费、差旅费以及其他合理必要支出。《最高人民法院关于知识产权侵权诉讼中被告以原告滥用权利为由请求赔偿合理开支问题的批复》（法释〔2021〕11号）认为：“在知识产权侵权诉讼中，被告提交证据证明原告的起诉构成法律规定的滥用权利损害其合法权益，依法请求原告赔偿其因该诉讼所支付的合理的律师费、交通费、食宿费等开支的，人民法院依法予以支持。被告也可以另行起诉请求原告赔偿上述合理开支。”上述批复中的开支均是直接损失。间接损失是消极损失，是预期利益的丧失，即应当得到的利益因受侵权行为的侵害而没有得到的，这种预期利益必须是确定的，且与恶意诉讼具有因果关系。

从前述27件构成恶意诉讼的裁判文书来看：①司法机关对于诉讼费、律师费、公证保全费、差旅费等一般会予以支持，但对于当事人因为无效、撤销对方专利、商标等行政程序的无效宣告请求费、撤销费用，不同法院之间仍存在分歧。部分法院是不支持的，如江苏省无锡市中级人民法院在江苏中讯数码电子有限公司与山东比特智能科技股份有

① 参见广东省高级人民法院民事判决书，（2017）粤民终2782号。

限公司恶意诉讼案[①]中认为："中讯公司主张的不侵权诉讼及向国家商标局提出申请撤销程序中的相关律师费用与涉案诉讼之间没有直接关联，该部分律师费用不应作为本案损失。"上海知识产权法院在张某某与深圳市乔安科技有限公司、上海凯聪电子科技有限公司恶意诉讼案[②]中认为："原告主张的其在涉案专利无效宣告程序中支出的费用，因该费用并非原告因18号案受到的直接损失，因此，对该部分费用不予支持。"最高人民法院在胶州市金富元橡塑制品厂与青岛中兴达橡塑有限公司恶意诉讼案[③]中认为："对于金富元厂主张的无效宣告请求费等其他损失，不予支持。"但在另一些案件中，人民法院支持了上述费用，如广东省高级人民法院在汕头市乐立方玩具实业有限公司与钟某某恶意诉讼案[④]中认为："乐立方公司在钟某某因涉案外观设计专利被宣告无效并申请撤诉后，该行为对乐立方公司由此造成的维权合理律师费、公证费、宣告无效程序等的相关费用，应予支持。"浙江省高级人民法院在新昌县共利新颖建材有限公司与绍兴市科顺建材有限公司恶意诉讼案[⑤]中认为："为推翻共利公司的恶意举报投诉，科顺公司向商标评审委对'CPU'商标提出无效宣告申请，以及提出行政诉讼，就此支付的商标代理机构的代理费和律师费，亦属于共利公司的举报投诉行为造成的损害后果。"②人民法院对于当事人主张的间接损失，在当事人充分举证证明其确定性和因果关系的情况下，人民法院通常也会予以支持。例如，江苏省高级人民法院在山东比特智能科技股份有限公司与江苏中讯数码电子有限公司恶意诉讼案[⑥]中认为："中讯公司在诉讼中提交的经营统计表、退税单据显示，2006—2007年中讯公司代工TELEMATRIX品牌电话机的毛利为12504594元。可见，中讯公司代工TELEMATRIX品牌电话机的毛利润较为可观，其确实会因第57号诉讼停止

① 参见江苏省无锡市中级人民法院民事判决书，(2016)苏02民初71号。
② 参见上海知识产权法院民事判决书，(2017)沪73民初379号。
③ 参见最高人民法院民事判决书，(2018)最高法民再388号。
④ 参见广东省高级人民法院民事判决书，(2017)粤民终2782号。
⑤ 参见浙江省高级人民法院民事判决书，(2018)浙民终37号。
⑥ 参见江苏省高级人民法院民事判决书，(2017)苏民终1874号。

代工 TELEMATRIX 品牌电话机而产生一定的预期利润损失，故该部分损失应当作为确定赔偿数额的参考因素。”浙江省高级人民法院在新昌县共利新颖建材有限公司与绍兴市科顺建材有限公司恶意诉讼案[①]中认为：“共利公司的举报投诉行为导致科顺公司为履行与原潮公司合同而生产的货物被查封，该批货物后因过保质期无法使用，造成了货物损失。同时，因该批货物被查封而致使科顺公司未能按期向原潮公司交货，引发了原潮公司就此提起了买卖合同纠纷诉讼，科顺公司为应对该诉讼所支付的律师费，也是共利公司的举报投诉行为造成的经济损失。”

3. 恶意诉讼是否适用惩罚性赔偿

恶意诉讼是否适用惩罚性赔偿，也是很多当事人关注的问题。从法理的角度，当事人主观上的恶意已经作为恶意诉讼构成要件之一，如果对此恶意再加利用，则缺乏正当性基础。从法律适用的角度，在我国知识产权侵权损害赔偿机制中，惩罚性赔偿居于辅助地位，对惩罚性赔偿的司法适用应当以符合法定条件为前提[②]。2021 年 3 月 3 日实施的《最高人民法院关于审理侵害知识产权民事案件适用惩罚性赔偿的解释》（法释〔2021〕4 号）第 1 条规定：“原告主张被告故意侵害其依法享有的知识产权且情节严重，请求判令被告承担惩罚性赔偿责任的，人民法院应当依法审查处理。”上述规定明确了惩罚性赔偿的适用范围，恶意诉讼并非适用惩罚性赔偿的法定情形。

从前述 27 件构成恶意诉讼的裁判文书来看，并未有适用惩罚性赔偿的案例。值得注意的是，北京市朝阳区人民法院在北京美爵信达科技有限公司与山东比特智能科技股份有限公司恶意诉讼案[③]中虽未支持当事人适用惩罚性赔偿的诉请，但认为：“在适用惩罚性赔偿时，需要严格谨慎，除了要求侵权人具有主观恶意、侵权情节严重外，还要能够准确计算权利人的实际损失或者侵权人的实际获利，或者查明确定的商标许可费数额，

---

① 参见浙江省高级人民法院民事判决书，（2018）浙民终 37 号。

② 苏志甫：《论我国知识产权惩罚性赔偿制度的目标、定位与司法适用》，载《中国应用法学》2021 年第 1 期。

③ 参见北京市朝阳区人民法院民事判决书，（2015）朝民（知）初字第 22620 号。

然后才能在此基础上根据侵权人恶意程度、侵权情节的严重程度在一倍以上三倍以下具体确定需要承担的惩罚性赔偿数额。本案中，尽管可以确定美爵信达公司因比特科技公司的恶意诉讼无法使用TELEMATRIX商标给其带来了经营上的损失，且能够从因恶意诉讼给美爵信达公司带来损失的期间及上述比特科技公司获利的角度考虑本案赔偿数额，但比特科技公司在上述期间的获利数额并不能准确计算，美爵信达公司也不能准确计算其经济损失数额，故本案无法适用惩罚性赔偿，且在考量本案赔偿数额时已经考虑到了比特科技公司的主观恶意及涉案恶意诉讼行为的情节，因此对美爵信达公司要求适用惩罚性赔偿的意见不予支持。”

结 语

知识产权恶意诉讼行为不仅有悖于知识产权制度的目的实现和功能发挥，而且对涉案当事人的正常经营造成了困扰和损害。虽然当前知识产权恶意诉讼案件的绝对数量并不多，但知识产权恶意诉讼行为对市场秩序、创新秩序、司法秩序均会造成较大冲击，已经成为不可忽视的问题。探讨和研究知识产权恶意诉讼的事实认定及责任承担等难点问题，旨在梳理和总结知识产权恶意诉讼的裁判规则，以期为合理预防及妥善应对相关行为提供预期或借鉴。

（本文仅代表作者个人观点。特约编辑：黄细江）

证券虚假陈述纠纷中“推定因果关系”的修正

管辉寰[*]　杨　姣[**]

一、问题的提出

在证券虚假陈述损害赔偿的“五洋债”“中安科”案中，出现了认定部分行为人按比例对外承担连带责任的意见，这样的判决引发诸多讨论。因为根据《民法典》第178条的规定，在连带责任中，无论各行为人自身的故意、过失，对外都应当承担全部责任，至于原因力、过错程度等，属于内部责任划分时的考量因素，司法实践的判决结果似乎与侵权法的现行规定并不一致，具有“体系违反”之嫌。而金融领域“压实”中介机构责任的监管要求下，同类案件中势必更多涉及各行为人对投资者损失的责任承担问题，比例连带似乎又是一种相对“公平”的裁判结果。我们依侵权法理论，对于“因果关系”这一要件在证券虚假陈述纠纷中的特殊规范及实践现状进行讨论，以期为“比例连带责任”寻找更为合理的解释路径。

二、“推定因果关系”的适用问题

在权利侵害型侵权行为中，考量因果关系是需要分两个层次的，即

* 北京市天同（西安）律师事务所律师，法学博士研究生。
** 北京市天同（西安）律师事务所律师，法学博士研究生。

责任是否成立的“事实因果关系”和责任范围的“法律因果关系”。前者是判断加害行为与权益遭受侵害之间是否存在关联性，后者是判断权益受侵害与所造成的损害之间的关联性。当事实因果关系能够确立的情况下，需考量的就是通过法律因果关系来确定需承担责任范围大小（哪些损失应当赔偿）。①

证券虚假陈述损害赔偿仍属侵权损害赔偿范畴，按照侵权法“四要件”来认定责任承担，不过，由于证券交易的“非对话性”，投资者基于何种原因作出投资行为就较难准确界定，导致“因果关系”这一要件的认定上较为复杂，如果将证明责任分配给作为原告的投资者，可能导致大量损失无法获赔的结果。因此《最高人民法院关于审理证券市场虚假陈述侵权民事赔偿案件的若干规定》第 18 条，《全国法院审理债券纠纷案件座谈会纪要》第 22 条都采用了类似意见，通过考察各方行为是否满足法律预先规定的条件，来“推定”虚假陈述的行为与投资者损失间存在“因果关系”，进而确定损害赔偿责任。这种推定出于法政策的考量，便于保护投资者，也有利于裁判者的认定、提高司法效率。

然而，需要思考的是，这种“推定”是对事实因果关系的推定还是对法律因果关系的推定，抑或一种盖然的全部推定，即只要存在某些事实要件，就推定投资者的损失应由行为人全部承担。从法律适用的结果来看，判例中并不区分两种因果关系，似乎采用了全部推定的思路。

但推定的本质就包含了一定的谬误比例，尤其是对责任成立和赔偿范围的一并推定，就有出现责任扩大的可能，在可接受范围内不会影响实质公平的裁判结果，却不能否认这种风险的存在。随着政策、司法、监管的不断变化，对于“推定因果关系”的适用出现越来越多的争议：其一，“有效市场假说”的责难。《最高人民法院关于审理证券市场虚假陈述侵权民事赔偿案件的若干规定》中的“推定因果关系”本质上借鉴了美国证券法“信赖推定”“有效市场假说”的相关理论，无须再

① 详见程啸：《侵权责任法》（第 3 版），法律出版社 2021 年版，第 236 页。

要求每一个原告就自己损失与被告虚假陈述的行为间存在具体因果关系而举证，不过，在我国以个人投资者为主的股票市场中，交易价格对披露信息的反馈程度、速度并不如数学模型那样理想，在此基础上的“推定”，也会受到质疑。其二，“可抗辩性”的实践困难。最高人民法院在《最高人民法院关于审理证券市场虚假陈述侵权民事赔偿案件的若干规定》的理解适用意见中提及，这种“推定”是可以抗辩的，并给出了部分抗辩方向。[①] 例如，虚假陈述的内容不具有“重大性”；投资者基于其他原因作出的投资行为[②]；投资者作出决策前已明知虚假陈述行为；其他因素如系统性风险导致了证券价格下跌[③]。但即便对于发行人和中介机构，也很难完成举证，有效证明这些抗辩观点。另外，实践中投资者都是基于发行人受到了明确的处罚，随后主张损害赔偿的诉讼请求，按照《全国法院民商事审判工作会议纪要》的意见，此时关于“重大性”的抗辩已无从提出，使“可抗辩性”有滑向具文的趋势。其三，“前置程序”松动的影响。“前置程序”在司法会议纪要和裁判实践中均呈现出放宽的趋势，法院将更多地面对监管机构仅认定了发行人的虚假陈述行为，并没有认定中介机构的行为，在诉讼程序中，裁判者需要独立判断中介机构的责任成立与赔偿范围，此时能否直接对其行为与投资者损失间的因果关系进行“推定”，就产生了更大争议。

三、“推定因果关系”在“多因一果”案型中的疑难

对于“推定因果关系”的适用，虽有质疑意见，但不妨碍其保障司法效率和维护投资者利益的正面意义，不过，按司法裁判所反映的实践情况，发行人、中介机构多个行为与投资者损失间的因果关系及责任形式的认定，才是近年来证券虚假陈述纠纷的审判热点。对该争议难

① 详见最高人民法院民事审判第二庭编著：《最高人民法院关于审理证券市场虚假陈述案件司法解释的理解与适用》，人民法院出版社 2015 年版，第 252 页。

② 参见最高人民法院民事裁定书，（2016）最高法民申 502 号；云南省高级人民法院民事判决书，（2015）云高民二终字第 196 号等。

③ 参见最高人民法院民事裁定书，（2013）民申字第 1829 号；河北省石家庄市中级人民法院民事判决书，（2014）石民三初字第 00249 号。

点，多数观点认为，可以按照“共同侵权”与“分别侵权”的视角展开，区分发行人与中介机构是共同侵权或无意思联络的数人侵权，从而判断各自责任形式。

考虑到侵权法理论中，存在“客观同一性”的理论：共同侵权的构成不以数个行为人之间存在共同故意或者过失为必要条件，在数个行为人分别实施加害行为导致同一损害发生且这些行为存在高度关联性时（客观同一性），也构成共同侵权，数个行为人应承担连带责任。依该理论，数人所为违法行为致同一损害的，纵使行为人间无意思联络，仍构成共同侵权行为，这在事实要件层面，会与无意思联络的数人侵权相互混淆，导致“共同”与“分别”难以举证区分，因此理论探讨和法律规定两方面均有不同意见。①

在虚假陈述纠纷案件中，发行人与中介机构间是否存在共同故意，通常也是很难认定的，如按照“恶意串通”的证据规则，要求达到“排除合理怀疑”的证明程度，这无疑给当事人提出了较高的举证难度，而如依照“客观同一性”理论也很难判断多个行为的性质，从而认定责任形式。② 因此，与其强行区分发行人与中介机构是否构成“共同侵权”或“分别侵权”，不如从因果关系的视角出发，审视多个行为与损害结果间的关联性，以判断各个行为人的责任范围。

实践中，多数情况下是发行人发布了某虚假陈述的公告，中介机构在自身出具的文件中也存在“虚假”内容，存在多个行为，客观上出现了“多因一果”的状态。在侵权法理论中，多个侵权行为与损害结果间可能存在不同类型的因果关系，大致可区分为：“共同的因果关系”“竞合的因果关系”“递进的因果关系”“择一的因果关系”等。

① 2003 年的《最高人民法院关于审理人身损害赔偿案件适用法律若干问题的解释》（2020 年、2022 年已经两次修正）第 3 条第 1 款的规定即采纳该种意见，在全国人大常委会法工委人员对《民法典》的解读意见中，也持相同观点。不过，《最高人民法院关于审理涉及会计师事务所在审计业务活动中民事侵权赔偿案件的若干规定》的规定中，却按照“故意”或“过失”的不同情形，区分责任承担的形式。

② 详见宁子昂：《论无意思联络数人侵权行为责任形式的理论基础》，载《当代法学》2015 年第 3 期。

结合证券虚假陈述案例，逐一比对这些特殊的因果关系类型，不难发现每个主体单一的行为与投资者损失间的因果关系，在事实层面都不容易证明。因为投资者是基于发行人的虚假陈述行为，还是中介机构出具虚假记载、误导性陈述文件而进行的投资行为，是很难客观界定的，此时适用推定因果关系的规范，虽解决了司法实践里的难题，但我们不禁要思考：依据《最高人民法院关于审理证券市场虚假陈述侵权民事赔偿案件的若干规定》，在满足条文规定的情形下，是推定所有虚假陈述行为与投资者损失间存在一个整体的因果关系，其后再考量发行人和中介机构间的责任分配；还是推定发行人和中介机构的每个行为与投资者损失间分别都存在因果关系？从目前裁判案例来看，法院处理该问题时，倾向于只判断发行人和中介机构是否存在虚假陈述，以及相应的“时间点”问题，不再单独考量每一行为与损害结果的因果关系。尽管《最高人民法院关于审理证券市场虚假陈述侵权民事赔偿案件的若干规定》的条文及理解适用意见中，并未明确“推定因果关系”是否适用于中介机构等，但法院裁判中倾向于全然的推定，“跳过”各个行为与结果间因果关系的论述，直接考察每一主体的原因力、过错等，以确定各自的责任范围。

四、“推定因果关系”在实践中的修正方式

基于上述讨论，可以发现适用“推定因果关系”的结论必将导致责任的“全有”或“全无”，推定虽然简化了责任认定，但却使赔偿范围的认定变得过于简单而存在偏差的可能，正因如此，司法实践中才出现一审、二审都认定责任成立，但却对损害赔偿的具体金额作出不同裁判，本质上都是在消弭“推定”中的瑕疵。有鉴于此，我们倾向于认为，在适用“推定因果关系”的同时，可以通过技术手段调整结论中的潜在谬误。因为客观上，事实因果关系在一些时候并不容易证明，如环境侵害与医疗事故的纠纷中，受害人在多大程度上因有毒物质或医疗手段而遭受损害，在现有科学技术中难以准确界定，出于权利保护的倾向性，在可能的因果关系达到一定比例时，可以概括认定与损失结果间

存在关联。这也与举证证明责任保持了协调，不过，从结果层面反推，这种高度盖然的比例（如 51%）是否就能准确无虞地推定对全部损害承担全部责任，是否存在责任与行为失衡的情况？这就需要在责任承担的范围上进行“修正”。

因此，在诸多观点更多集中于讨论证券虚假陈述“连带责任”的形式问题时，我们认为，裁判中出现“比例连带责任”的本源，是对原有“推定因果关系”在结果层面的修正。当然，这种修正并非仅是基于实质公平的自由裁量，其底层逻辑可以参考“比例因果关系”的理论：在事实层面依据侵权行为与损害结果间因果关系的可能性来判断责任成立，并基于该可能性比例来计算侵权人应当承担的具体责任份额。在推论比例的过程中，既确定了侵权行为人与受害人之间的关系，也能够直接确定各行为人之间的内部责任。既然在因果关系的要件上是按照可能性的比例确定，那么在责任承担的结果上，就同样需受到比例的限制，即如受害人所受损害 30% 可能性归因于某一行为，行为人 A 对该行为的影响度为 50%，则 A 的责任范围可以计算为全部损害的 30% 乘以 50%。①

而在证券虚假陈述中，因为对于各中介机构的行为与全部损害结果间的因果关系较难肯定，适用推定因果关系的后果导致中介机构必然承担责任，而根据《民法典》《证券法》等规定，责任的范围应当是受害人的全部损失，但这种裁判结果很可能造成责任分配的不公。考虑到投资者可能在作投资决策时并未关注中介机构的某一份报告，仅是依发行人披露的信息，此时推定中介机构的行为与投资者的受损间存在因果关系，进而判决其对全部损失承担连带责任，显然在逻辑推导层面和实体结果层面都存在纰漏。因此，通过“比例连带”来确定责任范围，实际是实现对推定因果关系中可能“谬误”的一种修正。值得一提的是，这种修正的技术手段，在证券虚假陈述纠纷中并不少见，如计算损失时

① 详见吴国喆：《事实因果关系不明侵权中比例因果关系的确定》，载《法学家》2020 年第 2 期。

扣除“系统性风险”，也可以视为对实体结果的一种修正。

五、“修正”对于诉讼实践的指引

对“推定因果关系”进行结果层面的修正，在证券虚假陈述中能够完成对各主体责任的有序确定，解决实践中越来越高发的责任分配问题，在法律规制和诉讼实务两个方面都具有指引价值。

“原因力”的外化。根据《民法典》第178条的规定，连带责任对外是整体责任，权利人可以要求任意行为人承担全部责任。而在内部责任划分上，则考虑原因力和过错情况。不过，在裁判中部分法院倾向于认为，原因力直接影响对外责任的比例，这看似与侵权法的理论存在不一致，但我们认为，此处的“原因力”更多的是指事实因果关系不明时，某一行为人可能对损害结果影响的“程度”或“贡献度”，按照各个行为人不同“贡献度”，分配比例责任。而在“多因一果”的关系中，如无法准确确定每一行为与唯一损害结果间的因果关系时，采用连带责任的形式，更有利于保护受害人的权益，也符合当下的立法趋势。

同时，按实践中的司法意见，“原因力”的认定是与过错大小保持一致，这与“过错程度为主、法律原因力为辅”的理论观点保持了一致。在确定责任份额上，重点考察各个行为人的过错问题，而不是从应然视角论证每一行为对损害结果的“影响程度”，这有助于减轻各方举证证明责任，简化裁判工作，将事实上的影响程度量化为过错程度。置于证券虚假陈述的诉讼实务中，法院考量“过错大小”从而确定原因力的观点，也将引发对“勤勉尽职”“审慎核查”等义务边界更为深入的探讨。

“比例责任”的确定。“比例责任”的观点有助于处理事实因果关系不明中的责任认定问题，实现责任负担、平衡损益的法效果，也为裁判中的诸多问题提供了一种解释路径。《最高人民法院关于审理环境侵权责任纠纷案件适用法律若干问题的解释》第3条已采用了部分连带责任的规定：部分行为人的行为造成全部损害、部分行为人的行为造成部分损害时，造成全部损害行为人与其他行为人就共同造成损害的部分承担连带责任。在证券虚假陈述纠纷中，裁判者或需要细分虚假陈述行为，并逐一考量各个主体的过错情况，可能是未来证券虚假陈述纠纷中的审查核心之一，也将会是发行人和中介机构间的争议焦点。

对于发行人而言，在单一判断其责任是否成立、应否赔偿时，会出现法院通过考量虚假陈述行为与全部损害结果间的关联“度”，直接酌定责任范围的情况。例如，在“大智慧”虚假陈述案中，上海市第一中级人民法院作过类似论述：“存在虚假陈述行为时，投资者的全部或部分损失亦有可能与虚假陈述行为间没有因果关系，换言之，在前述逻辑推理过程中，有一项重要的假设前提，即证券市场价格的变化会受到虚假陈述的影响……至于该种市场风险所致投资者权益减少部分在投资者投资差额损失中所占的比例，本院酌情认定为30%。”①

对于中介机构而言，“弱化”自身行为与投资者损害间的因果关系，使得拟制的“推定”不再牢固，尽可能降低事实因果关系的比例，继而结合“勤勉尽职责任”“审慎注意义务”的举证证明，以争取应对不同情形中的责任承担，拟定更为妥善的答辩策略，可初步列举为：①发行人存在多个虚假陈述行为时。在损失计算中，实施日和揭露日之间的期限是连贯的，但多个行为与结果间的因果关系却可以区分考察，对于只参与了发行人部分活动的中介机构，就可以抗辩其与造成投资者损失的虚假陈述并无关联。在“中基健康”案中，法院就认为发行人有两个虚假陈述的行为，而从投资者的交易记录来看，应当是与第二个虚假陈述行为间存在关联，与第一个虚假陈述行为间并无因果关系。②②存在多个不同专业方向的中介机构时。各个中介机构的职能范围、专业领域并不相同，有些中介机构的行为实质上对损害的结果是很难产生“原因力”的，如发行人虚增货币资本，会计师事务所出具核查无误信息，而律师事务所只对相关交易的合同出具法律审查意见，没有涉及资

① 参见上海市第一中级人民法院民事判决书，(2017) 沪01民初839号。

② 参见新疆维吾尔自治区高级人民法院生产建设兵团分院民事判决书，(2017) 兵民终29号。

金数额、使用等问题，此时，只要证明已经完成了“一般注意义务”，律所行为和投资者损失间因果关系的比例可能趋近于0，在结果层面，就不应认定其需要承担责任。

六、结　语

“压实”中介机构责任作为监管要求，必然引发金融实操的连锁反应，同时，各地法院的不同裁判结果，也是对化解纠纷的不同尝试，有如“中安科”等案件依“比例连带”进行处理，也有如“金元顺安”案，直接判决赔偿具体金额[①]，更有如“华泽钴镍”案一审判决“比例连带”，二审在大幅减小赔偿金额的基础上改判全部连带[②]。我们认为，司法裁判考量法政策的倾向时，需将论理控制在严谨的逻辑推导之中，在《民法典》侵权编的体系架构下，“推定因果责任”作为证券虚假陈述损害赔偿中的特殊拟制，体现了价值倾向与权利位阶，但也可能造成一部分责任外扩的问题。为消弭这种瑕疵，裁判中的“比例责任”作为技术手段完成结果层面的修正。

（本文仅代表作者个人观点。特约编辑：张艳）

---

① 参见北京市第二中级人民法院民事判决书，（2020）京02民初357号。

② 参见四川省成都市中级人民法院民事判决书，（2019）川01民初156号及1626号；四川省高级人民法院民事判决书，（2020）川民终293号。

最高人民法院《关于审理证券市场虚假陈述侵权民事赔偿案件的若干规定》修订要点评析

黄　霆*

2022年1月21日，最高人民法院发布《关于审理证券市场虚假陈述侵权民事赔偿案件的若干规定》（以下简称2022《规定》），自2022年1月22日起施行。2022《规定》是对《最高人民法院关于受理证券市场因虚假陈述引发的民事侵权纠纷案件有关问题的通知》（2002年1月15日施行，以下简称2002《通知》，已废止）、《最高人民法院关于审理证券市场因虚假陈述引发的民事赔偿案件的若干规定》（2003年2月1日施行，以下简称2003《规定》，已废止）的重大修订和完善，其中包含了许多先进理念和制度创新，值得关注和学习。

本文将结合实务，对2022《规定》中的若干重大修订内容进行评析。

一、2022《规定》章节内容及结构调整较大

2003《规定》分为“一般规定”“受理与管辖”“诉讼方式”“虚假陈述的认定”“归责与免责事由”“共同侵权责任”“损失认定”“附则”八个章节，2022《规定》则分为“一般规定”“虚假陈述的认定”

* 广东晟典律师事务所律师，高级合伙人。

“重大性及交易因果关系”“过错认定”“责任主体”“损失认定”“诉讼时效”“附则”八个章节。

2022《规定》章节内容及结构调整主要表现为：

1. 2003《规定》中的“一般规定”“受理与管辖”章节内容，一部分被2022《规定》合并进“一般规定”章节，一部分纳入新增的“责任主体”章节，还有一部分与2002《通知》中的有关内容删改融合后纳入新增的“诉讼时效”章节；

2. 2022《规定》删除了2003《规定》中的“诉讼方式”章节，主要原因是现行《民事诉讼法》及《最高人民法院关于证券纠纷代表人诉讼若干问题的规定》中已有相关内容；

3. 2003《规定》“归责与免责事由”章节内容，部分调整为2022《规定》“过错认定”章节，部分纳入“责任主体”章节；

4. 2022《规定》新增“重大性及交易因果关系”章节，并将2003《规定》“虚假陈述的认定”章节中的因果关系内容剥离纳入；

5. 2022《规定》对“虚假陈述的认定”章节中的内容作了较大调整。

二、2022《规定》适用范围扩大

1. 投资人适用范围扩大

主要体现在两个方面：第一，信息披露义务人在证券交易场所及按照国务院规定设立的区域性股权市场中发生的虚假陈述侵权案件，均可适用2022《规定》。第二，投资人因“场外交易”“协议转让交易”遭受损失的，亦可适用2022《规定》。2003《规定》排除特别投资人因“场外交易”“协议转让交易”遭受损失索赔案件的适用，是由于2003《规定》认定信息披露义务人虚假陈述与普通投资人损失结果之间的因果关系时奉行信赖推定原则，规定因果关系举证责任倒置，而该制度主要是为了保护中小投资者。但2022《规定》重构了因果关系证明规则后，使得上述排除适用已无必要。

表 1　投资人适用范围对比

<table>
<tr><th>2003《规定》</th><th>2022《规定》</th></tr>
<tr><td>第 1 条　本规定所称证券市场因虚假陈述引发的民事赔偿案件（以下简称虚假陈述证券民事赔偿案件），是指证券市场投资人以信息披露义务人违反法律规定，进行虚假陈述并致使其遭受损失为由，而向人民法院提起诉讼的民事赔偿案件。</td><td rowspan="2">第 1 条　信息披露义务人在证券交易场所发行、交易证券过程中实施虚假陈述引发的侵权民事赔偿案件，适用本规定。
按照国务院规定设立的区域性股权市场中发生的虚假陈述侵权民事赔偿案件，可以参照适用本规定。</td></tr>
<tr><td>第 3 条　因下列交易发生的民事诉讼，不适用本规定：（一）在国家批准设立的证券市场以外进行的交易；（二）在国家批准设立的证券市场上通过协议转让方式进行的交易。</td></tr>
</table>

2. 虚假陈述认定依据范围扩大

虚假陈述的认定依据，2003《规定》为“证券法律规定”，而 2022《规定》为“法律、行政法规、监管部门制定的规章和规范性文件关于信息披露的规定”，认定依据大幅度扩充，对发行人信息披露的要求显著提高。

表 2　虚假陈述认定依据范围对比

2003《规定》	2022《规定》
第 17 条第 1 款　证券市场虚假陈述，是指信息披露义务人违反证券法律规定，在证券发行或者交易过程中，对重大事件作出违背事实真相的虚假记载、误导性陈述，或者在披露信息时发生重大遗漏、不正当披露信息的行为。	第 4 条　信息披露义务人违反法律、行政法规、监管部门制定的规章和规范性文件关于信息披露的规定，在披露的信息中存在虚假记载、误导性陈述或者重大遗漏的，人民法院应当认定为虚假陈述。

三、废除诉讼前置程序

2002《通知》及 2003《规定》均要求，投资人提起虚假陈述证券民事赔偿诉讼，必须提交针对信息披露义务人的行政处罚决定或者公告，或者人民法院的刑事裁判文书。但近年来，实务中已出现淡化前置程序要求的迹象。例如，笔者亲历的2019年投资人起诉联建光电证券虚假陈述案件中，立案之时，深圳市中级人民法院尚要求原告提交针对信息披露义务人的行政处罚决定或者公告方予立案。民事诉讼过程中，联建光电不服中国证券监督管理委员会深圳监管局作出的《行政处罚决定书》，依法提出复议，后提起一审、二审行政诉讼，但在广东省高级人民法院对二审行政诉讼作出裁决之前，2020年12月深圳市中级人民法院已将此前裁定中止审理的系列民事案件恢复审理并于2021年5月作出裁决。

2022《规定》明确取消诉讼前置程序，降低了投资人的起诉门槛，有利于保障受损投资人的诉讼权利。

表3　诉讼前置程序规定对比

2002《通知》	2003《规定》	2022《规定》
二、人民法院受理的虚假陈述民事赔偿案件，其虚假陈述行为，须经中国证券监督管理委员会及其派出机构调查并作出生效处罚决定。当事人依据查处结果作为提起民事诉讼事实依据的，人民法院方予依法受理。	第6条第1款　投资人以自己受到虚假陈述侵害为由，依据有关机关的行政处罚决定或者人民法院的刑事裁判文书，对虚假陈述行为人提起的民事赔偿诉讼，符合民事诉讼法第一百零八条规定的，人民法院应当受理。 第11条　人民法院受理虚假陈述证券民事赔偿案件后，受行政处罚当事人对行政处罚不服申请行政复议或者提起行政诉讼的，可以裁定中止审理。 人民法院受理虚假陈述证券民事赔偿案件后，有关行政处罚被撤销的，应当裁定终结诉讼。	第2条　原告提起证券虚假陈述侵权民事赔偿诉讼，符合民事诉讼法第一百二十二条规定，并提交以下证据或者证明材料的，人民法院应当受理：（一）证明原告身份的相关文件；（二）信息披露义务人实施虚假陈述的相关证据；（三）原告因虚假陈述进行交易的凭证及投资损失等相关证据。 人民法院不得仅以虚假陈述未经监管部门行政处罚或者人民法院生效刑事判决的认定为由裁定不予受理。

四、"四日一价三行为"概念得到厘清和完善

证券市场虚假陈述案件中，核心概念当属"四日一价三行为"。

1. "四日"，是指虚假陈述的实施日、揭露日、更正日以及损失计算的基准日。

关于虚假陈述的实施日、揭露日、更正日，对比两版《规定》可

知，前述“三日”的概念变化不大，但2022《规定》在实施日、揭露日下以列举方式增加了在不同情形下该两日的认定方式。实务中，原被告对虚假陈述实施日、揭露日的认定主张通常存在争议，为统一认定标准，2022《规定》对此作出了极具操作性的规定。

损失计算基准日的概念基本不变，但基准日的确认方式有所不变有所变。不变的是，自揭露日或更正日起，被虚假陈述影响的证券集中交易累计成交量达到可流通部分100%之日为基准日，统计累计的成交量时仍排除通过大宗交易协议转让的证券成交量。变的是，基准日确认更具可期待性，在2022《规定》下，基准日或者为自揭露日或更正日起的第10个交易日，或者为自揭露日或更正日起的第30个交易日。

表4 “四日”规定对比

2003《规定》	2022《规定》
第20条　本规定所指的虚假陈述实施日，是指作出虚假陈述或者发生虚假陈述之日。 虚假陈述揭露日，是指虚假陈述在全国范围发行或者播放的报刊、电台、电视台等媒体上，首次被公开揭露之日。 虚假陈述更正日，是指虚假陈述行为人在中国证券监督管理委员会指定披露证券市场信息的媒体上，自行公告更正虚假陈述并按规定履行停牌手续之日。 第33条　投资差额损失计算的基准日，是指虚假陈述揭露或者更正后，为将投资人应获赔偿限定在虚假陈述所造成的损失范围内，确定损失计算的合理期间而规定的截止日期。基准日分别按下列情况确定：（一）揭露日或者更正日起，至被虚假陈述影响的证券累计成交量达到其可流通部分100%之日。但通过大宗交易协议转让的证券成交量不予计算。（二）按前项规定在开庭审理前尚不能确定的，则以揭露日或者更正日后第30个交易日为基准日。（三）已经退出证券交易市场的，以摘牌日前一交易日为基准日。（四）已经停止证券交易的，可以停牌日前一交易日为基准日；恢复交易的，可以本条第（一）项规定确定基准日。	第7条　虚假陈述实施日，是指信息披露义务人作出虚假陈述或者发生虚假陈述之日。 信息披露义务人在证券交易场所的网站或者符合监管部门规定条件的媒体上公告发布具有虚假陈述内容的信息披露文件，以披露日为实施日；通过召开业绩说明会、接受新闻媒体采访等方式实施虚假陈述的，以该虚假陈述的内容在具有全国性影响的媒体上首次公布之日为实施日。信息披露文件或者相关报道内容在交易日收市后发布的，以其后的第一个交易日为实施日。 因未及时披露相关更正、确认信息构成误导性陈述，或者未及时披露重大事件或者重要事项等构成重大遗漏的，以应当披露相关信息期限届满后的第一个交易日为实施日。 第8条　虚假陈述揭露日，是指虚假陈述在具有全国性影响的报刊、电台、电视台或监管部门网站、交易场所网站、主要门户网站、行业知名的自媒体等媒体上，首次被公开揭露并为证券市场知悉之日。

续表

2003《规定》	2022《规定》
	人民法院应当根据公开交易市场对相关信息的反应等证据，判断投资者是否知悉了虚假陈述。 除当事人有相反证据足以反驳外，下列日期应当认定为揭露日：（一）监管部门以涉嫌信息披露违法为由对信息披露义务人立案调查的信息公开之日；（二）证券交易场所等自律管理组织因虚假陈述对信息披露义务人等责任主体采取自律管理措施的信息公布之日。 信息披露义务人实施的虚假陈述呈连续状态的，以首次被公开揭露并为证券市场知悉之日为揭露日。信息披露义务人实施多个相互独立的虚假陈述的，人民法院应当分别认定其揭露日。 第9条　虚假陈述更正日，是指信息披露义务人在证券交易场所网站或者符合监管部门规定条件的媒体上，自行更正虚假陈述之日。 第26条第1款、第2款、第3款　投资差额损失计算的基准日，是指在虚假陈述揭露或更正后，为将原告应获赔偿限定在虚假陈述所造成的损失范围内，确定损失计算的合理期间而规定的截止日期。 在采用集中竞价的交易市场中，自揭露日或更正日起，被虚假陈述影响的证券集中交易累计成交量达到可流通部分100%之日为基准日。 自揭露日或更正日起，集中交易累计换手率在10个交易日内达到可流通部分100%的，以第10个交易日为基准日；在30个交易日内未达到可流通部分100%的，以第30个交易日为基准日。

2. “一价”，是指基准价格。2003《规定》中有关于基准价格的陈述内容，但未进行明确定义，2022《规定》对此予以明确，利于统一适用，且对于特殊情形下的基准价格确定，也一并规定了方法。

表 5 “一价”规定对比

2003《规定》	2022《规定》
第 32 条　投资人在基准日之后卖出或者仍持有证券的，其投资差额损失，以买入证券平均价格与虚假陈述揭露日或者更正日起至基准日期间，每个交易日收盘价的平均价格之差，乘以投资人所持证券数量计算。	第 26 条第 4 款、第 5 款　虚假陈述揭露日或更正日起至基准日期间每个交易日收盘价的平均价格，为损失计算的基准价格。 无法依前款规定确定基准价格的，人民法院可以根据有专门知识的人的专业意见，参考对相关行业进行投资时的通常估值方法，确定基准价格。

3. “三行为”，是指信息披露义务人在披露的信息中存在的虚假记载、误导性陈述或者重大遗漏行为，存在任一行为的，均属于虚假陈述。

相比 2003《规定》对该三种行为概念的定义，2022《规定》进行了科学合理的调整，使得该三种行为概念的内涵更加丰富完整，概括力明显提升，同时概念的外延亦得到了恰当扩张，扩大了对虚假陈述的认定范围。

表 6 “三行为”规定对比

2003《规定》	2022《规定》
第 17 条　证券市场虚假陈述，是指信息披露义务人违反证券法律规定，在证券发行或者交易过程中，对重大事件作出违背事实真相的虚假记载、误导性陈述，或者在披露信息时发生重大遗漏、不正当披露信息的行为。 对于重大事件，应当结合证券法第五十九条、第六十条、第六十一条、第六十二条、第七十二条及相关规定的内容认定。 虚假记载，是指信息披露义务人在披露信息时，将不存在的事实在信息披露文件中予以记载的行为。 误导性陈述，是指虚假陈述行为人在信息披露文件中或者通过媒体，作出使投资人对其投资行为发生错误判断并产生重大影响的陈述。	第 4 条　信息披露义务人违反法律、行政法规、监管部门制定的规章和规范性文件关于信息披露的规定，在披露的信息中存在虚假记载、误导性陈述或者重大遗漏的，人民法院应当认定为虚假陈述。 虚假记载，是指信息披露义务人披露的信息中对相关财务数据进行重大不实记载，或者对其他重要信息作出与真实情况不符的描述。 误导性陈述，是指信息披露义务人披露的信息隐瞒了与之相关的部分重要事实，或者未及时披露相关更正、确认信息，致使已经披露的信息因不完整、不准确而具有误导性。 重大遗漏，是指信息披露义务人违反关于信息披露的规定，对重大事件或者重要事项等应当披露的信息未予披露。

续表

2003《规定》	2022《规定》
重大遗漏，是指信息披露义务人在信息披露文件中，未将应当记载的事项完全或者部分予以记载。 不正当披露，是指信息披露义务人未在适当期限内或者未以法定方式公开披露应当披露的信息。	第5条第1款　证券法第八十五条规定的“未按照规定披露信息”，是指信息披露义务人未按照规定的期限、方式等要求及时、公平披露信息。

五、增设“预测性信息安全港”制度

为鼓励发行人自愿主动披露盈利预测、发展规划等预测性信息，提高信息披露质量，丰富信息披露内容，且由于预测性信息与既定性信息的披露标准较为不同，境外证券法规一般会制定“安全港制度”，以对发行人披露的预测性信息的虚假陈述民事责任进行限制。结合我国证券市场实际情况，2022《规定》采纳了该制度做法，但为了避免该制度被发行人滥用，不当损害投资人利益，亦对该制度进行了限缩。

表7　“安全港制度”规定

2022《规定》
第6条　原告以信息披露文件中的盈利预测、发展规划等预测性信息与实际经营情况存在重大差异为由主张发行人实施虚假陈述的，人民法院不予支持，但有下列情形之一的除外：（一）信息披露文件未对影响该预测实现的重要因素进行充分风险提示的；（二）预测性信息所依据的基本假设、选用的会计政策等编制基础明显不合理的；（三）预测性信息所依据的前提发生重大变化时，未及时履行更正义务的。 前款所称的重大差异，可以参照监管部门和证券交易场所的有关规定认定。

六、完善“重大性”认定标准

虚假陈述纠纷中，信息披露义务人的虚假陈述是否构成“重大性”属于必争之焦点问题。根据2003《规定》，原告必须说服法庭认定被告的虚假陈述具备“重大性”，其损失主张才可能得到支持；而被告如能说服法庭认定被告的虚假陈述不具备“重大性”，则即使被告的虚假陈述已经受到行政处罚，其也未必需要对投资人损失承担赔偿责任。对于如此重要的问题，2022《规定》在原条款的基础上，进行了完善和细化，统一和明确“重大性”的认定标准。

表 8 “重大性”认定标准规定对比

2003《规定》	2022《规定》
第 17 条第 2 款　对于重大事件，应当结合证券法第五十九条、第六十条、第六十一条、第六十二条、第七十二条及相关规定的内容认定。	第 10 条　有下列情形之一的，人民法院应当认定虚假陈述的内容具有重大性：（一）虚假陈述的内容属于证券法第八十条第二款、第八十一条第二款规定的重大事件；（二）虚假陈述的内容属于监管部门制定的规章和规范性文件中要求披露的重大事件或者重要事项；（三）虚假陈述的实施、揭露或者更正导致相关证券的交易价格或者交易量产生明显的变化。 前款第一项、第二项所列情形，被告提交证据足以证明虚假陈述并未导致相关证券交易价格或者交易量明显变化的，人民法院应当认定虚假陈述的内容不具有重大性。 被告能够证明虚假陈述不具有重大性，并以此抗辩不应当承担民事责任的，人民法院应当予以支持。

七、二分“因果关系”，交易因果关系和损失因果关系并立

根据 2003《规定》有关条款，虚假陈述的侵权责任构成要件为信息披露义务人实施了虚假陈述、投资人投资遭受损害、虚假陈述与损害结果之间存在因果关系，并未要求审查虚假陈述与投资者投资决定之间有无关联。该有关条款未严格遵循侵权责任构成要件的分析逻辑，使其在实务中受到诸如“虚假陈述责任沦为投资损失保险”的质疑。此外，仅因虚假陈述导致股价异动而遭受投资损失的投资人，与直接依赖虚假陈述作出投资决策的投资人，是否应该得到相同的损失填平保护？不同裁判者对此秉持不同举证责任分配规则、裁判规则，亦引发争议。对此，2022《规定》进行了回应。

2022《规定》将因果关系明确区分为“交易因果关系”“损失因果关系”。从具体内容来看，2022《规定》将 2003《规定》中因果关系的

内容进行修订后规定为“交易因果关系”内容，另行增加新的“损失因果关系”认定条款。据此，虚假陈述的侵权责任构成要件调整为信息披露义务人实施了虚假陈述、投资人直接基于前述虚假陈述作出投资决策、投资人投资遭受损失、虚假陈述与投资人损失之间存在因果关系。

2022《规定》二分因果关系的安排，重构了因果关系证明规则，是对“信赖推定”原则的限缩，明确规定了原告相应举证责任，在一定程度上平衡了投资人和发行人的利益保护，彰显了公平、公正的修订原则。但值得关注的是，虚假陈述案件中，投资人要举证证明“交易因果关系”成立存在现实的客观困难，举证难度过大可能使得该项证明责任的承担直接意味着败诉。因此，实务中如何恰如其分地分配举证责任、如何认定举证不能，必然对裁判者构成考验和挑战。

表9　二分“因果关系”规定对比

2003《规定》	2022《规定》
第18条　投资人具有以下情形的，人民法院应当认定虚假陈述与损害结果之间存在因果关系：（一）投资人所投资的是与虚假陈述直接关联的证券；（二）投资人在虚假陈述实施日及以后，至揭露日或者更正日之前买入该证券；（三）投资人在虚假陈述揭露日或者更正日及以后，因卖出该证券发生亏损，或者因持续持有该证券而产生亏损。 第19条　被告举证证明原告具有以下情形的，人民法院应当认定虚假陈述与损害结果之间不存在因果关系：（一）在虚假陈述揭露日或者更正日之前已经卖出证券；（二）在虚假陈述揭露日或者更正日及以后进行的投资；（三）明知虚假陈述存在而进行的投资；（四）损失或者部分损失是由证券市场系统风险等其他因素所导致；（五）属于恶意投资、操纵证券价格的。	第11条　原告能够证明下列情形的，人民法院应当认定原告的投资决定与虚假陈述之间的交易因果关系成立：（一）信息披露义务人实施了虚假陈述；（二）原告交易的是与虚假陈述直接关联的证券；（三）原告在虚假陈述实施日之后、揭露日或更正日之前实施了相应的交易行为即在诱多型虚假陈述中买入了相关证券，或者在诱空型虚假陈述中卖出了相关证券。 第12条　被告能够证明下列情形之一的，人民法院应当认定交易因果关系不成立：（一）原告的交易行为发生在虚假陈述实施前，或者是在揭露或更正之后；（二）原告在交易时知道或者应当知道存在虚假陈述，或者虚假陈述已经被证券市场广泛知悉；（三）原告的交易行为是受到虚假陈述实施后发生的上市公司的收购、重大资产重组等其他重大事件的影响；（四）原告的交易行为构成内幕交易、操纵证券市场等证券违法行为的；（五）原告的交易行为与虚假陈述不具有交易因果关系的其他情形。 第31条　人民法院应当查明虚假陈述与原告损失之间的因果关系，以及导致原告损失的其他原因等案件基本事实，确定赔偿责任范围。 被告能够举证证明原告的损失部分或者全部是由他人操纵市场、证券市场的风险、证券市场对特定事件的过度反应、上市公司内外部经营环境等其他因素所导致的，对其关于相应减轻或者免除责任的抗辩，人民法院应当予以支持。

八、深入细化不同主体的过错与责任认定标准

对何谓“过错”进行概括界定。

1. 2022《规定》对《证券法》第85条、第163条所称的过错进行了高度提炼

表10 “过错”规定对比

《证券法》	2022《规定》
第85条　信息披露义务人未按照规定披露信息，或者公告的证券发行文件、定期报告、临时报告及其他信息披露资料存在虚假记载、误导性陈述或者重大遗漏，致使投资者在证券交易中遭受损失的，信息披露义务人应当承担赔偿责任；发行人的控股股东、实际控制人、董事、监事、高级管理人员和其他直接责任人员以及保荐人、承销的证券公司及其直接责任人员，应当与发行人承担连带赔偿责任，但是能够证明自己没有过错的除外。 第163条　证券服务机构为证券的发行、上市、交易等证券业务活动制作、出具审计报告及其他鉴证报告、资产评估报告、财务顾问报告、资信评级报告或者法律意见书等文件，应当勤勉尽责，对所依据的文件资料内容的真实性、准确性、完整性进行核查和验证。其制作、出具的文件有虚假记载、误导性陈述或者重大遗漏，给他人造成损失的，应当与委托人承担连带赔偿责任，但是能够证明自己没有过错的除外。	第13条　证券法第八十五条、第一百六十三条所称的过错，包括以下两种情形：（一）行为人故意制作、出具存在虚假陈述的信息披露文件，或者明知信息披露文件存在虚假陈述而不予指明、予以发布；（二）行为人严重违反注意义务，对信息披露文件中虚假陈述的形成或者发布存在过失。

2. 细化发行人董事、监事、高级管理人员及直接责任人员的过错与责任认定标准

从具体内容来看，2022《规定》充分吸收和总结了实务中原告、被告之间的诉请和抗辩经验，使得该部分条款兼备现实性与实用性，想必会令承办过虚假陈述案件的代理人阅读起来颇有似曾相识之感。

但令人担忧的是，2022《规定》改变了2003《规定》中“发行人、上市公司负有责任的董事、监事和经理等高级管理人员对前款的损失承担连带赔偿责任”等表述，并未明确发行人董事、监事、高级管理人员及直接责任人员对原告的损失是否承担连带赔偿责任。虽然2022《规

定》第23条第1款、第32条第2款中留有“连带责任”“连带责任人”字眼，但鉴于《民法典》第178条第3款规定“连带责任，由法律规定或者当事人约定”，发行人董事、监事、高级管理人员及直接责任人员对原告损失究竟承担何种赔偿责任，可能会引发争议。

表11　相关人员过错与责任认定标准规定对比

2003《规定》	2022《规定》
第21条　发起人、发行人或者上市公司对其虚假陈述给投资人造成的损失承担民事赔偿责任。 发行人、上市公司负有责任的董事、监事和经理等高级管理人员对前款的损失承担连带赔偿责任。但有证据证明无过错的，应予免责。 第22条　实际控制人操纵发行人或者上市公司违反证券法律规定，以发行人或者上市公司名义虚假陈述并给投资人造成损失的，可以由发行人或者上市公司承担赔偿责任。发行人或者上市公司承担赔偿责任后，可以向实际控制人追偿。 实际控制人违反证券法第四条、第五条以及第一百八十八条规定虚假陈述，给投资人造成损失的，由实际控制人承担赔偿责任。 第26条　发起人对发行人信息披露提供担保的，发起人与发行人对投资人的损失承担连带责任。 第28条　发行人、上市公司、证券承销商、证券上市推荐人负有责任的董事、监事和经理等高级管理人员有下列情形之一的，应当认定为共同虚假陈述，分别与发行人、上市公司、证券承销商、证券上市推荐人对投资人的损失承担连带责任：（一）参与虚假陈述的；（二）知道或者应当知道虚假陈述而未明确表示反对的；（三）其他应当负有责任的情形。	第14条　发行人的董事、监事、高级管理人员和其他直接责任人员主张对虚假陈述没有过错的，人民法院应当根据其工作岗位和职责、在信息披露资料的形成和发布等活动中所起的作用、取得和了解相关信息的渠道、为核验相关信息所采取的措施等实际情况进行审查认定。 前款所列人员不能提供勤勉尽责的相应证据，仅以其不从事日常经营管理、无相关职业背景和专业知识、相信发行人或者管理层提供的资料、相信证券服务机构出具的专业意见等理由主张其没有过错的，人民法院不予支持。 第15条　发行人的董事、监事、高级管理人员依照证券法第八十二条第四款的规定，以书面方式发表附具体理由的意见并依法披露的，人民法院可以认定其主观上没有过错，但在审议、审核信息披露文件时投赞成票的除外。 第20条　发行人的控股股东、实际控制人组织、指使发行人实施虚假陈述，致使原告在证券交易中遭受损失的，原告起诉请求直接判令该控股股东、实际控制人依照本规定赔偿损失的，人民法院应当予以支持。 控股股东、实际控制人组织、指使发行人实施虚假陈述，发行人在承担赔偿责任后要求该控股股东、实际控制人赔偿实际支付的赔偿款、合理的律师费、诉讼费用等损失的，人民法院应当予以支持。

3. 明确独立董事的免责抗辩事由

2021年11月12日，“康美案”经广州市中级人民法院一审宣判，直接导致众多上市公司独立董事争先恐后辞任，该现象对证券市场治理和独立董事制度带来了巨大冲击，也引发了市场投资者对有关上市公司的经营焦虑。2022《规定》明确独立董事的免责抗辩事由，是对“康美案”引发的各界关切的回应，强调保障独立董事的“独立性”和“外部性”，鼓励独立董事勤勉尽责，2022《规定》同时明确了外部监事和职工监事可以参照适用独立董事免责抗辩事由。

表12　独立董事的免责抗辩事由规定

2022《规定》
第16条　独立董事能够证明下列情形之一的，人民法院应当认定其没有过错：（一）在签署相关信息披露文件之前，对不属于自身专业领域的相关具体问题，借助会计、法律等专门职业的帮助仍然未能发现问题的；（二）在揭露日或更正日之前，发现虚假陈述后及时向发行人提出异议并监督整改或者向证券交易场所、监管部门书面报告的；（三）在独立意见中对虚假陈述事项发表保留意见、反对意见或者无法表示意见并说明具体理由的，但在审议、审核相关文件时投赞成票的除外；（四）因发行人拒绝、阻碍其履行职责，导致无法对相关信息披露文件是否存在虚假陈述作出判断，并及时向证券交易场所、监管部门书面报告的；（五）能够证明勤勉尽责的其他情形。 独立董事提交证据证明其在履职期间能够按照法律、监管部门制定的规章和规范性文件以及公司章程的要求履行职责的，或者在虚假陈述被揭露后及时督促发行人整改且效果较为明显的，人民法院可以结合案件事实综合判断其过错情况。 外部监事和职工监事，参照适用前两款规定。

4. 细分保荐机构、承销机构及证券服务机构的过错与责任认定标准

2020年12月31日，杭州市中级人民法院对全国首例公司债券欺诈发行案——“五洋案”作出一审判决，判令主承销商、会计师事务所、评级公司、律师事务所等中介机构承担连带或比例连带赔偿责任。杭州市中级人民法院指出，让破坏者付出破坏的代价，让装睡的“看门人”不敢装睡，是司法审判对证券市场虚假陈述行为的基本态度。此判决一出犹如一石激起千层浪，引发了社会各界对证券市场“看门人”职责边界的广泛关注和热议。

而对于保荐机构、承销机构及证券服务机构的过错与责任认定问题，2003《规定》原有关条文较为原则、笼统，缺乏可操作性，2022《规定》对此进行细分和完善，显然是对“五洋案”所引发关切的回应。

（1）明确保荐机构、承销机构的过错认定标准，肯定保荐机构、承销机构对证券服务机构专业意见的合理信赖，同时禁止保荐机构、承销机构以约定方式向发行人、控股股东、实际控制人追偿其因虚假陈述所承担的损失。

表 13　保荐机构、承销机构的过错认定标准规定对比

2003《规定》	2022《规定》
第 23 条　证券承销商、证券上市推荐人对虚假陈述给投资人造成的损失承担赔偿责任。但有证据证明无过错的，应予免责。 负有责任的董事、监事和经理等高级管理人员对证券承销商、证券上市推荐人承担的赔偿责任负连带责任。其免责事由同前款规定。 第 27 条　证券承销商、证券上市推荐人或者专业中介服务机构，知道或者应当知道发行人或者上市公司虚假陈述，而不予纠正或者不出具保留意见的，构成共同侵权，对投资人的损失承担连带责任。	第 17 条　保荐机构、承销机构等机构及其直接责任人员提交的尽职调查工作底稿、尽职调查报告、内部审核意见等证据能够证明下列情形的，人民法院应当认定其没有过错：（一）已经按照法律、行政法规、监管部门制定的规章和规范性文件、相关行业执业规范的要求，对信息披露文件中的相关内容进行了审慎尽职调查；（二）对信息披露文件中没有证券服务机构专业意见支持的重要内容，经过审慎尽职调查和独立判断，有合理理由相信该部分内容与真实情况相符；（三）对信息披露文件中证券服务机构出具专业意见的重要内容，经过审慎核查和必要的调查、复核，有合理理由排除了职业怀疑并形成合理信赖。 在全国中小企业股份转让系统从事挂牌和定向发行推荐业务的证券公司，适用前款规定。 第 23 条第 2 款　保荐机构、承销机构等责任主体以存在约定为由，请求发行人或者其控股股东、实际控制人补偿其因虚假陈述所承担的赔偿责任的，人民法院不予支持。

（2）明确证券服务机构的过错与责任认定标准，肯定证券服务机构对保荐机构、其他证券服务机构的基础工作或专业意见的合理信赖，明确规定了会计师事务所可以作为免责抗辩事由提出的几种情形。

表 14　证券服务机构的过错与责任认定标准规定对比

2003《规定》	2022《规定》
第24条　专业中介服务机构及其直接责任人违反证券法第一百六十一条和第二百零二条的规定虚假陈述，给投资人造成损失的，就其负有责任的部分承担赔偿责任。但有证据证明无过错的，应予免责。	第18条　会计师事务所、律师事务所、资信评级机构、资产评估机构、财务顾问等证券服务机构制作、出具的文件存在虚假陈述的，人民法院应当按照法律、行政法规、监管部门制定的规章和规范性文件，参考行业执业规范规定的工作范围和程序要求等内容，结合其核查、验证工作底稿等相关证据，认定其是否存在过错。 证券服务机构的责任限于其工作范围和专业领域。证券服务机构依赖保荐机构或者其他证券服务机构的基础工作或者专业意见致使其出具的专业意见存在虚假陈述，能够证明其对所依赖的基础工作或者专业意见经过审慎核查和必要的调查、复核，排除了职业怀疑并形成合理信赖的，人民法院应当认定其没有过错。 第19条　会计师事务所能够证明下列情形之一的，人民法院应当认定其没有过错：（一）按照执业准则、规则确定的工作程序和核查手段并保持必要的职业谨慎，仍未发现被审计的会计资料存在错误的；（二）审计业务必须依赖的金融机构、发行人的供应商、客户等相关单位提供不实证明文件，会计师事务所保持了必要的职业谨慎仍未发现的；（三）已对发行人的舞弊迹象提出警告并在审计业务报告中发表了审慎审计意见的；（四）能够证明没有过错的其他情形。

5. 明确规定了重组交易对方和帮助造假者的赔偿责任

按照2022《规定》的规定，将重大资产重组的交易对方等主体也纳入虚假陈述的责任主体之中，首次规定因重大资产重组的交易对方的行为导致发行人披露的信息存在虚假陈述的，以及发行人的供应商、客户故意帮助发行人实施造假活动的，均需作为被告直接对原告承担赔偿责任。

表 15　重组交易对方和帮助造假者的赔偿责任规定对比

2003《规定》	2022《规定》
第7条第7项　虚假陈述证券民事赔偿案件的被告，应当是虚假陈述行为人，包括：（七）其他作出虚假陈述的机构或者自然人。 第25条　本规定第七条第（七）项规定的其他作出虚假陈述行为的机构或者自然人，违反证券法第五条、第七十二条、第一百八十八条和第一百八十九条规定，给投资人造成损失的，应当承担赔偿责任。	第21条　公司重大资产重组的交易对方所提供的信息不符合真实、准确、完整的要求，导致公司披露的相关信息存在虚假陈述，原告起诉请求判令该交易对方与发行人等责任主体赔偿由此导致的损失的，人民法院应当予以支持。 第22条　有证据证明发行人的供应商、客户，以及为发行人提供服务的金融机构等明知发行人实施财务造假活动，仍然为其提供相关交易合同、发票、存款证明等予以配合，或者故意隐瞒重要事实致使发行人的信息披露文件存在虚假陈述，原告起诉请求判令其与发行人等责任主体赔偿由此导致的损失的，人民法院应当予以支持。

九、投资人损失赔偿范围的调整

2022《规定》的变化主要体现在两个方面。

其一，2022《规定》将投资人的实际损失调整为投资差额损失、投资差额损失部分的佣金和印花税，对比2003《规定》，删除了“前款所涉资金利息，自买入至卖出证券日或者基准日，按银行同期活期存款利率计算”等内容。

其二，诱空型虚假陈述被纳入索赔范围。实务中已经表明，诱空型虚假陈述同样会令投资人遭受损失。2022《规定》在2003《规定》确立的诱多型虚假陈述基础上，将诱空型虚假陈述纳入法规调整范围，进一步完善了虚假陈述赔偿制度，意在更切实保护投资人的合法利益。根据2022《规定》，信息披露人实施了虚假陈述，且投资人在实施日之后、揭露日或更正日之前卖出关联股票的，推定投资人的投资决定与诱空型虚假陈述成立交易因果关系；诱多型虚假陈述的损失计算方法不变，而诱空型虚假陈述的损失计算方法分为两种情形：（1）对于投资人在揭露日或更正日至基准日期间买回的股票，计算方法为“投资差额损失 =（买回平均价格 – 卖出平均价格）×买回股票数量”；（2）对于投资人在基准日之前未买回的股票，计算方法为“投资差额损失 =（基准价格 - 卖出平均价格）×未买回股票数量”。

值得一提的是，2022《规定》第 20 条第 2 款明确了发行人在承担赔偿责任后，有权要求组织、指使发行人实施虚假陈述的控股股东、实际控制人赔偿实际支付的赔偿款、合理的律师费、诉讼费用等损失，结合《最高人民法院关于证券纠纷代表人诉讼若干问题的规定》第 25 条的规定“（普通）代表人请求败诉的被告赔偿合理的公告费、通知费、律师费等费用的，人民法院应当予以支持”，可以认为虚假陈述案件中，一定条件下原告支出的合理律师费均可要求被告赔偿。

表 16　投资人损失赔偿范围规定对比

2003《规定》	2022《规定》
第 29 条　虚假陈述行为人在证券发行市场虚假陈述，导致投资人损失的，投资人有权要求虚假陈述行为人按本规定第三十条赔偿损失；导致证券被停止发行的，投资人有权要求返还和赔偿所缴股款及银行同期活期存款利率的利息。 第 30 条　虚假陈述行为人在证券交易市场承担民事赔偿责任的范围，以投资人因虚假陈述而实际发生的损失为限。投资人实际损失包括：（一）投资差额损失；（二）投资差额损失部分的佣金和印花税。 前款所涉资金利息，自买入至卖出证券日或者基准日，按银行同期活期存款利率计算。 第 31 条　投资人在基准日及以前卖出证券的，其投资差额损失，以买入证券平均价格与实际卖出证券平均价格之差，乘以投资人所持证券数量计算。 第 32 条　投资人在基准日之后卖出或者仍持有证券的，其投资差额损失，以买入证券平均价格与虚假陈述揭露日或者更正日起至基准日期间，每个交易日收盘价的平均价格之差，乘以投资人所持证券数量计算。	第 24 条　发行人在证券发行市场虚假陈述，导致原告损失的，原告有权请求按照本规定第二十五条的规定赔偿损失。 第 25 条　信息披露义务人在证券交易市场承担民事赔偿责任的范围，以原告因虚假陈述而实际发生的损失为限。原告实际损失包括投资差额损失、投资差额损失部分的佣金和印花税。 第 27 条　在采用集中竞价的交易市场中，原告因虚假陈述买入相关股票所造成的投资差额损失，按照下列方法计算：（一）原告在实施日之后、揭露日或更正日之前买入，在揭露日或更正日之后、基准日之前卖出的股票，按买入股票的平均价格与卖出股票的平均价格之间的差额，乘以已卖出的股票数量；（二）原告在实施日之后、揭露日或更正日之前买入，基准日之前未卖出的股票，按买入股票的平均价格与基准价格之间的差额，乘以未卖出的股票数量。 第 28 条　在采用集中竞价的交易市场中，原告因虚假陈述卖出相关股票所造成的投资差额损失，按照下列方法计算：（一）原告在实施日之后、揭露日或更正日之前卖出，在揭露日或更正日之后、基准日之前买回的股票，按买回股票的平均价格与卖出股票的平均价格之间的差额，乘以买回的股票数量；（二）原告在实施日之后、揭露日或更正日之前卖出，基准日之前未买回的股票，按基准价格与卖出股票的平均价格之间的差额，乘以未买回的股票数量。

十、统一诉讼时效起算节点，明确诉讼时效中断效力及特殊情形

2003《规定》因存在诉讼前置程序，导致虚假陈述案件诉讼时效起算点需区分不同情形，2022《规定》取消诉讼前置程序后，明确诉讼时效起算节点至揭露日或更正日是题中应有之义。考虑到虚假陈述案件往往存在共同被告，以及在普通代表人诉讼中的特殊情况，2022《规定》对诉讼时效中断效力及情形亦进行了明确。

表 17　诉讼时效相关规定对比

2003《规定》	2022《规定》
第 5 条　投资人对虚假陈述行为人提起民事赔偿的诉讼时效期间，适用民法通则第一百三十五条的规定，根据下列不同情况分别起算：（一）中国证券监督管理委员会或其派出机构公布对虚假陈述行为人作出处罚决定之日；（二）中华人民共和国财政部、其他行政机关以及有权作出行政处罚的机构公布对虚假陈述行为人作出处罚决定之日；（三）虚假陈述行为人未受行政处罚，但已被人民法院认定有罪的，作出刑事判决生效之日。 因同一虚假陈述行为，对不同虚假陈述行为人作出两个以上行政处罚；或者既有行政处罚，又有刑事处罚的，以最先作出的行政处罚决定公告之日或者作出的刑事判决生效之日，为诉讼时效起算之日。	第 32 条　当事人主张以揭露日或更正日起算诉讼时效的，人民法院应当予以支持。揭露日与更正日不一致的，以在先的为准。 对于虚假陈述责任人中的一人发生诉讼时效中断效力的事由，应当认定对其他连带责任人也发生诉讼时效中断的效力。 第 33 条　在诉讼时效期间内，部分投资者向人民法院提起人数不确定的普通代表人诉讼的，人民法院应当认定该起诉行为对所有具有同类诉讼请求的权利人发生时效中断的效果。 在普通代表人诉讼中，未向人民法院登记权利的投资者，其诉讼时效自权利登记期间届满后重新开始计算。向人民法院登记权利后申请撤回权利登记的投资者，其诉讼时效自撤回权利登记之次日重新开始计算。 投资者保护机构依照证券法第九十五条第三款的规定作为代表人参加诉讼后，投资者声明退出诉讼的，其诉讼时效自声明退出之次日起重新开始计算。

结　语

2022《规定》充分体现了最高人民法院与时俱进、适度前瞻的司法解释修订精神，行文言简意赅、涵括能力高、内容新颖翔实、可操作

性强，对司法裁判者和执业律师而言都相当友善。在 2002《通知》、2003《规定》施行的近 20 年中，在“全面推行、分步实施证券发行注册制”的一年多时间里，中国资本市场已经发生以及将持续发生重大变化，在此背景下，2022《规定》的修改、发布与实施，“剑指资本市场财务造假的顽瘴痼疾，依法提高违法违规行为人的违法成本”，“保护投资者合法权益”，必将强有力地促进资本市场健康发展。

（本文仅代表作者个人观点。特约编辑：黎伟）

论帮助信息网络犯罪活动罪与掩饰、隐瞒犯罪所得、犯罪所得收益罪的区分

张自柱*

一、引　言

“网络构建了我们社会的新形态，而网络化逻辑的扩散实质地改变了生产、经验、权力与文化过程中的操作和结果。”① 我国正处于经济社会发展的新时期，科学技术的革新飞跃加速着社会形态从工业社会向信息社会的转变。② 作为中立存在物的信息网络技术，其用之于改进社会则善，用之于违法犯罪则恶。从社会治理的角度讲，后者更具有关注的必要，应关注信息网络技术在违法犯罪基础上扩散规模、加大危害之“恶”。正如梁根林教授所指出的：“网络技术的发展在重构社会形态的同时，也深刻改变着犯罪的不法属性与不法程度。”③ 进入信息社会后，犯罪链条已经呈现纵向精细切割与横向分工优化的演变，网络犯罪生态链发生了翻天覆地的改变。④

---

* 广东晟典律师事务所律师，高级合伙人。

① ［美］曼纽尔·卡斯特：《网络社会的崛起》，夏铸九、王志弘译，社会科学文献出版社 2001 年版，第 596 页。

② 参见戴长征、鲍静：《数字政府治理——基于社会形态演变进程的考察》，载《中国行政管理》2017 年第 9 期。

③ 梁根林：《传统犯罪网络化：归责障碍、刑法应对与教义限缩》，载《法学》2017 年第 2 期。

④ 参见喻海松：《网络犯罪形态的碎片化与刑事治理的体系化》，载《法律科学（西北政法大学学报）》2022 年第 3 期。

在此背景下，立法机关为了及时堵截网络犯罪治理中特别是电信网络诈骗犯罪中凸现的传统刑事追诉模式法益保护的缺漏，在《刑法修正案（九）》中增设了“帮助信息网络犯罪活动罪”（以下简称帮信罪）。入刑后，帮信罪的司法适用呈现出“低开高走”的特点。在2015—2019年5年间，帮信罪在司法适用中的比重可谓蜻蜓点水，笔者在“北大法宝”数据库中检索的数据显示，在此阶段，帮信罪的案件数量从2015年的2件增长至2019年的117件。随着2020年开展“断卡行动”，帮信罪不再是沉睡的法条，出现了井喷式增长，成为我国司法实践的重点罪名。据统计，2021年帮信罪的起诉人数逐月上升，该年度帮信罪一跃成为全国检察机关起诉人数第四多的罪名，共起诉了将近12.9万人。① 截至2022年上半年，以起诉人数为标准，该罪已经成为司法实践中最常起诉的第三大罪名，帮信罪的发案数量仍然处于高位运行态势。②

帮信罪的大量适用，导致司法实务中产生了许多亟待解决的疑难问题。比如，帮信罪中行为人主观“明知”的认定争议，帮信罪的罪量要素即“情节严重”的认识分歧等。本文主要探究的是帮信罪的罪际关系问题，主要围绕实践中争议最大、区分最难的帮信罪与掩饰、隐瞒犯罪所得、犯罪所得收益罪（以下简称掩隐罪）展开。如前所述，刑法设置帮信罪，旨在通过规制网络帮助行为遏制信息网络犯罪活动的发展与蔓延。从客观行为类型上看，《刑法》第287条之二列举了帮信罪的三种主要客观行为，即“为他人犯罪提供互联网接入、服务器托管、网络存储、通讯传输等技术支持”、“提供广告推广”和“支付结算”帮助。实践中，提供“支付结算”帮助是本罪成立的主要行为类型。对于行为人为上游犯罪分子实施信息网络犯罪提供支付结算帮助，以上

① 参见最高人民检察院网上发布厅：《2021年全国检察机关主要办案数据》，载最高人民检察院官网，https://www.spp.gov.cn/spp/xwfbh/wsfbt/202203/t20220308_547904.shtml#1。

② 参见最高人民检察院网上发布厅：《2022年上半年检察机关起诉帮信罪6.4万人》，载最高人民检察院官网，https://www.spp.gov.cn/spp/xwfbh/wsfbt/202207/t20220722_566409.shtml#1。

游犯罪是否实施完毕为参照，事前提供支付结算帮助进而构成帮信罪显然没有疑问，但事后提供支付结算帮助的能否认定为帮信罪，法律和相关司法解释并未明确。理论和实践中多数观点认为，事后也可以成立帮信罪。而根据《刑法》第312条的规定，行为人在明知是他人犯罪所得及其产生的收益的情况下仍然予以转移、掩饰隐瞒的，将成立掩饰、隐瞒犯罪所得、犯罪所得收益罪。这就导致在上游犯罪既遂（事后）的情况下，帮信罪与掩隐罪的规范领地产生竞合。如何正确区分或处理二罪的竞合关系成为困扰理论和实践的重要问题。

二、两罪认定的观点聚讼

为了处理两罪间的竞合问题，理论与实践都积极探索辨明二者的关系，形成了相左的两派观点：一是竞合的观点，二是区分的观点。

在竞合的观点看来，行为人实施帮助信息网络犯罪活动时，以为其转账提供帮助的，显然符合典型的《刑法》第287条之二帮信罪的犯罪构成；但同时，其帮助行为的表现方式也就是为他人掩饰、隐瞒犯罪所得的资金及其收益，是掩饰隐瞒犯罪多种行为方式中的一种。从规范文义的角度说，显然是存在既符合帮信罪也符合掩隐罪的网络帮助行为，刑法理论中对此具有处理的理论工具，即按照想象竞合的原理择一重处，[①] 而无须刻意区分两罪。区分说认为，事后的帮助行为，由于已经不会产生对上游犯罪的增益、促进作用，因而排除事后帮信罪的成立空间。反对者认为，根据现行《刑法》的明文规定，并不排除事后帮信罪成立的可能，而且绝大多数情况下，上游犯罪呈现链条式多发的特点，以电信网络诈骗犯罪为例，上游犯罪嫌疑人的诈骗行为并非独立、单一地实施，网络诈骗行为往往是针对不特定多数人而规模化实施，对于所帮助转移的资金哪些属于事后、哪些属于事中，几乎没有辨别的现实可能。所以，不应无视罪刑法定主义而排除帮信罪成立犯罪，否则与

① 参见潘亚鹏、沈婷：《“断卡”行动中提供银行卡及关联行为的法律定性》，载《中国检察官》2021年第8期。

帮信罪的规范目的并不契合。[①] 还有观点认为，对于帮信罪与掩隐罪的关系并非必须择一适用，应当认为行为人存在两个行为，分别成立帮信罪和掩隐罪两罪，数罪并罚。[②] 不过，该观点的支持者寥寥。

区分说的观点则追求通过明确的、特定的标准对帮信罪与掩隐罪进行区分，希冀改变两罪在司法适用中易于混淆的局面。根据区分标准的不同，该说又可以细分为以下几种不同的观点：

第一种观点认为，两罪区分的突破口在于行为的时间点。从罪名属性看，帮信罪属于共同犯罪中的帮助犯，由于刑法并不承认事后的共犯，故而帮信罪应当在上游犯罪既遂以前成立；与之不同，掩隐罪的本质是赃物犯罪，赃物出现意味着犯罪业已完成，因此掩隐罪只能在上游犯罪既遂以后成立。[③] 由此，根据行为人提供帮助的时间阶段不同，若上游犯罪已经既遂后提供帮助的，则当然构成掩隐罪；若上游犯罪正在进行、尚未既遂时提供支付结算帮助的，对行为人则应当以帮信罪论处。在司法实务中，存在真实的案例：被告人黄某在电信诈骗犯罪分子“阿通”实施诈骗行为骗取被害人黄某 35 万元后，其为“阿通”提供银行卡接收诈骗所得钱款，但其本人账户在帮助转账过程中两次被公安机关紧急止付（涉嫌诈骗），黄某遂开始使用其母亲银行账户。在诈骗款项中的 20 万元经上级账户转至黄某母亲账户后，黄某立即指使其母亲将该 20 万元取现，另行转存至黄某银行账户后，再由黄某转账至“阿通”指定的账户。[④] 人民法院在裁判说理中采取的即是根据时间节点区分的观点，认为在上游诈骗犯罪既遂后被告人实施的帮助行为，性质上属于诈骗犯罪的事后帮助行为，其符合的是掩隐罪的构成要件。而对于行为人在被帮助对象既遂前后均提供转移资金帮助的行为，应当分

① 参见吴玉婷：《网络犯罪中资金结算帮助犯的类案难点与破解思路——以代某某被骗案为例》，载《上海法学研究》2020 年第 23 卷。

② 参见湖南省湘乡市人民法院刑事判决书，(2021) 湘 0381 刑初 457 号。

③ 参见李勇：《帮助信息网络犯罪活动罪的司法适用误区》，载《检察日报》2022 年 1 月 18 日，第 7 版。

④ 参见谢栋、陈月月：《帮助信息网络犯罪活动罪与掩饰、隐瞒犯罪所得罪的定性争议》，载《人民法院报》2021 年 10 月 21 日，第 6 版。

别认定为帮信罪与掩隐罪，数罪并罚。[①] 以时间节点为标准区分帮信罪和掩隐罪，其优势在于具有明确的、简洁的操作标准，有利于实践中有序统一地认定两罪。但其显然也存在标准合理性疑问，正如前述竞合说所指出的，排除事后帮信罪的成立并不具有罪刑法定依据，帮信罪系刑法独立条文规定的独立罪名，并非上游犯罪的共同犯罪，因而不能以不存在事后共犯的理由排除事后帮信罪的成立。而且，时间标准的划分结果将会造成事中的帮助与事后的帮助处罚失衡的问题，该点下文还将具体展开。

第二种观点认为，帮信罪与掩隐罪区分的关键在于行为对象。所谓行为对象，也称犯罪对象或行为客体，一般是指构成要件行为所作用的物、人、组织（机构）、制度等客观存在的现象。[②] 该观点认为，行为对象的不同，是两罪最为显著的区分依据。依照《刑法》的规定，掩隐罪的行为对象系“犯罪所得及其收益”。根据 2021 年《最高人民法院关于审理掩饰、隐瞒犯罪所得、犯罪所得收益刑事案件适用法律若干问题的解释》（以下简称《掩饰隐瞒解释》）的规定，所谓“犯罪所得及其收益”，实际上限定在通过犯罪直接得到的赃款、赃物和行为人对犯罪所得进行处理后得到的孳息、租金等。而帮信罪中，行为人帮助的对象并不限于犯罪所得，对于其他工具性、成本性的经营型犯罪资金或利益（如搭设网站所需的资金、宣传使用的资金等）都完全可能是帮信罪中通过支付结算帮助加以转移的。换句话说，帮信罪的行为对象的外延相较于掩隐罪的行为对象更加广泛。故对于并非犯罪所得但为上游网络犯罪提供支付结算帮助、促使资金流转的行为，显然成立帮信罪而非掩隐罪。[③]

第三种观点认为，帮信罪与掩隐罪区分的重点应放在客观行为性质

---

① 陈洪兵：《帮助信息网络犯罪活动罪的“口袋化”纠偏》，载《湖南大学学报（社会科学版）》2022 年第 2 期。

② 参见张明楷：《刑法学》，法律出版社 2021 年版，第 210 页。

③ 参见上海市第一中级人民法院课题组：《网络支付结算型帮助行为的刑法规制——兼论帮助信息网络犯罪活动罪的理解与适用》，载《中国应用法学》2022 年第 1 期。

上。也就是说，行为人提供支付结算帮助若只是为了帮助上游诈骗犯罪分子接受诈骗款项的，应当成立帮信罪，因为其行为并未超出帮信罪的法益保护范围。而当行为人不仅提供银行卡为上游犯罪分子给予支付结算帮助，还实施了超过必要限度的积极行为，起到了帮助掩饰、隐瞒资金性质的作用，则应当评价为掩隐罪。2022 年 3 月，最高人民法院刑事审判第三庭、最高人民检察院第四检察厅、公安部刑事侦查局联合印发了《关于“断卡”行动中有关法律适用问题的会议纪要》（以下简称《“断卡行动”会议纪要》），其中专门就如何区分帮信罪与掩隐罪作出了相关规定：“行为人向他人出租、出售信用卡后，在明知是犯罪所得及其收益的情况下，又代为转账、套现、取现等，或者为配合他人转账、套现、取现而提供刷脸等验证服务的，可以掩饰、隐瞒犯罪所得、犯罪所得收益罪论处。”“明知他人利用信息网络实施犯罪，仅向他人出租、出售信用卡，未实施其他行为，达到情节严重标准的，可以帮助信息网络犯罪活动罪论处。”可以看出，其主要是以客观行为性质作为区分的依据，行为人未进一步实施提供银行账户等之外的掩饰资金性质行为，则应仅以帮信罪处理。比如，在杨某某、兰某等人帮助信息网络犯罪活动案中，被告人兰某、赖某某在明知他人实施网络犯罪的情况下，共谋通过“中币”App 买卖虚拟货币的方式为他人提供支付结算帮助。两人商定，赖某某负责衔接和操作买卖虚拟货币的具体事宜，兰某负责寻找他人提供银行卡用于款项收支，获利二人平分。兰某先后找到被告人陈某、罗某（另案处理）、杨某某、谢某某等人提供银行卡用以支付结算，兰某还将自己的 1 张银行卡用于支付结算，支付结算金额共计 36.6 万元，兰某、赖某某各自获利 13000 元。陈某、罗某、杨某某、谢某某、张某在明知他人实施网络犯罪的情况下，仍将自己的银行卡提供给兰某使用，因此法院认定被告人兰某、赖某某明知系犯罪所得，仍帮助实施赃款转移，情节严重，其行为构成掩饰、隐瞒犯罪所得罪；而被告人江某、张某、谢某某、杨某某、陈某明知他人实施网络犯罪，只是通过提供银行卡为其支付结算，其行为则构成帮信罪。[①] 显然，法院认定被告人兰某、赖某某构成掩隐罪的重要理由是行为人不仅实施提供银行卡用于帮助支付结算，还积极组织他人提供银行卡账户并具体操作收支款项，其行为不再是单纯的出租、出售银行卡的行为。

三、两罪区分的必要性分析

帮信罪规定在《刑法》第287条之二、位于扰乱公共秩序一节中；掩隐罪则是《刑法》第312条规定的犯罪，位于妨害司法一节中。帮信罪保护的法益显然是社会公共管理秩序，而掩隐罪保护的法益是正常有序的司法管理活动秩序。帮信罪是《刑法》为了顺应社会发展新形势面对网络犯罪的潮流而对网络帮助行为予以规制的罪名，掩隐罪则是聚焦犯罪收益、强化“任何人不得通过犯罪行为获益”的传统理念。可见，仅从规范罪名、体系位置、保护法益和治理初衷等方面看，二者本应划江而治。不过在实践过程中，由于帮信罪是“在明知他人利用信息网络实施犯罪时，为他人犯罪提供互联网接入、服务器托管、网络存储、通讯传输等技术支持，或者提供广告推广、支付结算等帮助”，简言之，就是在明知他人实施网络犯罪的前提下，为他人提供各种便利条件从而助力上游犯罪的完成，其中支付结算帮助系实践中最常见、最典型的帮助方式。支付结算，也即“单位、个人在社会经济活动中使用票据及规定的结算方式进行货币给付及资金清算的行为”。[②] 因而，银行转账成为支付结算的应有之义。而根据《刑法》第312条明确表明对明知是上游犯罪所得及其产生的收益，通过窝藏、转移、收购、代为销售以及其他方法掩饰隐瞒资金来源与性质的，构成掩隐罪。其中，资金的转移显然涵盖了银行转账这一明显带有资金转移色彩的活动。这也就是说，若明知是上游网络犯罪的犯罪所得或犯罪所得收益，而提供支付结算（银行转账）即资金转移活动的，既符合了帮信罪的客观行为要求，

---

① 参见重庆市巴南区人民法院刑事判决书，(2021) 渝0113刑初814号。

② 代桂霞、朱明儒、高晓光编著:《银行会计学》(第2版)，东北财经大学出版社2013年版，第111页。

也满足了掩隐罪的行为类型规定，由此两罪之间被联系在一起，产生了适用上的模糊地带。但正如前文所述，一些学者认为两罪不必区分，择一重处或数罪并罚成为处理问题的思路。本文倾向于认为两罪具有区分的必要，理由如下：

从入罪门槛来看，若不划清两罪的规范界限，同一行为可能面临罪或非罪的相反处置。众所周知，我国《刑法》规定的犯罪类型既定性又定量，成立犯罪需要一定的门槛限制，其中犯罪数额又通常是最为常见和重要的限制犯罪成立的条件。就掩隐罪而言，2015 年《掩饰隐瞒解释》中规定了掩隐罪的一般入罪门槛，即“明知是犯罪所得及其产生的收益而予以窝藏、转移、收购、代为销售或者以其他方法掩饰、隐瞒，掩饰、隐瞒犯罪所得及其产生的收益价值三千元至一万元以上的，应当依照刑法第三百一十二条第一款的规定，以掩饰、隐瞒犯罪所得、犯罪所得收益罪定罪处罚”。但是，2021 年《最高人民法院关于修改〈关于审理掩饰、隐瞒犯罪所得、犯罪所得收益刑事案件适用法律若干问题的解释〉的决定》，取消了原本司法解释中规定的掩隐罪成立的数额要求。而根据《刑法》第 287 条之二和 2019 年《最高人民法院、最高人民检察院关于办理非法利用信息网络、帮助信息网络犯罪活动等刑事案件适用法律若干问题的解释》（以下简称《帮助信息网络犯罪活动罪解释》）的规定，认定行为成立帮信罪，需要达到“情节严重”的标准，仅从数额的角度而言，行为人在为犯罪提供帮助支付结算数额在 20 万元以上的，才有刑罚处罚的必要性。这就意味着，行为人若明知系上游犯罪分子实施网络犯罪活动而获得的犯罪所得，不仅向其出租、出售银行账户而且为其提供刷脸等验证服务，客观上帮助上游犯罪分子通过该银行账户走账 5 万元（5 万元皆为犯罪所得），则依照帮信罪处理可能不必动用刑罚处罚，不成立帮助信息网络犯罪活动罪；而依照掩隐罪处理则完全可能构成犯罪。也即同一行为完全可能符合两个犯罪的犯罪构成，但依据现行刑法规范的规定却得出罪与非罪完全相反的矛盾结论。

从法定刑的配置上看，若不划清两罪的界限，同一行为可能面临轻罪或重罪的不同处遇。回溯掩隐罪的立法沿革，掩隐罪的前身为窝藏、转移、收购、销售赃物罪，该罪与帮信罪一样属于法定刑为有期徒刑3年以下的轻罪。2006年，随着《刑法修正案（六）》的出台，窝藏、转移、收购、销售赃物罪被修改为如今的掩饰、隐瞒犯罪所得、犯罪所得收益罪。而在刑罚配置上，其也作出修改，在原本3年以下的法定刑上增加一档，规定"情节严重的，处三年以上七年以下有期徒刑"。如此一来，两罪的法定刑出现了差距。同样是以支付结算金额作为对比参照，如前文指出，根据2019年《帮助信息网络犯罪活动罪解释》的规定，当行为人为上游网络犯罪提供支付结算帮助在20万元以上时，行为人可以认定为实施帮助信息网络犯罪活动情节严重，成立犯罪并应在基本的量刑幅度内量刑处罚。而根据2021年《掩饰隐瞒解释》的规定，"掩饰、隐瞒犯罪所得及其产生的收益价值总额达到十万元以上的"或者"掩饰、隐瞒犯罪所得及其产生的收益十次以上，或者三次以上且价值总额达到五万元以上的"，便可以认定为掩隐罪中的情节严重，而对于掩隐罪的情节严重适用的则是3年以上7年以下有期徒刑的较重处罚。由于支付结算金额与掩饰、隐瞒犯罪所得价值的金额在一些场合下完全可能发生重合，比如，行为人明知上游犯罪分子系通过实施网络犯罪活动所获的资金所得，仍然向其提供银行账户并提供刷脸验证服务帮助资金转移，支付结算的数额也即掩饰、隐瞒的价值达到25万元，则其行为依照帮信罪处理属于情节严重应处3年以下有期徒刑等，而依照掩隐罪处理同样属于情节严重但应当科处的刑罚则在3年以上7年以下有期徒刑量刑幅度内。质言之，同一行为若不分清适用的规范罪名则有可能出现刑罚忽重忽轻的局面。

最后，值得一提的是，不区分帮信罪与掩隐罪的规范空间，还存在罪责刑不协调的问题。同样是仅以数额作为对比的参照，若根据想象竞合择一重处的规则，在帮信罪与掩隐罪竞合的场合下其对行为人科处的刑罚通常是以掩隐罪的刑罚为重的；而若数罪并罚，则在二罪可能竞合的场合下刑罚只会更重。而因为掩隐罪不存在事前既遂的可能，因而当上游犯罪尚未既遂时行为人明知他人实施网络犯罪而提供支付结算帮助则应当成立帮信罪。如此，便会产生吊诡的现象：事前的支付结算帮助行为与事后的支付结算帮助行为相比，刑罚轻缓倒置，这与事前帮助性行为在促进上游犯罪得逞方面起到更大作用的行为实质难以契合。以此而论，帮信罪与掩隐罪的区分很有必要。

四、两罪的规范关系与类型区分

在区分两罪前，有必要申明帮信罪与掩隐罪的规范关系样态。本文认为，帮信罪与掩隐罪并非完全独立、非此即彼的关系，也不是简单的竞合关系。因此，对于两罪的区分不应寄希望于单一的标准，妄图“一劳永逸”是不现实的。不同情境下的类型区分才是合理路径。

帮信罪与掩隐罪在客观性质上都具有帮助性、辅助性，行为人的行为成立相应犯罪需要与上游犯罪存在关联，当二者帮助的上游犯罪存在重合时，则两罪的适用会产生交织。但是，分析两罪的规范效能，一方面，二者并非简单的竞合关系。掩隐罪作为赃物犯罪的一般条款，本质上是为上游犯罪的犯罪所得及其收益掩饰性质、改变走向，其对上游犯罪本身是否既遂并无实质性促进作用。立法机关显然从未将网络犯罪排除在掩隐罪的上游犯罪范围之外。帮信罪作为刑法晚近新增的罪名，其主要是针对“在网络空间传授犯罪方法、帮助他人犯罪的行为多发的情况”而设立。[①] 立法机关在针对网络帮助行为予以类型化认定并入罪后，其帮助方式显然是多种多样的，如前文所述，当行为人提供支付结算帮助并进一步转移资金时，立法机关显然也认为其属于帮信罪的行为方式一种。所以从立法构造来看，当上游犯罪都是网络犯罪活动、都提供支付结算型帮助时，两罪确实存在适用上的重叠与竞合。但是，这种竞合并非一贯的，考虑到掩隐罪本质上只能是事后帮助的行为构造，在事前为网络犯罪活动提供支付结算帮助甚至是协助资金转移的场合，行为不存在成立掩隐罪的空间。此外，支付结算的内涵丰富，行为人仅提

① 《刑法修正案（九）草案首次提交审议》，载中国政府网，http：//www. gov. cn/xinwen/2014 – 10/28/content_ 2771624. htm。

供银行账户和行为人配合转移资金而提供刷脸、验证等帮助都属于帮信罪中的支付结算帮助，而前者却难言是具有掩饰、隐瞒性质的行为，因而，从行为方式上讲二罪也存在分离的空间。由于存在竞合的例外情形，武断地以竞合的方式与规则处理两罪的关系是不适当的。

另一方面，帮信罪与掩隐罪也不是简单的彼此分立的关系。二者可能产生竞合的原因与场合已无须赘言。简单地以单一的标准希冀完全区分两罪的关系，并不现实。比如，以单纯的时间节点作为区分标准的，将帮信罪的适用规定在上游网络犯罪的事前与事中，同样会和想象竞合择一重处的观点一样导致刑罚处罚失衡。正如前文所指出，帮信罪在情节严重时的法定最高刑为 3 年有期徒刑，而掩隐罪在情节严重的场合法定最高刑为 7 年有期徒刑。如此一来，在行为人为犯罪提供事前与事中的帮助时被定帮信罪并处以最高 3 年的有期徒刑，而当行为人事后提供帮助时则会被处以最高 7 年的有期徒刑，在行为性质相同时仅因行为所处时点和阶段不同而出现较为悬殊的处罚现象，与罪责刑相适用的刑法基本原则相背离。再如，以行为对象为区分标准的，将帮信罪的成立空间限定在“非犯罪所得及其收益”的场合中，也不能真正解决问题的争议。前文已经指出，2021 年《掩饰隐瞒解释》将犯罪所得理解为行为人在犯罪活动中的“赃款赃物”，而学界通说认为，行为人直接通过犯罪获得的一切财物资产都属于赃款、赃物的范畴。但是实践中，对于不是被帮助对象通过犯罪直接获得的财物如合法交易产生的转账资金，也不应认定为帮信罪的犯罪对象。此两种情形显然应当加以区分。

正是基于帮信罪与掩隐罪既存在重叠又有各自独立部分的交叉竞合，本文认为以上游犯罪的既遂与否划分阶段，结合提供支付结算行为的客观性质作为区分两罪的主要依据，类型化梳理帮信罪与掩隐罪的适用情境，有助于妥当有效地解决两罪区分的问题。具体而言：

第一，在上游网络犯罪完成前，行为成立帮信罪而不可能成立掩隐罪。正如前文所指出，在帮助尚未既遂的上游犯罪支付结算、转移资金的场合中，掩隐罪作为事后帮助犯没有成立的可能，也就无从谈起两罪的竞合与区分。对于事前事中的支付结算型帮助行为，若仅符合帮信罪的犯罪构成则应以帮信罪定罪处罚，以实现该罪设立的初衷与目的；若不仅符合帮信罪的犯罪构成还涉嫌成立诈骗罪的共犯，则可以适用《刑法》第287条之二第3款的有关规定，以帮信罪与信息网络犯罪共犯想象竞合，从一重处。

第二，在上游网络犯罪完成后，行为也并非当然成立掩隐罪。行为人出租、出售具有支付结算功能的银行账户用于帮助上游网络犯罪活动的，实际上无论事前还是事后都具有成立帮信罪的理论可行性，并契合刑法规范的立法目的。但是在事后提供支付结算帮助的场合中，应当结合掩隐罪的行为构造来理解两罪的区分。帮信罪中提供支付结算帮助的行为人往往持有放任的态度和消极、概括的作为方式，大量成立帮信罪的“卡农”“卡商”对于上游犯罪的资金及其走向并不关心，其所谋取的只不过是少量银行卡的出租、出售费用。而掩隐罪不仅需要行为人对资金系上游犯罪的犯罪所得具有明确认识，而且在客观行为上需要行为人积极地通过提供便利为上游犯罪分子掩饰、隐瞒甚至于洗白犯罪所得的性质，从而真正从犯罪中获利。基于此，2022年《“断卡行动”会议纪要》的规定更具针对性：

1. 上游犯罪既遂后，行为人若仅出租、出售自己的银行卡、电信卡等，并未进一步实施掩饰、隐瞒行为、实质性助益资金转移的，则不宜认定为掩隐罪。这是因为，仅提供账户的行为客观上是帮助资金转移的前提性基础行为，但准确来说行为人若无进一步必要的积极行为，尚不能说是其在帮助资金转移而“协助掩饰、隐瞒”犯罪所得。

2. 上游犯罪既遂后，行为人不仅实施了提供具有支付结算功能的资金账户的行为，还实质性提供了资金转移帮助的，应当在帮信罪的基础上认定掩隐罪的成立。值得强调的是，实质性提供资金转移帮助要求司法实践中对“资金转移”作广义理解。正如2022年《“断卡行动”会议纪要》规定，行为人不仅实施代为转账、套现、取现等典型的转移资金行为可能成立掩隐罪，配合他人实施上述转移资金的行为而提供刷脸、指纹验证等通过金融机构资金转移审查帮助的，由于在信息网络时代，银行等金融机构资金的流动与行为人的资格绑定非常紧密，是否具有本人的授权是该账户内资金能否流转的关键，因而《“断卡行动”会议纪要》中将性质上本不属于资金转移行为的辅助行为，也纳入掩隐罪的规制范围内，主要是考虑到此类辅助行为与相较于仅提供（出租、出售）资金账户行为的危害性更大，而且其在犯罪所得的掩饰、隐瞒过程中起到的作用不亚于直接为上游犯罪提供转账、套现、取现，这样判断有利于准确评价行为性质和更周密地保护法益。

五、结 语

立法不是任人利用的对象。随着传统掩隐罪的修改与《刑法》新设帮信罪，帮信罪与掩隐罪在司法适用中难免存在犯罪构成混淆、刑罚倒挂和罪刑不相适应的问题。作为法律适用者与解释者，如何在司法适用中妥善解决二者的交叉重叠关系，成为一道必答题。两罪区分是必然选择，不过试图以单一标准轻松地完成这一任务，并不现实。在上游犯罪完成前，排除掩隐罪的成立，几乎没有争议。在上游犯罪完成后，若行为人仅提供了支付结算账户，而未进一步参与资金转移活动，则仍应成立帮信罪；若行为人还提供了实质性资金结算和转移的帮助，则应成立掩隐罪。此外，还需对提供资金转移的帮助行为作适度的扩张理解，使法益的保护范围得以周延。

（本文仅代表作者个人观点。特约编辑：李可）

小区业主委员会换届选举的困境和突破

刘付宁*

《民法典》规定了小区业主可以成立业主委员会（或称业委会），国务院《物业管理条例》规定了业主委员会选举和备案的制度，但对于业主委员会换届选举的程序，上述法律法规中没有具体规定。本文试图通过比较各地法院在业主委员会换届选举和备案问题上的不同判例，分析法律法规和规章方面的冲突，理顺业主委员会的自治与基层政府、居委会的管理与指导之间的关系，并提出解决相关矛盾的建议。

一、业主委员会换届选举运行程序及实践状况

《物业管理条例》施行10多年后，地方政府出台的法规和规章及规范性文件，基本都涉及了业主委员会换届选举的流程，对于社区自治制度的不断改进和完善起到了很好的作用，但同时也产生了不少争议和矛盾。根据各地实践中出现的问题和争议焦点，现对换届选举运行程序进行梳理分析：

（一）换届选举的提出

部分法规和规章规定业主在一定条件下，可以提出业委会换届选举。《广东省物业管理条例》规定选举产生新一届业主委员会的期限是在上一届业主委员会任期届满3个月前，但对换届选举是否要向镇、街

* 广东海鸥律师事务所合伙人、律师，武汉大学经济学硕士。

道办政府或居委会提出报告没有规定。住房和城乡建设部《业主大会和业主委员会指导规则》第 57 条规定，业主委员会在规定时间内不履行组织召开换届选举且逾期仍不组织的情况下，物业所在地的居民委员会在街道办事处、乡镇人民政府指导和监督下，可以组织换届选举工作。①《珠海经济特区物业管理条例》规定业主委员会应当在任期届满 6 个月前书面报告镇、街道办，提出换届选举意见。从上述规定可以看出，换届选举由业主委员会按照规定的期限提出和组织实施。目前实践中，换届选举都是由业主委员会事先向政府部门提出报告，至于报告的形式，虽然有不同的表述，但实务中均采取书面报告形式。

（二）召开换届选举大会的通知

法规和规章规定换届选举需要召开业主大会，并且在开会前告知全体业主，但是对业主大会的具体流程要求则有所不同。《物业管理条例》第 14 条规定，应当在业主大会召开 15 日前通知全体业主和告知居民委员会。《广东省物业管理条例》第 19 条规定，应当在业主大会召开 15 日前将会议的内容在小区内公告并书面通知全体业主。《珠海市业主大会和业主委员会指导规则》规定，应当在业主大会会议召开 15 日前报街道办事处（镇人民政府）并在物业管理区域显著位置进行公示，公示时间不得少于 15 日。《深圳经济特区物业管理条例》规定，应当在业主大会召开 15 日前将内容公告和抄送全体业主。《物业管理条例》对通知采用何种方式没有明确，《广东省物业管理条例》《深圳经济特区物业管理条例》《珠海市业主大会和业主委员会指导规则》规定以公告的方式或公示的方式通知业主。

---

① 《业主大会和业主委员会指导规则》第 47 条规定："业主委员会任期届满前 3 个月，应当组织召开业主大会会议进行换届选举，并报告物业所在地的区、县房地产行政主管部门和街道办事处、乡镇人民政府。"第 57 条规定："业主委员会在规定时间内不组织换届选举的，物业所在地的区、县房地产行政主管部门或者街道办事处、乡镇人民政府应当责令其限期组织换届选举；逾期仍不组织的，可以由物业所在地的居民委员会在街道办事处、乡镇人民政府的指导和监督下，组织换届选举工作。"

（三）镇人民政府、街道办事处、居委会对业主委员会换届选举的指导、组织和监督职能

《物业管理条例》规定业主大会、业主委员会应当积极配合相关居民委员会依法履行自治管理职责，小区所在地的区（县）人民政府主管部门和居民委员会对业主大会行使指导、监督职能。《广东省物业管理条例》第5条规定，物业所在地的区、县人民政府主管部门、街道办事处、乡镇人民政府对设立业主大会和选举业主委员会给予指导和协助的职责，居民委员会、村民委员会予以协助和配合的职责。《广州市物业管理条例》规定，未设立业主监事会的小区所在地居民委员会、村民委员会组织换届选举，并接受街道办事处、镇人民政府的指导和监督。《珠海市业主大会和业主委员会指导规则》规定在街道办事处（镇人民政府）的指导、监督下业主委员会组织召开业主大会。上述法规和规章虽然规定了镇人民政府、街道办事处、居委会对业主委员会换届选举的指导、组织和监督职能，但在如何实施、实施的方式、条件和程序等方面没有详细的规定，在实践中容易出现偏差，引发业主的误解和矛盾。

二、当前业主委员会换届选举的困局

目前，业主委员会换届选举中，更多是采取由街道办或居委会牵头组织的方式。在接到业主委员会换届选举的报告后，从发布换届选举的公告、审查换届选举筹备组的候选人资格、公布筹备组候选人名单、确定筹备组名单并公示、召开筹备组会议、推荐、选定和公示换届选举的业主委员会候选人名单、拟定和公示换届选举办法、组织投票、公示新一届业主委员会委员名单等，均在街道办或居委会的指导、组织和监督下进行，街道办或居委会成为换届选举的主导方。然而，这种由行政单位主导换届选举的行为，在实践中出现了很多问题。

（一）街道办或居委会组建换届选举筹备组，并指定组长的问题

在由街道办或居委会主导的业主委员会换届选举中，街道办或居委会更多地参照选举首届业主委员会的方式和流程进行。首先组成换届选举筹备组，并由居委会主任担任组长，组织、安排开展换届选举工作。《业主大会和业主委员会指导规则》虽然要求基层政府加强对业主委员会运作的监督和指导，但是没有对街道办在筹备成立业主委员会方面的考核规定。在没有任何考核的情况下，街道办在牵头筹备业主委员会的换届选举上难以更好地履行职责。根据《民法典》第二百七十三条的规定，建筑物专有部分以外的部分是业主的共有财产，管理这个财产是业主的权利和义务。业主委员会换届选举筹备组的工作属于私权范畴，政府工作人员参与业主的私权活动有公权力滥用的嫌疑。业主委员会换届选举活动是一种民事行为，而政府直接干预民事行为是越权行政，不符合《行政许可法》的要求。因此，由政府工作人员担任业主委员会换届选举筹备组组长的法律依据不足。

（二）街道办或居委会是否有权审查和确认业主委员会换届候选人的资格问题

从目前业主委员会换届选举的实践来看，大多数业主委员会换届时，业主向换届选举筹备组自荐或推荐新一届业主委员会的候选人，在报名和递交材料时，由街道办或居委会接收，并由街道办或居委会对报名人是否具备资格进行审查。那么，街道办或居委会是否拥有审查和确认的权利?《物业管理条例》没有关于街道办或居委会对候选人资格进行审查的相关规定。《广东省物业管理条例》规定业主委员会委员候选人可以由业主自荐和联名推荐等方式产生，但对候选人的资格审查是否由街道办或居委会负责，没有规定。《深圳经济特区物业管理条例》规定筹备组应当审查委员、候补委员候选人资格并确定候选人名单。《业主大会和业主委员会指导规则》亦将业主委员会委员候选人资格审查的权力交由筹备组。《珠海经济特区物业管理条例》规定镇政府、街道办

应当指导、协助成立换届选举小组，由换届选举小组参照首次业主大会的组织程序进行换届选举。《珠海市业主大会和业主委员会指导规则》规定业主委员会委员候选人以业主推荐和街道办事处（镇人民政府）推荐的方式产生，街道办事处（镇人民政府）在对业主委员会候选人进行资格审查后，确定业主委员会委员候选人名单。《民法典》与《物业管理条例》已把业主委员会的选举权与被选举权赋予业主，但《深圳经济特区物业管理条例》《珠海经济特区物业管理条例》等法规和规章，却把业主委员会换届选举筹备组成员与业主委员会候选人的产生方式都交给了街道办事处、居委会与由非业主代表主导的换届选举筹备组。且地方法规的若干提法自相矛盾，一方面规定业主委员会的组成由业主大会通过议事规则作出约定，另一方面规定由街道办主导的换届选举筹备组（或工作小组）确定业主委员会候选人名单，则使得业主只能在政府单位指定的候选人中选举业主委员会的成员，业主没有决定候选人的权利。

（三）街道办或居委会中断或停止换届选举的问题

法律法规和规章规定了政府主管部门、镇人民政府和居委会对业主委员会换届选举指导、监督的职责，但在实践中，街道办、居委会将“协助、指导、监督”的职责当成职权，以指导、监督为名行代办甚至操办、操纵之实。《物业管理条例》第 11 条规定由业主共同决定选举业主委员会或者更换业主委员会成员。小区全体业主组成的自治组织是业主大会，业主委员会的换届选举活动应当贯彻业主自治原则，保障业主合法权益。强行干预民事行为、动用“红头文件”对不听从安排的业主委员会实施过度干预，此做法的合法性成疑。例如，街道办事处及居委会对小区业主共同管理行为进行“监督指导”，采取“撤销”，“不予备案”，“宣布解散”，“中止业主委员会、业主大会或业主候选人资格”，指定召集筹备和实施换届选举等措施，这些做法均没有法律依据，涉嫌侵犯了业主的合法权利。街道办、居委会与换届选举筹备组发生意见不一致的情况下，政府应该依法行政去化解矛盾和进行协调，而不应该随意叫停或者消极退出。《物业管理条例》仅规定街道办事处和居委会对业主大会、业主委员会进行“指导和监督”，而“指导和监督”的适用范围则未予以明确，对行政指导和协助的条件与程序未作规定。《物业管理条例》和部分地方物业管理法规，还将业主大会、业主委员会的日常运作、换届选举都纳入行政指导范围之内，但又未对行政指导如何行使制定相应的规则和程序。

（四）业主委员会换届后的备案登记问题

《物业管理条例》第 16 条规定了业主委员会向物业所在地的区、县人民政府房地产行政主管部门备案的期限。根据我国对法人和非法人制度的规定，营利性的法人由工商部门办理备案和登记手续，非营利性的法人和特别法人等由民政部门登记备案。业主委员会是一个民间自治组织，属于《民法典》规定的特别法人，不应该由房地产行政主管部门办理备案。现行法规赋予房地产行政主管部门的备案权，是出于方便归属管理的考虑，但合理性存在疑问。

关于业委会备案的法律性质，在理论界有不同的看法：①备案属于告示性质。2005 年国务院法制办公室在给湖南省法制办公室的“对《关于〈物业管理条例〉第十六条的请示》的答复（国法秘函〔2005〕439 号）”中指出，《物业管理条例》第 16 条第 1 款规定里的“备案”是一种告知，不具有行政许可的性质。[①] ②备案属于行政行为。“备案作为一种确认性的行政行为，在行政上当然属于一种具体行政行为，在地位上则属于一种独立监督权的管理手段。”[②]

在中国的司法实践中，人民法院采用了不用的裁决标准：①业主委员会备案是公示性的，不具有行政许可性质。“备案”是一种告知，其备案性质为监督指导备案，它不是一种行政审批，不具有行政许可性质，其主要目的是让行政机关通过备案知晓业主委员会相关活动情况，

---

① 参见江苏省高级人民法院行政裁定书，（2019）苏行申 481 号。

② 陈文曲、郑宁：《业主委员会成立备案制度研究》，载《政治与法律》2009 年第 2 期。

来协助、指导、监督业主委员会开展自我管理。[①] ②“行政管理部门对选举产生的业主委员会依法备案，是对业主委员会合法性的确认，是行政管理部门依法作出的对业主具有约束力的行政确认行为。”[②] 如果业主大会召开、业主委员会成立存在不符合法规规定等问题，备案机关有权作出不予备案决定，业主委员会的备案属于行政确认型备案。采用第一种观点的司法判例，如湖北省武汉市中级人民法院（2014）鄂武汉中行终字第00251号行政判决书认为，“住房保障和房屋管理局对业主委员会进行备案登记时，对业委会提交的申请材料是否齐全完备，是否符合形式要件进行审查”[③]。支持第二种观点的司法判例，如安徽省芜湖经济技术开发区人民法院（2015）芜经开行初字第00007号行政裁定书认为，“行政管理部门对业委会进行备案，是对业委会的依法成立进行确认，具有行政确认的性质”[④]。出现这种不同认定的判决，是各地制定的地方法规、规章的不同所致，《行政诉讼法》第63条规定：“人民法院审理行政案件，以法律和行政法规、地方性法规为依据。地方性法规适用于本行政区域内发生的行政案件。人民法院审理民族自治地方的行政案件，并以该民族自治地方的自治条例和单行条例为依据。人民法院审理行政案件，参照规章。”如果当地对业主委员会备案制度通过法规或规章的形式予以确立，人民法院在审理相关案件时必须遵循地方法规的规定或参照规章规定进行裁判。虽然最高人民法院要求法院在审理案件中，经办法官需要进行类案对比的查询，但具有拘束力的判例只有最高人民法院的指导性案例。目前最高人民法院尚未公布过关于业主委员会备案的指导性案例，各地法院只能查找本地的相关案例进行比对，而各地各级法院的判例是否也有拘束力，还存在争论。我国的法学

① 自正法、刘扬：《业主委员会备案与其民事权利行使之关系》，载中国法院网，https：//www. chinacourt. org/article/detail/2018/11/id/3566630. shtml。

② 卢佳妮：《行政机关对业主委员会的备案行为可诉吗?》，载江西省萍乡市中级人民法院网，https：//pxzy. chinacourt. gov. cn/article/detail/2019/04/id/3810574. sh tml。

③ 参见湖北省武汉市中级人民法院行政判决书，（2014）鄂武汉中行终字第00251号。

④ 参见安徽省芜湖经济技术开发区人民法院行政裁定书，（2015）芜经开行初字第00007号。

理论对指导案例是否具有拘束力仍没有达成共识，司法解释也没有出台判例具有拘束力的规定，将判例赋予法律上拘束力还存在是否违宪或违法的困惑，这是当下司法实践中的困惑。

我国现行法律法规均未规定由政府部门对业主委员会换届选举的备案申请进行确认登记并发证。《民法典》第5条亦规定：“民事主体从事民事活动，应当遵循自愿原则，按照自己的意思设立、变更、终止民事法律关系。”因此，业主委员会的换届是否合法，不决定于备案与否。依照《物业管理条例》第11条的规定，业主委员会的选举由业主决定，业主委员会的换届需要通过召开业主大会会议的方式选举产生，“并非源自行政机关的备案或批准”[①]。从我国现行相关法律法规和规章来看，房地产行政主管部门对业主委员会换届依申请行使登记行为时，不享有自由裁量权，最高人民法院的司法解释已明确业主委员会为“其他组织”，具有民事诉讼主体资格[②]，即房地产行政主管部门对业主委员会换届进行备案，也只系形式审查，是否登记并不影响业主委员会自治维护权益的权利。我国行政法学界认为行政确认是执行机关对行政相对人的法律地位、法律关系或有关法律事实进行甄别给予确定、认定、证明或否定并予以宣告的具体行政行为。[③] 笔者不认同行政机关对业主委员会换届选举的备案属于行政确认行为。业主委员会依法换届选举的结果合法有效，不需要经过行政机关的确认才获得完整的法律效力。行政机关对业主委员会换届选举的备案仅在于确认业主委员会换届选举的法律事实存在，并不产生权利授予的效力；通过备案，完成了向社会公

① 自正法、刘扬：《业主委员会备案与其民事权利行使之关系》，载中国法院网，https：//www. chinacourt. org/article/detail/2018/11/id/3566630. shtml。

② 最高人民法院于2003年8月20日发布的《最高人民法院关于金湖新村业主委员会是否具备民事诉讼主体资格请示一案的复函》指出金湖新村业主委员会符合“其他组织”的条件，可以以自己的名义提起诉讼；2005年8月15日发布的《最高人民法院关于春雨花园业主委员会是否具有民事诉讼主体资格的复函》指出，业主委员会是业主大会的执行机构，根据业主大会的授权对外代表业主进行民事活动，所产生的法律后果由全体业主承担，业主委员会与他人发生民事争议的，可以作为被告参加诉讼。

③ 姜明安主编：《行政法与行政诉讼法》，北京大学出版社、高等教育出版社2005年版，第282页。

众进行宣告和公示的程序。《法治政府建设实施纲要（2021—2025 年）》中规定："坚持把民法典作为行政决策、行政管理、行政监督的重要标尺，不得违背法律法规随意作出减损公民、法人和其他组织合法权益或增加其义务的决定。"依法行政是建设法治国家的基本要求，政府在行使公共管理职能时也需要遵循这一原则，"用法治给行政权定规矩、划界限"。[①] 行政行为应符合法律规定是目前我国依法治国的共识，"行政机关行使行政职权的依据，只能是法律、法规和规章"。[②] 行政行为的合法性体现在行政行为结果合法和程序合法两个方面。"促使行政权力在受到规范和约束的基础上实现对社会秩序和公共福祉的维护，是现代法治的重要使命。"[③] 基于行政行为具有效力性的特征，对于增加公民、法人和其他组织义务的行政规定，应采取谦抑的原则，现行国家层面的法律法规中并没有规定业主委员会必须以房管部门的备案为成立条件，业主委员会换届备案应属于程序性的规定而非效力性的规定，因此对业主委员会换届备案采取不实质性审查、不登记、不审批的做法，符合《物业管理条例》规定备案的基本宗旨。

三、关于解决换届选举争议的建议

（一）及时对相关法律法规的进行修订与完善

小区业主委员会对业主实施的管理，是社会公共管理的一部分，立法需要适应建设新时代中国特色社会主义社会的要求，与依法治国的总目标相匹配，"人民群众对立法的期盼，已经不是有没有，而是好不好、

① 习近平：《以科学理论指导全面依法治国各项工作》，载《论坚持全面依法治国》，中央文献出版社 2020 年版，第 4 页。

② 夏文浩：《行政机关不得以其他规范性文件为依据限制已经提起民事诉讼的公民、法人或其他组织寻求行政救济》，载中华人民共和国最高人民法院行政审判庭编：《行政执法与行政审判》，中国法制出版社 2018 年版，第 169 页。

③ 杨伟东主编：《中华人民共和国行政处罚法理解与适用》，中国法制出版社 2021 年版，第 5 页。

管用不管用、能不能解决实际问题”①。在《民法典》实施后，对《物业管理条例》及相关法律法规和规章中与《民法典》不相符、与社会发展不相适应的部分内容应进行修订，使业主委员会的换届选举在明确的法律法规规定下进行。业主大会是城市民主、民生的基本体现，目前规范业主大会的法律法规仅有《民法典》《物业管理条例》等，对业主行使业主权利的保障不足，建议尽快制定业主大会或业主委员会方面的法律法规，完善业主委员会选举制度。同时，地方法规、规章与法律法规存在冲突的内容，应当进行相应的修改，以保证法律法规、规章的一致性。

（二）积极发挥村（社区）法律顾问的作用

《国务院关于印发国家基本公共服务体系“十二五”规划的通知》指出，创新社会治理，加强公共服务体系建设，推进基本公共服务均等化。根据《关于推进公共法律服务体系建设的意见》，司法部在全国开展公共法律服务体系的建设。一村一居法律顾问制度，是公共法律服务的主要内容。2014 年 5 月 5 日，广东省委办公厅、省政府办公厅发出《关于开展一村（社区）一法律顾问工作的意见》，重点全力推进一村（社区）一法律顾问工作。珠海市金湾区村（社区）法律顾问制度推进了 5 年多，但从各社区的经验总结材料看，政府对这方面重视程度还有待提高，法律顾问在业主委员会换届选举中提供服务的情形还不多，有些社区结合社区换届、业主委员会选举等有针对性地开展法律专题讲座，取得了比较好的效果。如何利用律师的专业优势，发挥律师的作用，参与业主委员会换届选举的全过程，需要政府高度重视，并制定业主委员会换届选举的工作指引，以指导和村（社区）法律顾问开展相关工作。村（社区）法律顾问应主动和积极参与业主委员会换届选举的活动，提供法律咨询和对换届选举的材料进行合法合规性的审查，化解业主的矛盾，将法律服务前置，促进社区的法治建设。

---

① 习近平：《在十八届中央政治局第四次集体学习时的讲话》，载中共中央文献研究室编：《习近平关于全面依法治国论述摘编》，中央文献出版社 2015 年版，第 43 页。

(三)分清政府与业主委员会自治的关系,明确政府指导、组织和监督的界限

明确街道办事处、乡镇人民政府、居民委员会和业主在选举中的法律责任,应通过地方性法规等形式来弥补立法上的缺位,以增强对选举中违规行为的约束力。街道办、居委会指导、组织、监督,应将对业主委员会换届活动的指导和监督落到实处,提升指导和监督的水平和能力。建立受理投诉、纠纷的裁决机制,并解决辖区内物业管理活动中的投诉、纠纷,及时有效地解决社区矛盾。对街道办事处、乡镇政府指导换届选举的工作人员进行法律知识培训,规范其在指导换届选举中的行为,对违法违规行为视情节对直接责任人给予行政纪律处分,情节严重或影响恶劣的移送司法机关处理。对于业主委员会,要强调权利和职责的重要性,既要积极行使权利,也要依法依规履职。

(四)健全完善换届选举制度,确保选举的公正、公平和规范

在容易引起矛盾和争议的候选人资格审查和推荐的问题上,将审查和推荐的权力交由换届选举筹备组或工作小组,街道办事处、乡镇政府、居委会仅做协助审查,对候选人的推荐采取回避原则,对候选人的确定无表决权。对于相关通知的送达,可以参照人民法院送达诉讼文书的方式制定相关业主委员会换届选举的规则,可以采用信函、电子邮件、手机短信、微信等方式进行送达,筹备组或工作小组向业主发送相关信息后,即视为完成通知的送达。

(本文仅代表作者个人观点。特约编辑:黄霆)

如何通过行使拖售权实现外资退出

邹明春* 王 婧** 罗 郴*** 戴亦丰****

根据《外商投资法》，外商投资企业可以在2025年1月1日前在企业组织形式、组织机构等方面按照《公司法》等法律进行调整。另外，众多早期根据现已失效的《中外合资经营企业法》《中外合作经营企业法》《外资企业法》等设立的外商投资企业，其经营期限也近乎届满。如何顺利从外商投资企业退出是外资股东必须面临的问题之一。

股东退出的方式较多，根据拖售权条款实施退出，是外资股东经常选用的方法。但由于各种原因，以行使拖售权方式实现退出，在实践中存在诸多问题。本文拟探讨相关问题及其解决路径。

一、拖售权及其纠纷的基本含义

拖售权，又称强制出售权、领售权等，通常指在协议约定的触发条件成就时，有权行使拖售权的主体（以下简称拟退出股东）在向第三人（以下简称购买方）出售其持有的目标公司股权时，有权要求目标

* 北京中伦（武汉）律师事务所合伙人。
** 北京中伦（武汉）律师事务所合伙人。
*** 北京中伦（武汉）律师事务所律师。
**** 北京中伦（武汉）律师事务所律师。

公司其他全部或特定股东（以下简称其他股东）按照一定的条件与价格将其持有的全部或部分股权一并出售给拟退出股东指定的第三人。

然而，即便满足协议项下行使拖售权的条件，拟退出股东有权要求其他股东按照协议约定的价格及股权比例向指定的第三方转让股权，如其他股东拒绝卖出股权或者不配合行使拖售权，拟退出股东则可能采取诉讼或仲裁方式强制行使拖售权，由此形成拖售权纠纷。

二、行使拖售权可能面临的障碍

具体而言，行使拖售权可能面临的障碍包括：

（一）其他股东不配合行使拖售权

实践中，其他股东可能采取以下方式阻碍拖售权的行使：

表1　阻碍拖售权的情况

其他股东不配合行使拖售权的表现形式	可能采取的阻碍措施
提前处置被拖售股权	·将被拖售股权转让给第三方。 ·将被拖售股权抵押给第三方。 ·被拖售股权被申请保全或被申请强制执行。
对拖售权所涉股权转让内容提出异议	·对拟退出股东指定的购买方提出异议。 ·对转让价格、转让条件提出异议。
对拖售权所涉股权转让程序提出异议	·协同公司其他股东行使优先购买权。 ·在公司章程或者合资合同明确股权转让须经股东会/董事会决议的情况下，阻碍召开股东会/董事会。 ·不予配合办理股权转让所涉工商变更手续。

（二）拖售权条款本身存在瑕疵

当拟退出股东行使拖售权时，其他股东为阻碍其股权被拖售，可能提出各种理由进行抗辩，甚至直接挑战拖售权相关条款的效力或者以拖售权条款约定不明、无法履行为由拒绝行使拖售权。

1. 拖售权条款的效力问题

（1）效力抗辩事由。

在中国法律下，其他股东至少可从以下几个方面抗辩拖售权条款以及相关股权交易的效力：

表 2　效力抗辩理由及法律依据情况

效力抗辩理由	法律依据
主张拖售权条款的实质为担保拟退出股东实现收益，并认为此类“非典型担保条款”构成法律所禁止的流质条款，应属无效。	《民法典》第 153 条　违反法律、行政法规的强制性规定的民事法律行为无效。但是，该强制性规定不导致该民事法律行为无效的除外。 第 428 条　质权人在债务履行期限届满前，与出质人约定债务人不履行到期债务时质押财产归债权人所有的，只能依法就质押财产优先受偿。
主张拟退出股东与购买方恶意串通，使得购买方以较低价格购买其他股东所持有的股权，应属无效。	《民法典》第 154 条　行为人与相对人恶意串通，损害他人合法权益的民事法律行为无效。
主张拖售权相关的股权交易显失公平，应予撤销。	《民法典》第 151 条　一方利用对方处于危困状态、缺乏判断能力等情形，致使民事法律行为成立时显失公平的，受损害方有权请求人民法院或者仲裁机构予以撤销。
如被拖售股权为国有股权，主张拖售权相关的国资股权交易未经国资主管部门审批，应属无效或未生效。	《企业国有资产法》第 53 条　国有资产转让由履行出资人职责的机构决定。 第 54 条　国有资产转让应当遵循等价有偿和公开、公平、公正的原则。 第 55 条　国有资产转让应当以依法评估的、经履行出资人职责的机构认可或者由履行出资人职责的机构报经本级人民政府核准的价格为依据，合理确定最低转让价格。

（2）司法实践。

截至目前，通过公开途径尚未检索到我国法院或仲裁机构作出过有关拖售权纠纷的裁判文书或裁决书，但某律所曾在其官网上披露一起拖售权诉讼，并展示如下信息：

该案中，由于其他股东拒绝按照合资合同约定的拖售权条款卖出股权，拟退出股东为行使拖售权将其诉诸某上海法院；而其他股东则主张拖售权条款显失公平，应予撤销。审理过程中，法院促成争议双方达成和解，并表达如下立场：①虽然中国法律未明确规定拖售权这一概念，但拖售权具有可执行性，应予保护；②如拟退出股东与其他股东均按照同样的价格、条款、条件卖出股权，则无法认为拖售权条款存在不公平之处。

虽然上述案件最终以和解方式结案，并未形成有关拖售权条款效力的判决，但其披露的法院观点间接表明，即便中国法律未明确规定拖售权，如拖售权条款并未要求其他股东按照不合理的低价或者更优惠条件卖出股权，则拖售权条款很难被认定为显失公平。

由此可知，如果拖售权条款中的定价机制、交易条件明显不合理，交易价格远低于拟退出股东转让其股权的价格，甚至拟退出股东指定的受让方系其关联公司，则该拖售权条款可能会被认定为显失公平。

（3）小结。

我国法律法规并未明确拖售权相关的股东权利，故拖售权本质上属于股东之间意思自治的范畴。因此，拖售权条款的效力问题需要回归到具体协议或个案之中进行讨论。如拖售权条款构成法律规定的“流质条款”，或者存在恶意串通、显失公平的情况，甚至被拖售股权为国有股权时，则给予其他股东主张拖售权条款效力存在瑕疵的抗辩机会。

2. 拖售权条款约定不明

实践中，拖售权条款可能包含以下全部或部分要素：

表 3　拖售权条款相关要素

条款要素	可能涉及的内容
权利主体	为持股达到特定比例的股东、对公司起主导作用的投资人或某一轮融资的特定投资人等；在外商投资协议中，拖售权的权利主体通常为外方股东。
义务主体	为权利主体之外的全部或特定股东，也有可能是合资公司的创始人股东；在外商投资协议中，拖售权的义务主体通常为中方股东。

续表

条款要素	可能涉及的内容
权利内容	要求义务主体按照特定条件（如特定股权比例、股权定价机制等）向权利主体指定的第三方，甚至是权利主体的关联方，转让特定比例的股权。
触发条件	可能包括权利主体主动要求整体出售公司、目标公司未能实现 IPO 或达到特定业绩目标、义务主体存在特定违约行为等。
程序要求	权利主体需提前通知义务主体或目标公司需经过特定内部审议程序等。

事实上，并非所有合资合同或投资协议均会包含上述拖售权条款的全部要素，甚至某些协议中未明确约定拖售股权的定价机制等。如合资合同或投资协议对行使拖售权的各项要素约定不明，不仅可能会使得拟退出股东在行使拖售权时缺乏合同依据，也会为后期提起拖售权诉讼或仲裁带来困难。

三、拖售权纠纷的仲裁可行性分析

目前，外商投资企业所涉及的合资合同或投资协议中的争议解决条款多约定为仲裁。为此，本文在争议解决方式为仲裁的前提下讨论行使拖售权的相关问题。

拖售权的内容为拟退出股东要求其他股东向购买方转让股权，故其权利内容实质为其他股东向第三人履行义务，属于《民法典》第522条规定的“向第三人履行的合同”。因此，根据前述法律规定，提起拖售权仲裁时，可考虑采用如下两种思路主张权利：

（一）常规路径：由拟退出股东主张其他股东承担违约责任

《民法典》第522条第1款规定，债务人未向第三人履行债务的，应当向债权人承担违约责任。根据前述规定，拟退出股东（债权人）可作为申请人，其他股东（债务人）作为被申请人，主张其他股东承担不配合行使拖售权的违约责任。但应考虑如下问题：

1. 如何列明仲裁请求

根据《民法典》第577条的规定，违约责任的承担方式包括继续履行、采取补救措施或者赔偿损失等。针对其他股东不配合行使拖售权的情形，拟退出股东可考虑提出如下仲裁请求：

表4　拟退出股东提出仲裁请求情况

仲裁请求	列明仲裁请求的注意事项
继续履行合同 例如，请求裁决其他股东按照合资合同约定的价格向购买方出售股权。	·如合资合同中明确约定行使拖售权时的定价机制、股权转让比例，则仲裁请求可尽量明确相应的股权转让价格及比例； ·如合资合同中未明确约定相应的股权定价机制，则仲裁请求中可参考适用拟退出股东向购买方转让股权的价格或定价机制。
赔偿损失 例如，请求裁决其他股东赔偿其因未能行使拖售权而遭受的损失。	·如合资合同明确约定违约金，可直接主张其他股东向申请人支付违约金； ·如合资合同未约定违约金，则赔偿损失金额的计算逻辑可以为拟退出股东通过行使拖售权获得的收益与其未能行使拖售权而持有合资公司股权价值之间的差额。

由上可以看出，拟退出股东只有主张“继续履行合同”时，才有可能行使拖售权，以实现退出的目的；而主张其他股东赔偿损失的，并不能实现股权转让的目的，但可以在某种程度上对其他股东施加压力，促使其接受谈判。

2. 如何证明购买方对被拖售股权的购买意愿

如上文所述，拖售权涉及拟退出股东要求其他股东向购买方转让股权，为证明其他股东构成违约，拟退出股东需进一步证明其他股东在符合拖售权行权条件且购买方有意购买股权的情况下拒绝卖出股权。

因此，拟退出股东必然需要证明购买方对被拖售股权具备购买意愿及购买能力，而购买方直接以当事人身份加入仲裁，是仲裁庭查明相关事实最为直接、便捷的方式。

（1）购买方加入仲裁。

拖售权相关的股权交易涉及拟退出股东、其他股东、购买方三者之间的权利义务安排，而合资合同、投资协议项下拖售权条款及仲裁条款通常仅约束拟退出股东、其他股东，并未包括购买方。因此，当前述三者之间不存在仲裁条款的情况下，购买方并非合同当事人，并不能当然地加入仲裁，其仅能通过“追加当事人”的方式加入仲裁。

虽然各仲裁机构的仲裁规则不完全相同，但涉及“追加当事人”时，仲裁机构一般均要求至少符合以下其中一个条件：①仲裁所依据的仲裁协议表面上同时约束被追加的新增当事人；或者②包括被追加的当事人在内的所有仲裁当事人，均同意该被追加的当事人加入仲裁程序。

表5　追加当事人相关规定

仲裁规则	相关规定
《新加坡国际仲裁中心仲裁规则》（2016年版）	第7条　当事人的追加 7.1　在仲裁庭组成之前，凡符合下列条件之一的，一方当事人或者非案件当事人均可以向主簿提出申请，要求追加一个或以上新增的当事人作为申请人之一或被申请人之一以加入根据本规则已在进行的待仲裁程序： a. 从表面上看，被追加的新增当事人受仲裁协议的约束；或者 b. 包括被追加的当事人在内的所有当事人均同意被追加的当事人加入该仲裁程序。
《香港国际仲裁中心机构仲裁规则》（2018年版）	第27条　新增当事人的追加 27.1　仲裁庭或（在仲裁庭未组成时）HKIAC有权允许在仲裁中追加新增当事人，前提为： （a）仲裁所依据的本规则下的仲裁协议表面上看同时约束新增当事人；或 （b）各方当事人，包括新增当事人，均明示同意。
《中国国际经济贸易仲裁委员会仲裁规则》（2015年版）	第18条　追加当事人 （一）在仲裁程序中，一方当事人依据表面上约束被追加当事人的案涉仲裁协议可以向仲裁委员会申请追加当事人。在仲裁庭组成后申请追加当事人的，如果仲裁庭认为确有必要，应在征求包括被追加当事人在内的各方当事人的意见后，由仲裁委员会作出决定。

事实上，其他股东为阻碍股权交易，必然不同意与购买方达成仲裁合意，而购买方本身也极有可能因仲裁成本较高、不愿卷入争端等因素而拒绝参加仲裁。此时，购买方无法直接加入仲裁，可能导致诸多问题，例如：①仲裁庭无法实质性审理拟退出股东、其他股东、购买方之间的股权转让事宜；②拖售权纠纷的仲裁裁决可能涉及要求被申请人向购买方履行义务，而此时购买方作为案外人，仲裁庭无法直接确认其对被拖售股权的购买意向及付款能力，由此导致仲裁庭在作出裁决时可能更为谨慎。

（2）购买方无法加入仲裁的替代性解决方案。

基于前述，购买方在拖售权纠纷中直接以当事人身份加入仲裁存在诸多障碍，为了促使仲裁庭更全面地了解退出股东、其他股东、购买方之间的股权转让事宜，确认购买方对被拖售股权的购买意向及付款能力，可考虑采取如下替代性解决方案：

表 6　购买方无法加入仲裁的替代性解决方案

替代性解决方案	可行性分析及相关建议
由购买方作为证人参加拖售权仲裁。	·相对于购买方直接以当事人身份参加仲裁，其作为证人参加仲裁的成本更低，购买方更有动力。 ·购买方作为证人时，可客观表述其对被拖售股权的购买意愿、付款能力。
由购买方提供资金担保或者将购买被拖售股权的转让价款存入资金监管账户。	·为进一步打消仲裁庭有关购买方欠缺购买意愿及付款能力的疑虑，可考虑直接由购买方将股权转让价款支付至仲裁庭认可的银行监管账户或者提供相应的资金担保。
将有关被拖售股权转让的股权转让合同草案、购买方同意购买被拖售股权的内部决策文件等，作为证据提交仲裁庭。	·该股权转让合同草案的相关内容应当与拖售权条款约定股权定价机制、转让比例等保持一致，并确保股权交易条件的合理性、公平性。 ·提交购买方内部有关同意购买被拖售股权的决策文件，以进一步证明购买方的购买意愿。

（二）其他路径：由购买方主张其他股东承担违约责任

《民法典》第 522 条第 2 款对“向第三人履行的合同”作进一步规

定，即“法律规定或者当事人约定第三人可以直接请求债务人向其履行债务，第三人未在合理期限内明确拒绝，债务人未向第三人履行债务或者履行债务不符合约定的，第三人可以请求债务人承担违约责任”。

根据前述规定，如相关协议中明确约定权利主体指定的股权购买方可以直接请求被拖售股东向其转让股权，且购买方未表示拒绝，甚至明确同意表示接受相关条款的约束，则该购买方可在被拖售股东拒绝卖出股权时向其主张违约责任。

但值得注意的是，购买方直接向其他股东主张违约责任应当满足以下几个前提：①需法律明确规定或合同约定该购买方有权直接请求被拖售股东向其转让股权；②合资合同或投资协议应明确约定当事人（包括拟退出股东、其他股东）均同意购买方受合同争议解决条款的约束；③购买方未在合理期限内明确拒绝前述内容。

因此，理论上，《民法典》第 522 条第 2 款的规定为购买方提起拖售权仲裁提供法律基础，但当合资合同或投资协议不存在《民法典》第 522 条第 2 款类似表述的情况下，购买方似乎也无法直接向其他股东主张违约责任。

（三）小结

整体而言，通过仲裁方式行使拖售权可能面临前述各种障碍，但仍存在可行性。同时，即便当事人提起拖售权仲裁，其主张也不一定能够得到仲裁庭的支持，但通过提起拖售权仲裁，可以促使各方再次回到谈判桌上，为突破谈判困局、达成和解提供一定的可能性。

四、相关建议

（一）合理设计拖售权条款

如前文所述，当事人行使拖售权之所以面临各种困难，一方面是因为该条款涉及要求合同当事人向第三人履行义务，另一方面在于合同条款本身可能存在诸多不明确之处。

因此，为确保拖售权条款的有效性、可履行性，拖售权条款中至少应当明确如下内容：

表 7　拖售权条款应明确的内容

条款要素	注意事项
股权转让价格或定价机制	·明确其他股东向第三方出售股权的价格或定价机制，同时应确保该定价的公平性、合理性。
实施时间及程序	·明确拖售权的实施时间。例如，明确各方应在权利主体发出书面行权通知后的特定期间内配合行使拖售权。 ·明确拖售权的实施程序及各方配合义务。例如，明确其他股东及其他股东具有配合行使拖售权的义务，包括但不限于履行相应的内部决策手续、配合办理相关的工商变更手续等。
转让对象	·明确被拖售股权的转让对象或者明确转让对象的产生方式，同时避免将权利主体的关联方作为转让对象。
条款本身具备可强制执行性	·明确拖售权条款具有可强制执行性。例如，明确约定其他股东在一定期限内不配合行使拖售权或不签署股权交易文件，视为自动授权相关主体代表其签署所有文件等。

（二）完善相关条款，提高拖售权条款的可执行性

此外，可在协议中增加配套条款，以提高拖售权的可执行性及其在权利救济方面的可行性：

表 8　拖售权相关配套条款

条款要素	注意事项
承诺被拖售股权不存在权利瑕疵	·由其他股东承诺其持有的目标公司股权不存在权利瑕疵。 ·由其他股东承诺其不会在特定期限内转让、抵押其股权。
赋予购买方索赔权	·协议中加入《民法典》第 522 条第 2 款的相关内容，即明确权利主体指定的购买方有权直接请求被拖售股东向其转让股权。

续表

条款要素	注意事项
扩大争议解决条款约束对象	·明确约定争议解决条款约束合同当事人及权利主体指定的购买方。
明确违约责任	·明确其他股东违反拖售权条款及相关承诺属于违约行为，并约定以现金给付为主要内容的违约责任条款。
提前就国资审查事项进行报备	·如被拖售股东涉及国资背景，可考虑由相关国资股东将包含拖售权条款的投资协议或合作方案在文本正式签署前上报国资主管部门，争取事先取得国资主管部门对拖售权条款相关的股权交易所涉审批、评估、进场交易等事项的同意或豁免。

（本文仅代表作者个人观点。特约编辑：周晓蕾）

后《更新条例》时代，热点法律问题探析

钟　维*

引　言

为进一步明确城市更新在深圳市城市发展转型中的法律地位，明确城市更新的目标和原则，规范城市更新活动，优化城市更新体制机制，破解城市更新中的实务难题和政策“瓶颈”，推动城市更新从高速发展向高质量发展转变，深圳市第六届人民代表大会常务委员会第四十六次会议于 2020 年 12 月 30 日以深圳经济特区立法的形式制定颁行了《深圳经济特区城市更新条例》（以下简称《更新条例》），自 2021 年 3 月 1 日起施行。《更新条例》实施以来，存在如下几个方面的热点法律问题：

一、关于行政征收破解城市更新搬迁难的问题

为了有效破解城市更新搬迁难问题，《更新条例》创设了“个别征收 + 行政诉讼”制度，规定旧住宅区城市更新项目个别业主经行政调解后仍未能签订搬迁补偿协议的情况下，为了维护和增进社会公共利益，推进城市规划的实施，区人民政府可以对未签约部分房屋实施征收。这里所谓的“未签约部分”涉及签约权利人人数的认定问题。

* 广东晟典律师事务所律师，合伙人。

（一）住宅类历史遗留违法建筑已签约物业权利人人数的认定

1. 住宅类历史遗留违法建筑，房屋与权利人之间的对应情形

《更新条例》第36条规定："旧住宅区已签订搬迁补偿协议的专有部分面积和物业权利人人数占比均不低于百分之九十五，且经区人民政府调解未能达成一致的，为了维护和增进社会公共利益，推进城市规划的实施，区人民政府可以依照法律、行政法规及本条例相关规定对未签约部分房屋实施征收。

城中村合法住宅、住宅类历史违建部分，已签订搬迁补偿协议的物业权利人人数占比不低于百分之九十五的，可以参照前款规定由区人民政府对未签约住宅类房屋依法实施征收。"

根据上述规定，对于如何认定已签约面积或人数达到95%，成了法律实务中的重点和难点。众所周知，城中村合法住宅主要是指办理了红本或绿本房产证的房屋，这部分房屋的产权争议相对较少。住宅类历史遗留违法建筑存在大量买卖、继承、合作建房等情形，权属问题十分复杂，就房屋与权利人之间的关系而言，主要有以下四种情形：①一个权利人拥有一栋房屋（一对一）；②一个权利人拥有多栋房屋（一对多）；③多个权利人拥有一栋房屋（多对一）；④多个权利人拥有多栋房屋（多对多）。无论采取何种物业权利人人数的认定方式，都需要且能够对上述四种情形作出合理的解释。

2. 物业权利人人数认定的法律规定及分析

目前，《更新条例》以及《深圳市城市更新未签约部分房屋征收规定（征求意见稿）》均未明确规定物业权利人人数认定规则。《最高人民法院关于审理建筑物区分所有权纠纷案件适用法律若干问题的解释》（2020年修正）第9条规定："民法典第二百七十八条第二款规定的业主人数可以按照专有部分的数量计算，一个专有部分按一人计算。但建设单位尚未出售和虽已出售但尚未交付的部分，以及同一买受人拥有一个以上专有部分的，按一人计算。"

《民法典》第278条规定："下列事项由业主共同决定：（一）制定

和修改业主大会议事规则；（二）制定和修改管理规约；（三）选举业主委员会或者更换业主委员会成员；（四）选聘和解聘物业服务企业或者其他管理人；（五）使用建筑物及其附属设施的维修资金；（六）筹集建筑物及其附属设施的维修资金；（七）改建、重建建筑物及其附属设施；（八）改变共有部分的用途或者利用共有部分从事经营活动；（九）有关共有和共同管理权利的其他重大事项。

业主共同决定事项，应当由专有部分面积占比三分之二以上的业主且人数占比三分之二以上的业主参与表决。决定前款第六项至第八项规定的事项，应当经参与表决专有部分面积四分之三以上的业主且参与表决人数四分之三以上的业主同意。决定前款其他事项，应当经参与表决专有部分面积过半数的业主且参与表决人数过半数的业主同意。”

有观点认为：权利人人数的计算方式，应当与其房屋的套数有直接关系，同一人拥有多套房屋的，按多人计算，即一个人有多少套房，就应该认定为多少个权利人，并以此作为人数计算的分母，签约的套数计算为已经签约人数。比如，张三有 A 房屋 80 平方米（已签约），B 房屋 100 平方米（未签约），那么在计算签约率时，应当认为这 180 平方米房屋有两个权利人，其中一个权利人已经签约。也有观点认为：物业权利人人数认定，在没有明确法律规定的情况下，可以参照《最高人民法院关于审理建筑物区分所有权纠纷案件适用法律若干问题的解释》（2020 年修正）第 9 条之规定，“一个专有部分按一人计算。同一人拥有一个以上专有部分的，按一人计算”，即在物业权利人人数认定时，某一人无论有多少套房屋、签多少份补偿协议，都只认定为一个人。

笔者倾向第二种观点。第一，在深圳的城中村中，在当地比较富裕、有影响的人士，往往有多处物业，如果该物业权利人不签约，将严重影响签约率，甚至可能导致无法达到 95% 的签约率。第二，虽然《深圳经济特区物业管理条例》及《最高人民法院关于审理建筑物区分所有权纠纷案件适用法律若干问题的解释》（2020 年修正）主要适用于物业管理和建筑物区分所有权方面，规定了业主人数计算规则和物业权利人人数认定方式，原则上并不适用于城市更新项目历史遗留违法建筑部分房屋。但笔者认为住宅类历史遗留违法建筑其权利人的计算规则可以参照适用，并且具有合理性。虽然这种观点运用在实务中仍然存在瑕疵，比如某权利人有 A 房屋（已签约）和 B 房屋（未签约），那么该权利人是认定为已经签约，还是未签约呢？笔者认为，上述情形是一种特例存在，可以特别对待。

（二）行政调解

《更新条例》第 35 条规定：“已签订搬迁补偿协议的专有部分面积占比或者物业权利人人数占比不低于百分之九十五时，市场主体与未签约业主经充分协商仍协商不成的，可以向项目所在地的区人民政府申请调解，区人民政府也可以召集有关当事人进行调解。”

根据《更新条例》第 36 条之规定，在签约率满足“双九五”的条件下，项目所在地的区人民政府可依法介入调解促成签约，且调解系启动征收的先决条件之一。

虽然《更新条例》并未明确规定城市更新搬迁补偿事项行政调解的具体程序，但《深圳经济特区矛盾纠纷多元化解条例》（以下简称《矛盾化解条例》）、《深圳市人民政府关于印发〈深圳市行政调解实施办法（试行）〉的通知》（深府〔2013〕109 号，以下简称《行政调解实施办法》）等行政调解相关规定均明确了依法开展行政调解。根据笔者实务经验，在开展行政调解过程中，需要注意如下事项：

1. 行政调解的申请

根据《矛盾化解条例》第 21 条、第 44 条，结合《更新条例》第 35 条的规定，城市更新搬迁补偿事项的行政调解可以依市场主体或业主的书面或口头申请启动。行政机关发现需要进行调解的争议，也可以由行政机关依职权主动调解。

2. 行政调解的受理

《行政调解实施办法》第 13 条规定：“调解机关收到行政调解申请后，应当审查是否符合本部门行政调解受理范围，并在 5 个工作日内书面决定是否受理。”调解机关在受理调解申请后应当以书面的方式告知当事人调解的日期、地点和注意事项等。

3. 行政调解的具体部门

《更新条例》第35条仅明确了争议当事人可以向项目所在地的区人民政府申请城市更新搬迁补偿事项调解，但未明确调解的具体实施部门。《行政调解实施办法》第9条规定："依法承担行政调解职能的政府部门应根据自身工作需要指定专门机构负责行政调解工作，并为行政调解工作的开展提供必要保障。"第10条第1款规定："本办法第三条第一项规定的争议由主管职能部门作为调解机关负责调解。"根据上述规定，项目所在地的区政府受理城市更新搬迁补偿事项调解申请后，可以指定司法局、街道办等政府部门负责调解或由主管的职能部门到城市更新和土地整备局负责调解。区政府指定或确定调解部门后，应当以书面方式告知当事人。

4. 调解组的成员

《矛盾化解条例》等相关规定并未明确行政调解人员选定的规则，《矛盾化解条例》第22条规定仅明确了调解员应当由具有一定文化水平、政策法律水平和专业知识的成年公民担任。因此，笔者认为城市更新搬迁补偿事宜的调解组成员应当由具有一定城市更新相关政策法律水平和专业知识的成年公民担任，并经调解机关依照调解员选定相关规定进行聘用。

5. 行政调解的期限、调解次数

《矛盾化解条例》第25条第1款规定："当事人可以自行约定调解期限，没有约定的，调解期限为三十日。法律、法规另有规定的，从其规定。"而《更新条例》及《矛盾化解条例》均未明确规定城市更新搬迁补偿事宜组织行政调解的次数，但为保证调解切实有用，保障物业权利人权益，力争促成签约，实务中组织调解的次数一般在三次以上。

6. 调解结果

在调解的过程中，调解机关应当制作调解笔录，保障个人隐私、商业秘密不受侵犯，确保当事人能够自由表达真实意愿。行政调解达成协议的，调解机关应当制作行政调解协议书；经调解无法达成一致的，调解机关应当终止行政调解，制作行政调解终止通知书。经调解无法达成一致意见的区人民政府方可实施征收。

二、建（构）筑物权利人核实

为了打击住宅类历史遗留违法建筑交易行为，遏制住宅类历史遗留违法建筑投机炒作，在《更新条例》施行后，2021年8月12日，深圳市住房和建设局、深圳市规划和自然资源局发布《关于加强对住宅类历史遗留违法建筑交易查处的通知》（深建字〔2021〕137号），要求各区开展住宅类历史遗留违法建筑物业权利人核实工作。2021年9月26日，深圳市规划和自然资源局发布《关于做好城市更新项目历史遗留违法建筑物业权利人核实有关工作的通知》（深规划资源〔2021〕508号），进一步细化了历史遗留违法建筑物业权利人核实的操作规则。上述市级层面的规定出台后，宝安、龙岗、南山、龙华等区纷纷出台了各区历史遗留违法建筑物业权利人核实的工作流程或操作指引，从而掀起一股声势浩大的物业权利人核实浪潮。在律师实务中，以下几个法律问题值得注意：

（一）权利人核实的范围不限于住宅类物业

虽然《关于加强对住宅类历史遗留违法建筑交易查处的通知》（深建字〔2021〕137号）仅针对住宅类历史遗留违法建筑开展权利人核实，但在实际操作中，权利人核实不仅针对住宅类物业，对于工业厂房、商业办公类物业、综合楼等永久性建筑都需要进行权利人核实。除此之外，权利人核实针对的是历史遗留违法建筑，有红本或绿本房产证的房屋、临时建筑、构筑（附属）物等不需要进行权利人核实，某些区虽然规定要对构筑物进行权利人核实，但实际操作中，对于构筑物的核实不作强制性要求。

（二）权利人核实的对象是建筑物

在历史遗留违法建筑物业权利人核实的过程中，经常出现原土地权利人与房屋权利人不一致的情形，比如：在村集体的外卖地、长租地上建设的工业厂房；原村民将宅基地卖给非原村民后建设的房屋等。当进行城市更新时，房屋价值激增，原土地权利人一方纷纷站出来主张权利，房地产开发商或股份公司应当如何认定权利人？一种观点认为：根据“房地一体原则”，应当由原土地权利人与房屋权利人厘清经济关系后，再认定历史遗留违法建筑物业的权利人，或者将原土地权利人与房屋权利人共同认定为权利人。另一种观点认为：历史遗留违法建筑物业权利人核实的对象是建筑物，不是土地，如果原土地权利人与房屋权利人不能协商一致，且在没有法院或仲裁委的生效裁判文书的情况下，应当将房屋的权利人认定为历史遗留违法建筑物业的权利人，而非将原土地权利人认定为权利人。

笔者更倾向于第二种观点，理由如下：第一，从立法背景来看，《关于加强对住宅类历史遗留违法建筑交易查处的通知》（深建字〔2021〕137 号）和《关于做好城市更新项目历史遗留违法建筑物业权利人核实有关工作的通知》（深规划资源〔2021〕508 号）的立法精神，历史遗留违法建筑物业权利人核实是为了推动城市更新高效有序实施，打击遏制历史遗留违法建筑投机炒作，并非对历史上形成的土地、房屋交易的全盘否定，而是采取尊重事实和历史，对已经发生的事实予以固化，杜绝类似无序的交易行为大行其道。市、区两级的政策文件，都明确历史遗留违法建筑权利人核实不应当将权利人核实的对象引申至原土地权利人。第二，从城市更新项目工作推进效率来看，对于未纳入城市更新计划的项目，需要完成权利人核实工作后，才能纳入城市更新计划，如果需要原土地权利人和房屋权利人达到一致意见后才将权利人核实结果予以公示，势必将影响项目纳入城市更新计划的进度。第三，如前文所述，历史遗留违法建筑物业权利人核实采取尊重事实和历史原则，对已经发生的事实予以固化，杜绝类似无序的交易行为大行其道，权利人核实并非确权或权属核查，如果原土地权利人认为其权利受到损害，可以通过诉讼或在确权或权属核查阶段通过提出异议的方式来解决纠纷。

（本文仅代表作者个人观点。特约编辑：胡家美）

虚构公章遗失事实重新补刻并备案的实务问题探析

李　可*

一、引　言

公司控制权争夺战涉及众多问题，获取并控制公章冲突偶有所闻，如2020年轰动全网的当当网创始人李某某抢夺公司47枚公章事件，足以说明公章对公司的重要性，仿佛控制了公司公章就等同于控制了公司。我国法律虽然赋予公司法人人格，使公司具有民事权利能力和民事行为能力，但法人毕竟是法律拟制的人，无法像自然人一样直接进行意思表示，公司只能通过公章及法定代表人两种途径表达公司意志。

通常情况下，公司公章由公司的法定代表人执掌，法定代表人把法定代表人章与公章一同使用代表公司行为。但实际上，公司“人章分离”的情形并不罕见，即法定代表人和公章控制人不同，一旦双方不合，很有可能导致公司意志的表现形式存在冲突，进而影响公司对外行为的效力，这也是实务中公司行为效力纠纷最主要的表现形式之一。在公章共管或托管情形下，最容易导致“人章分离”的情形出现。在出现此种情形时，公司法定代表人可以选择通过提起公司证照返还诉讼索回公章。

但为了快速实现“人章合一”，部分公司法定代表人以“公章遗

* 广东晟典律师事务所律师。

失”为由补刻公章并重新在公安部门申请备案，以避开漫长的诉讼期。但此种方式蕴藏着巨大风险，笔者最近承办的一起案件，便是公司公章在共管情形下，公司法定代表人以“公章遗失”为由补刻公章并重新在公安部门申请备案，最终因“公章并未遗失，申办印章备案事由与客观事实不符”，已经备案的公章被撤销备案。本文拟就虚构公章遗失事实重新补刻公章并备案的相关问题进行探析，以期为公司经营治理者提供参考。

二、印章、公章以及法定名称章的含义

生活中，公众经常混淆公司印章、公章、法定名称章等名词，当提到公司印章、公章等词语时，一般默认就是指公司法定名称章。实际上，上述三种章所代表的含义属于包含与被包含的关系。公安部治安管理局于2002年8月30日发布的向社会各界征求意见的《印章治安管理办法（草案）》第3条对上述三种章的含义进行了明确，规定“本办法所称印章指公章和具有法律效力的个人名章；本办法所称公章是指国家权力、党政机关、司法、参政议事、军队、武警、民主党派、工会、共青团、妇联等机关、团体，企业事业单位，民政部门登记的民间组织，居（村）民委员会和各议事协调机构及非常设机构的法定名称章和冠以法定名称的合同、财务、税务、发票等业务专用章”。

基于上述规定，“印章”一词的含义当属于更广泛的范围，除包含公章这一概念之外，自然人的名称章也属于印章范畴，而法定名称章仅仅是公章的一种。通常情况下，公司主要有五枚印章，分别是法定名称章、财务专用章、法定代表人私章、合同专用章以及发票专用章。而法定名称章是其中效力最大的一枚章，是法人权力的象征，代表公司的意志，无论是公司的业务经营，如合同签署、招投标事项等，还是公司行政事务，如工商、税务等事项，均离不开公司法定名称章。因此，公司控制权争夺引起的公章抢夺大战，各方主要抢的就是公司法定名称章。为便于理解以及论述，本文以下引用狭义的公章含义，所称公章仅指公司法定名称章。

三、公章刻制备案管理制度

公司公章作为维护和体现社会诚信制度的一种手段和凭证，在我国的市场经济活动中发挥着极其重要的作用。由于公司公章对公司行为、社会活动重要的作用以及意义，为保证法人正常开展经营活动，避免公章成为不法分子谋取不正当利益或进行其他违法犯罪活动的工具，我国构建了印章刻制、变更、建档、缴销等管理体系，并由公安机关治安部门负责具体监督管理。

（一）公章刻制审批制度

在2017年1月12日之前，根据1951年8月15日施行的《印铸刻字业暂行管理规则》第6条之规定，公司有公章刻制需求，须将公章底样及委托印刷刻字之机关证明文件，随时呈送当地人民公安机关核准备案后方得印制。具体到地方，广东省人民政府1997年12月31日发布的《广东省印章刻制管理规定》（1997年修正）第9条规定："凡需刻制印章的单位（含个体工商业户），必须持上一级单位出具的证明或营业执照，到所在县公安机关申领《刻章许可证》，凭《刻章许可证》到印章刻制店户刻制。"即公安机关治安部门采取事前监管的方式管理公司公章，公章刻制属于行政许可事项，需要公安机关审批。

（二）公章刻制备案管理制度的出台

2017年1月12日，国务院发布《关于第三批取消中央指定地方实施行政许可事项的决定》，取消公章刻制审批制度，取消审批后，实行公章刻制备案管理，即公章刻制企业在刻制公章后，需将用章单位、公章刻制申请人、印模等基本信息报公安机关备案，公安机关的备案回执是公章真伪的有效证明。以广东省为例，广东省公安厅治安管理局2018年5月18日发布的《关于印发广东省公章刻制备案业务工作指引的通知》规定，需要制作公章的单位或者机构，应当到注册登记地所在区（县）具有合法资质的公章制作单位制作公章，0.5个工作日内，公章制作单位应当完成公章制作，并将印模信息和核验制作公章的证明材料以及采集申请单位或者机构的基本信息，法定代表人、经营者、经办人的有效身份证件信息和联系方式，经办人的现场影像信息，公章制作信息报公安机关备案。

自此，公安机关对公司公章的管理由事前监管转为事中、事后监管。公安机关根据公司公章备案信息，建立统一的公章治安管理信息系统，并逐步实现公众查询功能。以深圳地区为例，公众可通过深圳公安的“印章备案查询”系统，输入公司名称，即可查询该公司已经备案的公章，包括合同专用章等其他业务专用章，且该系统能够显示已经备案公章的印章编码，以便公众在与公司的交易行为中初步识别公章真伪，保障交易安全。

四、公章遗失补办制度

既然公章如此重要，那么是否可以多刻几枚，防止公章丢失影响公司经营活动？答案是否定的。根据《印章治安管理办法（草案）》第 13 条之规定，需要刻制印章的单位，只能申请刻制一枚单位法定名称章，即公司的有效公章只能有一枚，即在公安机关备案的那一枚。但如果公章因损坏或丢失，需要重刻，该如何处理？

目前我国对于补刻公章所需材料以及流程，国家层面仅有《印章治安管理办法（草案）》第 11 条作出了概括性规定，即印章遗失、被抢、被盗的，应当向备案或批准刻制的公安机关报告，并采取公告形式声明作废后，重新办理备案或准刻手续，除此之外，尚未有国家层面的统一强制性规范。具体到地方，以广东省为例，《关于印发广东省公章刻制备案业务工作指引的通知》第 12 条规定：“因公章遗失或被抢、被盗等需要重新制作的，单位或者机构应当在所在地设区的市级以上公开发行的报刊上声明原公章作废，再按照本工作指引第六条的规定提供相应资料、登有《遗失声明》的报纸，除国家机关、人民团体、事业单位外，到具有合法资质的公章制作单位制作。”

根据上述规定，因公章遗失而补办公章的，首先需要登报发布公章遗失以及作废声明，之后再重新按照公章刻制及备案要求提交相关资料。具体由公司的法定代表人或经办人持授权委托书办理，通常情况下，营业执照副本原件是补刻公章的必备材料。同时为了能够最大限度地保障公司权益，在公司法定代表人以公章遗失为由申请公章备案时，公安机关往往会要求公司法定代表人承诺公章确实遗失。例如深圳地区，公安机关会要求公司法定代表人填写《印章遗失补刻登记表》，该表需载明遗失印章的详细经过、情况，并承诺并非因内部经济纠纷申请补刻印章。重新补刻的公章在公安机关备案之后，便成为公司唯一的有效公章，之前遗失的公章同时失去效力，对外无法再代表公司意志。

但由于并没有国家层面统一的强制性规范，公章补刻流程暴露出诸多问题，最常见的便是部分公司内部经济纠纷导致“人章分离”，公司法定代表人在公章并未遗失的情况下，仍然以公章遗失为由补办公章并向公安机关申请备案，客观上导致一个公司同时存在两枚公章，严重损害公司行为的公信力。而当公章持有人向公安机关提出异议时，由于没有明确的法律规定作为依据，公安机关在面对是否应当撤销备案问题时常常陷入两难境地。

五、虚构公章遗失事实重新补刻并备案所引发的公章备案纠纷司法案例解析

针对“虚构公章遗失事实重新补刻公章并备案”这一问题，笔者通过检索相关案例，结合笔者承办的具体案例，总结出如下观点：若公司公章并未遗失，而是处于共管或者第三方持有状态下，只是公司内部经济纠纷导致“人章分离”，即便公司法定代表人以公章遗失为由重新补刻公章并且备案成功，最终也会因为备案事实与客观事实不符而被撤销备案。利益第三方可直接向公安机关治安管理部门申请撤销备案；或直接向人民法院提起行政诉讼，请求法院判决依法撤销公安机关的备案决定。笔者对相关问题总结如下：

（一）虚构公章遗失事实重新补刻公章并备案，公安机关发现公章重新备案缺乏事实依据后，应撤销涉案公章备案行为

在公司法定代表人以印章遗失为由补办公章的情形下，公司法定代表人隐瞒公章并未遗失这一真实情况，使得公安机关陷入认识错误，进而备案新的公章。而公司实际上并不符合公章丢失需要重新刻制、备案新公章的条件，公安机关准许公司法定代表人重新刻制印章并备案是错误的。

例如，在（2019）粤行申1891号、（2019）粤行申1892号两起再审案中，广东省高级人民法院均认为，“公司的旧有印章仍在原共管人手中，不属于无法追回、失去控制的情形，公司法定代表人林某明知公司印章并未遗失，虚构了个人遗失的事实，申请印章重新备案的事由明显与客观事实不符，重新备案缺乏事实基础。新印章完成备案后，公司管理人内部实际上同时存在两套印章，对公司客户利益可能造成重大影响。因此，行政机关发现印章重新备案缺乏事实依据，重新备案行为可能损害第三人利益甚至是公共利益的，应当及时主动撤销……天河公安分局在备案审查时，对申请材料存在明显问题的备案申请，仍予以通过，未尽审慎审查义务。一、二审法院据此判决撤销涉案印章备案行为，经本院审查，并无不当”。

再如，辽宁省大连市中级人民法院（2019）辽02行终523号二审行政判决书亦持上述观点，该法院认为，“原告在印章没有丢失的情况下，在报刊上刊登印章丢失作废的声明，并以此为由向被告申请重新刻制印章。基于此，被告在不明实情的情况下准许重新刻制新印章并交付给原告。可见，原告并不符合印章丢失需重新刻制新印章的条件，被告准许其重新刻制印章是错误的。被告依据前述规定进行纠正，继而作出印章缴销决定，适用法律是正确的”。

基于上文所述，虽然我国为了优化营商环境，深化便民利企服务举措，取消了公章刻制审批制度，但为了平衡效率与交易安全，确保公章的正确、有效，我国施行了公章刻制备案管理制度，以保障法人开展正

常活动。备案制的根本目标是社会诚信制度，若法定代表人因为公司内部纠纷，为了重新快速夺回公司控制权，便虚构公章遗失事实重新补刻公章并备案，不仅损害了公司其他利益相关方的合法权益，更会给社会诚信制度造成不良影响。因此公安机关发现公章重新备案缺乏事实依据后，应当及时撤销涉案公章备案行为。

（二）公章共管人有权就公安机关的备案或撤销备案行为提起行政诉讼

根据《中华人民共和国行政诉讼法》第25条的规定，“行政行为的相对人以及其他与行政行为有利害关系的公民、法人或者其他组织，有权提起诉讼”，以及《最高人民法院关于适用〈中华人民共和国行政诉讼法〉的解释》第12条规定“有下列情形之一的，属于行政诉讼法第二十五条第一款规定的‘与行政行为有利害关系’：……（四）撤销或者变更行政行为涉及其合法权益的；（五）为维护自身合法权益向行政机关投诉，具有处理投诉职责的行政机关作出或者未作出处理的；（六）其他与行政行为有利害关系的情形”，公章共管往往是为了避免公司管理层意见不一、损害公司利益的行为出现而施行的，公章共管人与公章之间多存在重大利益关系。其中一方若绕开共管的公章转而利用特殊身份优势如以法定代表人身份私刻公章并备案，势必对另一共管方的合法权益造成重大影响。基于此，公章共管人往往同公安机关备案新公章的行政行为存在利害关系，有权就公安机关的备案或撤销备案行为提起行政诉讼。

例如，在（2019）粤行申1891号行政诉讼案中，广东省高级人民法院认为，“陶某任职公司监事，实际参与公司管理，为公司印章实际共管人之一。以公司原有印章丢失为由，进行印章重新备案，实质上否定了公司原有共管印章的效力，排除了原有印章的合法使用，对陶某的合法权益造成重大影响，陶某与印章备案行为具有利害关系，具有提起本案诉讼的主体资格”。

而在笔者承办的案件中，公安机关在查明公章补办备案事实与客观事实不符之后，主动撤销了备案行为，公章共管人针对公安机关撤销备案的行为提起行政诉讼，最终深圳市盐田区人民法院亦受理该案件并进行审理。虽然深圳市盐田区人民法院未就原告是否有权就公安机关撤销公章备案的行为提起行政诉讼进行专门论述说明，但也通过实际行动对公章共管人的原告地位予以了认可。

（三）公章重新备案缺乏事实依据后该如何处理的法律适用问题

虽然实务已有司法判例认定虚构公章遗失事实重新补刻公章并备案的行为应当予以撤销，但似乎并无直接的法律依据支撑法院判决撤销公安机关的备案行为，即目前尚无明确法律法规就公安机关发现公章重新备案缺乏事实依据后该如何处理进行具体规定。这也导致生活中部分公安机关常以“公章是否遗失以公司法定代表人的意志为准，公司法定代表人认为公章遗失了便是遗失了”，以及法律并未就虚构公章遗失事实重新补刻公章并备案的行为该如何处理进行直接规定为由，拒绝主动撤销对新补刻公章的备案决定，导致公司客观上存在两枚公章的情形，给公司行为的公信力带来了严重不良影响。

我国对公章管理确实存在立法严重滞后的问题，公章管理方面最早的法规是1951年8月经政务院政治法律委员会批准公安部发布的《印铸刻字业暂行管理规则》，这部法规虽沿用至今，但毕竟过于久远，已严重滞后于我国社会政治经济发展。此后在1999年10月31日施行的《国务院关于国家行政机关和企业事业单位社会团体印章管理的规定》也主要侧重于印章的规格、式样和内部制发、管理等方面。且上述法规皆存在对如何刻制、建档、缴销规定得不详尽或根本没有规定的问题。这也直接导致现实中公安机关在发现公章重新备案缺乏事实依据后常没有勇气直接撤销相关备案行为，无形中增加了利益第三方的维权成本。

曾有人尝试援引公安部于2002年8月30日就《印章治安管理办法（草案）》向社会各界征求意见中第13条之规定“需要刻制印章的单位，只能申请刻制一枚单位法定名称章”，以及第26条规定“违反本办法第十二条和第十三条规定，刻制外文印章或擅自刻制中外文并刊印章及违反规定刻制两枚以上单位法定名称章的，收缴违法制作的印章，并处二千元以上一万元以下罚款”，希望以“公司公章只能存在一枚，但客观上却存在两枚”为由来说服公安机关主动撤销缺乏事实依据的公章备案决定，但公安机关以上述《印章治安管理办法（草案）》仅为草案，并未具体下发至地方各公安机关施行，以及新公章备案之后，原公章自动失效为由而拒绝。

公司法定代表人虚构公章遗失的事实，在补办公章及重新备案时提交记载虚假声明的申请材料，申请补刻并备案新的公章，完全符合“提交虚假材料、隐瞒重要事实”的情形，能否从提交虚假材料这一角度寻找撤销备案的法律依据？笔者发现，《中华人民共和国行政许可法》第69条第2款规定，“被许可人以欺骗、贿赂等不正当手段取得行政许可的，应当予以撤销”；《中华人民共和国公司登记管理条例》（已废止）第64条亦规定，“提交虚假材料或者采取其他欺诈手段隐瞒重要事实，取得公司登记的，由公司登记机关责令改正，处以5万元以上50万元以下的罚款；情节严重的，撤销公司登记或者吊销营业执照”，但由于公章备案并不属于行政许可，亦不属于公司登记事项，因此基本上没有法院直接引用上述规定进行裁判。

（四）公安机关撤销备案决定的行为属于公安机关在履行事后监管职责过程中的纠错行为

虽然我国目前尚无法律法规就公安机关发现公章重新备案缺乏事实依据后该如何处理进行具体规定，但公安机关撤销备案决定的行为属于公安机关在履行事后监管职责过程中的纠错行为，此时公安机关主动撤销备案决定或者法院判决公安机关撤销备案则避开了相关法律法规不健全的问题。

关于公安机关撤销公章备案决定的行为性质认定问题，在笔者具体承办的案件中，深圳市盐田区人民法院认为，“公安机关作出被诉撤销备案行为系在认定原告有关人员以原印章遗失为由申办印章备案与客观事实不符的事实基础上，对该次公章备案行为予以撤销。依据《中华人民共和国行政诉讼法》第六十二条关于人民法院对行政案件宣告判决或者裁定前，原告申请撤诉的，或者被告改变其所作出的行政行为，原告同意并申请撤诉的，是否准许，由人民法院裁定的规定，可知行政诉讼中作为被告的行政机关有权自我纠正错误的行政行为，在行政程序中行政机关发现作出的行政行为确有错误的同样具有自我纠错的法定职权，同时结合国务院《关于第三批取消中央指定地方实施行政许可事项的决定》第九条关于县级公安机关对公章刻制要加强事中事后监管的规定，被诉撤销备案决定的性质为公安机关在履行事后监管职责过程中的纠错行为，并不属于行政处罚”。

此外，辽宁省大连市中级人民法院（2019）辽02行终523号二审行政判决书亦认定，公安机关撤销备案决定的行为属于对错误行为的纠正。大连市中级人民法院认为，“《公安机关内部执法监督工作规定》第十九条规定：‘对公安机关及其人民警察不合法、不适当的执法活动，分别作出如下处理：（一）对错误的处理或者决定予以撤销或者变更。’原告并不符合印章丢失需重新刻制新印章的条件，被告准许其重新刻制印章是错误的。被告依据前述规定进行纠正，继而作出印章缴销决定，适用法律是正确的”。

而公安机关撤销备案行为的性质被认定为纠错行为，也直接导致虚构公章遗失事实补办公章的一方在寻求救济途径时陷入被动。在客观事实面前，虚构公章遗失事实补办公章的一方并没有太好的理由为自己虚构公章遗失事实进行辩解，往往只能寻找公安机关作出撤销备案决定程序方面是否存在程序性违法的问题，试图通过程序问题否定公安机关的撤销备案决定，如是否保障相对人的陈述、申辩权利等。而由于公安机关撤销备案行为的性质属于纠错行为，但我国现行法律并未明确规定行政机关自行纠错的程序，此时反倒是行政相对人主张程序违法在法律适用方面存在问题，进而因主张于法无据被法院驳回。

六、结　语

虽然在公司控制权争夺战中，获取并控制公章往往是焦点问题，但君子爱章，也要取之有道。以抢夺的方式获取公章毕竟太过暴力，容易发生肢体冲突，一旦把握不好度，极有可能激化矛盾上升为刑事案件，得不偿失。虚构公章遗失的事实重新补刻公章并备案，虽然一时可以利用重新补办的公章对外代表公司行为，然一旦利益第三方向公安机关提出异议或者向人民法院提起行政诉讼，公安机关大概率会撤销补办公章的备案，此前以补办的公章作出的公司行为也会面临被撤销或者认定无效的风险，已达到的目的亦面临着被逐个复原的风险，不仅损害公司行为的公信力，也会对公司商誉造成负面影响。因此，即便是法定代表人也不得任意申请刻制公章。

从公司治理层面考虑，公司实际控制人应充分重视公司公章的保管与使用，制定用印规则，尽量避免公司公章脱离公司实际控制人的控制。在需要将公司公章脱离控制的情况下，也要准备、完善相应的手续、文件，如公章共管人一定要签署书面的共管协议，并就共管期限、共管期间用印规则、到期后如何处理公章等进行约定，以保障公章能够安全、迅速返回公司实际控制人的控制，尽量避免公章问题导致公司经营陷入僵局。

（本文仅代表作者个人观点。特约编辑：陈嘉丽）

主播与经纪公司之间法律关系的认定

程佳琪*

近几年，直播行业发展如火如荼，直播行业的火热也带火了一批又一批主播。许多头部主播甚至可以在很短周期内赚到数亿元。高额报酬以及相对灵活的工作方式，吸引大量求职人员涌入这个行业。直播产业也迅速发展成“互联网＋”时代下最热门的网络虚拟产业之一。但行业面临的法律问题也逐渐显露出来，主播与经纪公司之间的纠纷越发增多。其中，主播与经纪公司之间法律关系的认定成了此类案件审理的要点和关键。因为只有明确了双方之间的法律关系，才好解决后续一系列的其他法律问题，进而定分止争。

主播与经纪公司之间到底是什么法律关系？是否构成劳动关系？笔者通过案例检索，发现不同法院对此存在不一样的看法。本文，笔者以两个典型案例为例，对劳动关系的认定标准以及法院认定主播与经纪公司法律关系的裁判思路进行分析，并提醒主播在求职时应当注意的相关事项。

* 浙江一墨律师事务所律师。

一、典型案例简介

表 1　典型案例介绍

案例	案例一：文某某诉苏州君逸凡文化传媒有限公司（以下简称君逸凡公司）劳动合同纠纷案	案例二：李某某诉重庆漫咖文化传播有限公司（以下简称漫咖公司）劳动合同纠纷案
合同名称	《演艺人员经纪合同》	《艺人独家合作协议》
双方对合同性质的约定	双方在签订本协议时，均已向法律专业人士详细了解与本协议相关的法律法规，并认可双方构成的不是劳动关系而是经纪关系；并确认本协议兼具居间、代理、行纪特点的综合属性，但既非居间性质亦非代理性质亦非行纪性质，而是具有各个类型相结合的综合性合同。	无特别约定。
双方对合作内容及范围的约定	双方同意，进行独家排他性的互联网娱乐演艺业经纪合作，君逸凡公司担任文某某的独家排他性经纪人，为文某某提供互联网娱乐表演的组织、营销，演出居间、代理、行纪，推广、代理等活动。双方所签订的本合同为独家排他性的合同。	李某某成为漫咖公司的独家签约艺人，漫咖公司为李某某提供独家演艺内容及相关事务，合作期间，李某某保证全面服从漫咖公司安排，漫咖公司同意给予李某某相应的推荐资源，帮助李某某提升人气和收益；漫咖公司有权自主组织、协调和安排本协议上述的活动及事务。
双方对工作时间的约定	除非君逸凡公司另有要求，否则文某某每月履行合同义务不少于28天，每天的网络直播不少于6小时。如文某某怠于履行前述承诺，则君逸凡公司有权按比例扣除文某某应得提成。若文某某当月基于任何理由履行合同义务少于15日，则君逸凡公司有权扣除文某某当月所有应得提成。	原告在被告指派直播平台总和每月直播有效天数不低于25天且总有效时长不低于150小时，每天直播时长6小时为一个有效天，每次直播1小时为有效时长，满足有效天和有效时长前提下，被告每月支付原告2000元保底工资，不满足时长当月保底取消，只有提成，如违反平台相关条例取消当月保底及奖励。

续表

双方对薪资发放的约定	1. 文某某每月完成演艺任务不足15000元，获得50%提成；文某某每月完成演艺任务达到25000元，获得55%提成；文某某每月完成演艺任务达到50000元，获得60%提成。 2. 双方收益的分配：①所有毛收入由君逸凡公司向第三方先行收取；②所有毛收入在实际收到后，应首先扣除君逸凡公司代表文某某或为文某某利益所实际支付的费用，包括但不限于与文某某从事此项收益直接相关的交通、培训、运输、通讯、法律服务等费用。	结算收入包括李某某获得的提成收入及漫咖公司支付的保底收入，独家签约艺人可享有经漫咖公司事先审核并确定的保底收入，保底收入由漫咖公司指派的平台待遇而定，李某某取得该平台的大部分收入，漫咖公司指派李某某至少1个平台的演艺直播，如果李某某精力能力足够，可以申请再增加指派，漫咖公司指派一个有保底工资的平台，双方按月结算，漫咖公司核算备案登记全部主播艺人的提成收入和保底收入，每月8日至18日结算上月费用。
具体事实履行情况	1. 君逸凡公司为文某某提供直播设备、直播场地、直播账号、直播房间、直播场所、直播平台，具体直播时间也由公司安排，文某某只能在君逸凡公司指定的第三方网络平台上直播。 2. 君逸凡公司对文某某从事的劳动有相应的要求和处罚标准，迟到早退、每周一不交朋友圈分享截图等均要予以扣分、扣款，且文某某不直播也要填写请假条履行请假手续。	1. 李某某通过漫咖公司在第三方直播平台上进行注册，从事网络直播活动。 2. 李某某从事主播的过程中，其直播地点、直播内容、直播时长、直播时间段并不固定。 3. 李某某收入主要是通过网络直播吸引网络粉丝在网络上购买虚拟礼物后的赠予，直播平台根据与李某某、漫咖公司的约定将收益扣除部分后转账给漫咖公司，漫咖公司根据与李某某的约定将收益扣除部分后转账给李某某，转账时间和金额均不固定，有些转账名目上载明为工资。
法院裁判结果	双方之间存在劳动关系。	双方之间不符合劳动关系的法律特征。

从上述两个案例可以看出，实务中有些法院认定主播和经纪公司之间是劳动关系，受劳动法约束；有些法院则认定主播和经纪公司之间是经纪关系，受民法典约束，通过双方签订的合作协议约束彼此。

通过大量的案例检索，笔者发现，法院对认定双方之间存在劳动关系非常谨慎，特别是没有明确约定双方之间签订的是“劳动合同”时，法院更倾向于认定双方之间存在经纪合同关系。我们可以进一步分析法院在判断劳动关系的认定标准时会注重哪些事实要点，以此作为认定存在劳动关系的依据。

二、劳动关系的认定标准

实务中，劳动者所从事的工作的从属性特性是认定劳动关系的依据，也是劳动关系区别于其他劳务关系的依据。概括地说，认定劳动者和用人单位之间是否存在劳动关系，应考察劳动者对用人单位是否存在劳动法上的从属关系。学界将从属性概括为三个层面，分别是人身从属性、经济从属性以及组织从属性，其中，又以人身从属性为核心要素。人身从属性是指劳动者向用人单位提供劳动时，其对用人单位在一定限度内具有人身依附性；经济从属性表现在劳动者通过劳动换取生活资料，体现出劳动力与劳动报酬的交换关系；组织从属性是指劳动关系建立以后解除之前，劳动者始终作为用人单位组织中的一员而存在，接受用人单位的指挥与管理，其提供的劳动是用人单位业务的组成部分。[①]

目前，我国法律对于劳动关系的认定标准主要依据是劳动和社会保障部（现已撤销）《关于确立劳动关系有关事项的通知》第1条的规定：“一、用人单位招用劳动者未订立书面劳动合同，但同时具备下列情形的，劳动关系成立：（一）用人单位和劳动者符合法律、法规规定的主体资格；（二）用人单位依法制定的各项劳动规章制度适用于劳动者，劳动者受用人单位的劳动管理，从事用人单位安排的有报酬的劳动；（三）劳动者提供的劳动是用人单位业务的组成部分。”

现实中，为规避法律责任，经纪公司与主播之间签订的虽为《经纪合同》，但双方是否存在劳动关系并不能完全以合同名称以及双方签订

① 黄新发、汤云周：《企业人力资源管理完胜攻略》，中国法制出版社2015年版，第4页。

的书面协议中的约定措辞为准，而需要具体分析实际用工情况，据此判断双方是否建立了劳动关系。

实务中，如果一方主张主播与经纪公司之间存在劳动关系，就需要从实际用工情况入手，首先考察主播是否具备劳动者的主体资格及经纪公司是否具备用人单位的主体资格；其次考察主播与经纪公司之间是否存在劳动法上的从属关系。为此，当经纪公司未与主播签订书面劳动合同时，如果任何一方能够提供实际用工的相关证据，包括但不限于：①工资支付凭证或记录、缴纳各项社会保险费的记录；②用人单位向劳动者发放的“工作证”等能够证明身份的证件；③劳动者填的用人单位招工招聘“登记表”“报名表”等招用记录；④考勤记录；⑤其他劳动者的证言等，则双方可能被认定为存在事实劳动关系。其中，①项、③项、④项的有关凭证由用人单位负举证责任。

三、法院认定主播与经纪公司法律关系的裁判思路

（一）案例一的裁判思路

案例中，君逸凡公司与文某某虽然签署了《演艺人员经纪合同》，但双方是否存在劳动关系并不能以双方签订的书面协议约定为准，而更应该关注双方之间是否出现了事实劳动关系，即是否实际建立了劳动关系。

1. 法院从主体资格上认定双方均是成立劳动关系的适格主体。

2. 法院根据经纪公司对该主播从事的劳动有相应的具体要求及处罚标准，确认了该主播与经纪公司之间的关系具备人身从属性以及组织从属性特征：君逸凡公司为文某某提供直播设备、直播场地、直播账号、直播房间、直播场所、直播平台，具体直播时间由公司安排，文某某只能在君逸凡公司指定的第三方网络平台进行直播，不得在其他网络平台进行直播，即文某某的网络直播活动具有排他性。由此可见，文某某提供劳动的过程对君逸凡公司具有极强的技术从属性和提供劳动的渠道的从属性，君逸凡公司为文某某确定了最低工作量标准，亦对文某某

的劳动时间具有管理权和支配权。另外，从双方均认可的扣分表格可以看出，君逸凡公司对文某某从事的劳动有相应的要求和处罚标准，迟到早退、每周一不交朋友圈分享截图等均要予以扣分、扣款，且文某某不直播也要填写请假条履行请假手续。因此可以看出，君逸凡公司对文某某存在管理和监督，双方存在控制、支配和从属的关系，具有极为明显的人身从属性、组织从属性特征。

3. 法院根据双方之间保底工资的约定，确认主播与经纪公司符合经济从属性特征。君逸凡公司虽主张双方签订的合同约定按提成发放，没有保底，但在庭审中认可在职主播每月发放保底 5000 元或者提成，二者取高发放，君逸凡公司实际亦按照每月保底 5000 元的标准向文某某支付工资，且根据文某某与君逸凡公司负责招聘人员的微信记录显示，君逸凡公司是以“保底 5000 元，每天播满 6 小时每月播满 28 天，提成后台的 50% 到 60%，包吃包住，五险一金”等条件吸引求职者至其公司从事主播活动。

综上，人民法院认定文某某与君逸凡公司之间的关系符合劳动关系的要素特征。

（二）案例二的裁判思路

1. 法院认为主播的工作地点、工作内容、工作时长、工作时间段不固定，确认主播与经纪公司不具有人身从属性特征。虽然李某某通过漫咖公司在第三方直播平台上注册并从事网络直播活动，但李某某的直播地点、直播内容、直播时长、直播时间段并不固定，李某某亦无须遵守漫咖公司的各项劳动规章制度。尽管双方合作协议对李某某的月直播天数及直播时长作出了约定，且漫咖公司就直播间卫生、休息时间、就餐地点、工作牌遗失损毁等问题对李某某进行处罚，但这些均应理解为李某某基于双方直播合作关系应当履行的合同义务以及应当遵守的行业管理规定，并非漫咖公司对李某某实施了劳动法意义上的管理行为。

2. 法院认为保底收入并非主播收入的主要来源，确认主播与经纪公司不具有经济从属性特征。从收入分配上看，漫咖公司没有向李某某支付劳动报酬。李某某的直播收入虽由漫咖公司支付，但主要是通过网络直播吸引粉丝获得打赏所得，漫咖公司仅是按照其与直播平台和李某某约定的比例进行收益分配，漫咖公司无法掌控和决定李某某的收入多少，双方在合作协议中约定的保底收入应属于漫咖公司给予直播合作伙伴的保障和激励费用，并非李某某收入的主要来源，故漫咖公司基于合作协议向李某某支付的直播收入不是用人单位向劳动者支付的劳动报酬。

3. 法院认为网络直播本身不属于经纪公司的经营范围，确认主播与经纪公司不具有组织从属性特征。从工作内容上看，李某某从事的网络直播活动并非漫咖公司业务的组成部分。李某某从事网络直播的平台由第三方所有和提供，网络直播本身不属于漫咖公司的经营范围，漫咖公司的经营范围仅包括直播策划服务，并不包括信息网络传播视听节目等内容，虽然双方合作协议约定漫咖公司享有李某某直播作品的著作权，但不能据此推论李某某从事直播活动系履行职务行为，故李某某从事的网络直播活动不是漫咖公司业务的组成部分。

综上，人民法院认定李某某与漫咖公司之间的关系不符合劳动关系的法律特征。

（三）目前的裁判思路以及对主播的不利之处

从上述两个案例可以发现，法院在裁判案件时会从人身从属性、经济从属性以及组织从属性进行分析，进而得出双方是否存在劳动关系的结论。案例一和案例二的情况有许多相似之处，但是裁判结果却截然不同。究其原因，还是取决于主播与经纪公司从属性特征的强弱。就传统的用工模式而言，劳动者本身对公司的从属性很强，因此只需要判断双方之间是否存在人身、经济以及组织从属性就可以判断双方之间的劳动关系是否成立；就灵活的用工模式而言，劳动者对公司的从属性较弱。由于现行法律缺乏对从属性认定标准的详细规定，以致法院在裁判时拥有较大的自由裁量权。

就人身从属性而言，虽然有些主播的直播地点、直播时间等方面具有很大的灵活性，但是经纪公司往往会对直播内容、直播总时长以及直播天数等进行规定，甚至要求主播与其签订严苛的竞业限制，主播实质上对经纪公司存在一定的人身从属性。而由于个案细节和证据不同，法院对双方是否具备人身从属性的认识也不尽相同，导致裁判结论的差异。

就经济从属性而言，由于主播的工资结构大都为底薪加提成的模式，且以提成作为主播的主要收入来源，这与传统行业固定工资的模式不同。有些法院根据双方之间有关底薪的约定从而认定双方之间存在经济从属性特征，而有些法院根据提成才是主播的主要收入来源从而认定双方之间不存在经济从属性特征。由于底薪加提成的工资结构为很多行业的薪资发放模式，法院根据底薪并非主播收入主要来源从而认定主播与经纪公司之间不存在劳动关系的观点，似乎有必要与时俱进了。

就组织从属性而言，由于很多经纪公司的经营范围都是演出经纪、商业活动策划等内容，网络直播本身不属于经纪公司的经营范围，若法院对经纪公司业务范围恪守严格解释，则主播和经纪公司之间的组织从属性则越发难以被认定。

案例二更具有代表性，故法院最终能否认定主播与经纪公司之间存在事实劳动合同关系仍任重道远。

四、在目前的裁判规则下给主播们的建议

首先，如果主播本意是希望和经纪公司建立劳动关系，则应尽量与经纪公司签订具备劳动合同内容的书面劳动合同。否则，就目前的法律保护机制以及裁判规则而言，双方的法律关系较难被认定为劳动关系。如果经纪公司不同意签订劳动合同则应该注意保留入职登记表、报名表等材料。

其次，保留其和经纪公司之间存在人身从属性的证据，如打卡记录、考勤记录、加班通知、工作中来往邮件、工作安排记录等。

最后，保留其和经纪公司之间存在经济从属性的证据，如工资支付凭证、银行流水、工资收入证明、社会保险缴纳记录、住房公积金缴纳

记录等。

一边是行业本身的跨越式发展，另一边是法律制度保护的不足，跛足的现象不会马上消失，法律界将如何努力？

（本文仅代表作者个人观点。特约编辑：杨敏）

有限合伙人在合伙企业诉讼中的诉讼主体资格探析

于园园[*]　林可音[**]

案情介绍：在某私募基金产品的交易过程中，某合伙企业未经全体合伙人一致同意即向第三方购买了某私募基金的份额，并对外承担了相关担保责任。后该合伙企业因未能支付基金份额转让价款及未履行担保责任，而被第三方起诉。该合伙企业的有限合伙人在该合伙企业被起诉后才得知该笔交易。因工商登记信息显示该有限合伙人尚未足额缴纳合伙企业的认缴出资额，故该有限合伙人希望加入该诉讼程序，以避免因案件败诉后被追加为被执行人的风险。

《中华人民共和国合伙企业法》（以下简称《合伙企业法》）于1997年起施行。由于有限合伙人的诉讼地位缺乏法律的明确规定，且相关司法解释也未有涉及，故审判实践中对于此类案件中有限合伙人的诉讼主体资格等问题存在不同的认识及处理。本文拟就有限合伙人在合伙企业诉讼中诉讼主体资格的问题进行梳理，并作简要分析，以期抛砖引玉。

《中华人民共和国民事诉讼法》（以下简称《民事诉讼法》）第59

* 北京市中伦律师事务所非权益合伙人、律师，中国海洋大学国际法硕士。
** 北京市中伦律师事务所实习律师，中国政法大学法学学士。

条第1 款和第 2 款[①]规定了两类第三人可以加入诉讼，即有独立请求权的第三人和无独立请求权的第三人。基于《民事诉讼法》的这一规定，本文将分别从有独立请求权的第三人和无独立请求权的第三人两个角度进行分析。

一、有独立请求权的第三人

（一）法律规定

有独立请求权的第三人是指对当事人双方诉讼标的有独立请求权的第三人。“诉讼标的”是指双方当事人之间发生争议，请求法院裁判的民事法律关系。[②]

根据《民事诉讼法》第 59 条和《最高人民法院关于适用〈中华人民共和国民事诉讼法〉的解释》（以下简称《民事诉讼法司法解释》）第 81 条[③]的规定，有独立请求权的第三人有权向人民法院提出诉讼请求和事实、理由，成为当事人。故有独立请求权的第三人加入诉讼的方式应该是主动申请加入。

根据《民事诉讼法司法解释》第 81 条的规定，第三人可以加入二审程序。《民事诉讼法司法解释》第 325 条[④]进一步规定了有独立请求权的第三人加入二审程序的法律后果，即二审法院可以先根据当事人自愿的原则开展调解，如调解不成，则发回重审。

---

① 《民事诉讼法》第 59 条第 1 款和第 2 款规定：“对当事人双方的诉讼标的，第三人认为有独立请求权的，有权提起诉讼。对当事人双方的诉讼标的，第三人虽然没有独立请求权，但案件处理结果同他有法律上的利害关系的，可以申请参加诉讼，或者由人民法院通知他参加诉讼。人民法院判决承担民事责任的第三人，有当事人的诉讼权利义务。”

② 参见《最高人民法院民事诉讼法司法解释理解与适用》（上），人民法院出版社 2022 年版，第 285 页。

③ 《民事诉讼法司法解释》第 81 条规定：“根据民事诉讼法第五十九条的规定，有独立请求权的第三人有权向人民法院提出诉讼请求和事实、理由，成为当事人；无独立请求权的第三人，可以申请或者由人民法院通知参加诉讼。第一审程序中未参加诉讼的第三人，申请参加第二审程序的，人民法院可以准许。”

④ 《民事诉讼法司法解释》第 325 条规定：“必须参加诉讼的当事人或者有独立请求权的第三人，在第一审程序中未参加诉讼，第二审人民法院可以根据当事人自愿的原则予以调解；调解不成的，发回重审。”

（二）观点分析

有限合伙人希望作为第三人加入诉讼（尤其是二审）通常会面临较大阻力。反对理由可能包括：①有限合伙人并非案件合同当事人，因此对于案件诉讼标的不存在独立请求权；②有限合伙人可以通过另行起诉获得救济，无须加入本案中。我们分别从以下几个角度进行分析：

第一，如前所述，诉讼标的指向的是当事人双方诉争的法律关系，而非诉讼请求。如果是基金份额转让合同纠纷，则诉讼标的应当是基金份额转让合同关系。在本文首部提到的案例中，对于基金份额转让合同关系，原告方主张合同关系有效，应当继续履行，因此要求被告方合伙企业支付份额转让款项；被告方则抗辩主张合同关系应当解除，进而不同意支付份额转让款项。作为合伙企业的有限合伙人，可以以双方存在恶意串通损害其合法权益等理由，主张基金份额转让合同无效。因此，从诉讼请求与抗辩主张的具体内容来看，有限合伙人的意见既不同于原告，也不同于被告，他有自己独立的意见。从技术层面来看，有限合伙人若提出要求确认基金份额转让合同无效的诉讼请求，则将成为有独立请求权的第三人。

第二，在司法实践中，我们也看到一些非合同当事人对案件诉讼标的提出独立请求权，进而作为案件第三人加入诉讼的案例。因此，单纯以是不是合同当事人作为判断是否为第三人的标准是不正确的。比如，在（2020）黔02民终851号案中，原、被告就土地使用权的转让产生纠纷，案外人以其为土地使用权人为由，请求法院确认转让协议无效，申请作为有独立请求权的第三人加入二审程序；在（2020）浙02民终5573号案中，原告请求被告变更公司登记，案外人主张其对案涉股权享有所有权，请求确认原、被告之间的股权转让协议无效，申请以有独立请求权的第三人的身份参加二审；在（2021）陕民终116号案中，原告主张对案涉抵押物享有优先受偿权，案外人请求法院确认其对案涉抵押物享有所有权，所涉抵押无效，申请作为有独立请求权的第三人参加二审。

第三，所谓有独立请求权的第三人可以另行起诉的观点也是不正确的。另行起诉的观点不仅违反了有独立请求权的第三人制度的法定要求，还背离了有独立请求权的第三人制度的设计初衷。有独立请求权的第三人是以提起诉讼的方式参加到他人已经进行的诉讼中来，实际上是提起一个新的参加之诉，人民法院将本诉和参加之诉合并审理，这种合并是基于民事诉讼法的规定，而非基于法院职权或原当事人的意愿。合并审理的目的是清楚查明案件事实，节省诉讼资源，保护案外人利益，防止出现内容矛盾的判决，彻底解决民事纠纷。[①] 最高人民法院在（2014）民监字第00012号民事裁定中认为："有独立请求权的第三人参加诉讼是指，对双方当事人的诉讼标的，第三人认为有独立的请求权，在他人之间的诉讼已经开始，人民法院尚未作出一审判决前，第三人以本诉的原、被告作为共同被告提起诉讼，人民法院应当准许其到本诉中来参加诉讼。苏里陆村在一审时即对本案原告、被告主张独立的实体权利，并申请参加到本诉中，一审法院不同意其参加诉讼违反了《民事诉讼法》第五十六条的规定，剥夺了有独立请求权的第三人参加诉讼的权利，是错误的，应当予以纠正。本院指定广东省高级人民法院再审本案，追加苏里陆村作为本案有独立请求权的第三人参加诉讼，如调解不成，应当发回一审遂溪县人民法院重审。"尊重并维护当事人的诉讼权利实际上是司法的一条底线，最高人民法院在该裁定中毫不含糊的态度充分说明了这一点。

二、无独立请求权的第三人

（一）法律规定

根据《民事诉讼法》第59条的规定，无独立请求权的第三人是指虽然对当事人双方诉讼标的没有独立请求权，但案件处理结果同他有法律上的利害关系。"法律上的利害关系"指的是判决认定的事实或结果

① 张娜、杨国香：《有独立请求权第三人的诉讼权利保护》，载《人民司法》2015年第8期。

将直接或间接地影响第三人的民事权益或法律地位。[①]

与有独立请求权的第三人只能通过主动申请加入案件不同，无独立请求权的第三人的加入方式可以是自行申请，也可以是由法院通知，即无独立请求权的第三人可由法院依职权追加。相应地，无独立请求权的第三人在一审程序中或二审程序中，都可以作为第三人加入。

（二）观点分析

通常情况下，有限合伙人要求以无独立请求权的第三人身份加入与合伙企业有关的诉讼案件，可能面临的反对观点包括：①法官无须有限合伙人的加入即可自行查明事实，作出裁判；②合伙企业与其有限合伙人在法律上是两个独立的主体，以合伙企业为当事人的案件结果与有限合伙人并无法律上的利害关系，而有限合伙人对执行事务合伙人处理对外事务的异议，属于合伙企业内部法律关系，应由有限合伙人另案向有过错的合伙人请求赔偿。其中，第二个反对观点与公司法中的法人独立原则相似，实践中也存在公司股东不得作为无独立请求权的第三人参与公司作为当事人案件的情况。

以公司对外提供担保为例，根据《中华人民共和国公司法》（以下简称《公司法》）第 16 条[②]的规定，公司提供担保应有股东（大）会或董事会的合法有效决议。《全国法院民商事审判工作会议纪要》（法〔2019〕254 号）第 17 条对《公司法》第 16 条有进一步的阐述："为防止法定代表人随意代表公司为他人提供担保给公司造成损失，损害中小股东利益，《公司法》第十六条对法定代表人的代表权进行了限制。根

---

① 参见《最高人民法院民事诉讼法司法解释理解与适用》（上），人民法院出版社 2022 年版，第 286 页。

② 《公司法》第 16 条规定："公司向其他企业投资或者为他人提供担保，依照公司章程的规定，由董事会或者股东会、股东大会决议；公司章程对投资或者担保的总额及单项投资或者担保的数额有限额规定的，不得超过规定的限额。公司为公司股东或者实际控制人提供担保的，必须经股东会或者股东大会决议。前款规定的股东或者受前款规定的实际控制人支配的股东，不得参加前款规定事项的表决。该项表决由出席会议的其他股东所持表决权的过半数通过。"

据该条规定，担保行为不是法定代表人所能单独决定的事项，而必须以公司股东（大）会、董事会等公司机关的决议作为授权的基础和来源。法定代表人未经授权擅自为他人提供担保的，构成越权代表，人民法院应当根据《合同法》第五十条[①]关于法定代表人越权代表的规定，区分订立合同时债权人是否善意分别认定合同效力：债权人善意的，合同有效；反之，合同无效。”

因此，在涉及公司对外提供担保的诉讼中，法院可以依据《公司法》第16条、《合伙企业法》第31条第5项[②]和《全国法院民商事审判工作会议纪要》第14条[③]及第17条[④]进行审查，判断担保的效力，法院无须追加公司股东作为无独立请求权的第三人。如未参与决策的股东认为公司其他股东、高级管理人员的行为违反《公司法》的规定或公司章程的约定，损害其合法权益，则该股东和公司其他股东、高级管理人员之间的纠纷属于另一法律关系，该股东可以考虑依据《公司法》

---

① 《中华人民共和国合同法》第50条规定：“法人或者其他组织的法定代表人、负责人超越权限订立的合同，除相对人知道或者应当知道其超越权限的以外，该代表行为有效。”《中华人民共和国合同法》被《中华人民共和国民法典》（2020年5月28日发布；2021年1月1日实施）废止，《中华人民共和国民法典》第504条规定：“法人的法定代表人或者非法人组织的负责人超越权限订立的合同，除相对人知道或者应当知道其超越权限外，该代表行为有效，订立的合同对法人或者非法人组织发生效力。”

② 《合伙企业法》第31条第5项：“除合伙协议另有约定外，合伙企业的下列事项应当经全体合伙人一致同意：（五）以合伙企业名义为他人提供担保。”

③ 《全国法院民商事审判工作会议纪要》第14条规定：“【怠于履行清算义务的认定】公司法司法解释（二）第18条第2款规定的‘怠于履行义务’，是指有限责任公司的股东在法定清算事由出现后，在能够履行清算义务的情况下，故意拖延、拒绝履行清算义务，或者因过失导致无法进行清算的消极行为。股东举证证明其已经为履行清算义务采取了积极措施，或者小股东举证证明其既不是公司董事会或者监事会成员，也没有选派人员担任该机关成员，且从未参与公司经营管理，以不构成‘怠于履行义务’为由，主张其不应当对公司债务承担连带清偿责任的，人民法院依法予以支持。”

④ 《全国法院民商事审判工作会议纪要》第17条规定：“【违反《公司法》第16条构成越权代表】为防止法定代表人随意代表公司为他人提供担保给公司造成损失，损害中小股东利益，《公司法》第16条对法定代表人的代表权进行了限制。根据该条规定，担保行为不是法定代表人所能单独决定的事项，而必须以公司股东（大）会、董事会等公司机关的决议作为授权的基础和来源。法定代表人未经授权擅自为他人提供担保的，构成越权代表，人民法院应当根据《合同法》第50条关于法定代表人越权代表的规定，区分订立合同时债权人是否善意分别认定合同效力：债权人善意的，合同有效；反之，合同无效。”

第20条[①]、第21条[②]等规定另行起诉。

但也有司法实践认可未参与决策的股东对于公司对外提供担保的案件存在法律上的利害关系，比如最高人民法院（2019）最高法民申4851号案件。该案的其中一个争议焦点为，对于明豪公司为股东崔某某的债务向债权人牟某某提供连带担保的案件，需考虑明豪公司的另一股东润佳投资中心与该案的处理结果是否具有法律上的利害关系。法院认为润佳投资中心具有法律上的利害关系，因为“明豪公司为股东的债务提供连带担保并不是普通的对外经营活动，公司为股东进行担保必须经过股东会的同意，即需要得到另外唯一股东润佳投资中心的认可。而崔某某未经润佳投资中心同意即决定由明豪公司为其债务进行担保，明显侵害了润佳投资中心的股东权益，对后续股东是否需要为公司债务承担责任亦有直接影响”。该案需要注意的一个重要背景因素是，原审法院仅依据明豪公司庭前发来的书面意见即判决担保有效，未审查是否存在股东会决议以及其他股东是否知情，未对担保效力进行实质审查，明显有违《公司法》第16条关于公司为股东提供担保必须经过股东会同意的规定，润佳投资中心作为股东的权益没有依法受到保护。

另外一种情况是，如果生效判决作出后有可能导致案外人被追加为被执行人，则该案外人与案件处理结果的利害关系更为明显。在这种情况下，案外人更容易被追加为第三人。例如，在天津市高级人民法院（2015）津高民四终字第100号民事裁定书中，法院认为神成液化气公司是另案追偿权纠纷中应当承担义务的被告，美克公司是神成液化气公司的股东，如神成液化气公司履行另案判决，将影响美克公司的民事权

① 《公司法》第20条规定：“公司股东应当遵守法律、行政法规和公司章程，依法行使股东权利，不得滥用股东权利损害公司或者其他股东的利益；不得滥用公司法人独立地位和股东有限责任损害公司债权人的利益。公司股东滥用股东权利给公司或者其他股东造成损失的，应当依法承担赔偿责任。公司股东滥用公司法人独立地位和股东有限责任，逃避债务，严重损害公司债权人利益的，应当对公司债务承担连带责任。”

② 《公司法》第21条规定：“公司的控股股东、实际控制人、董事、监事、高级管理人员不得利用其关联关系损害公司利益。违反前款规定，给公司造成损失的，应当承担赔偿责任。”

益。根据《最高人民法院关于民事执行中变更、追加当事人若干问题的规定》第 17 条的规定，到期未足额出资的美克公司有可能被追加为被执行人，因此美克公司与另案处理结果具有法律上的利害关系，可以作为无独立请求权的第三人加入该案。

但需要注意的是，如果作为案外人的公司股东仅以其未足额缴纳出资可能被追加为被执行人为由，进而主张其与案件处理结果有法律上的利害关系，目前的司法实践尚无充分的法律依据。因为，上述规定关于追加案外人为被执行人的司法解释被限定在“民事执行”阶段，而不是案件审理阶段。当然，如果在案件审理阶段就需要解决同类问题，是否可以参照上述规定，这需要司法实践的进一步探索。具体到上述（2015）津高民四终字第 100 号案中，一个重要的背景因素是另案的原被告神成房地产公司和神成液化气公司系关联企业，有可能合谋损害美克公司的合法权益，法院认定美克公司属于无独立请求权的第三人，使其加入案件可以降低公司与其关联方恶意串通损害公司股东利益的可能性。[①] 本文认为，该裁定的思路无疑是值得赞赏的。

概括来说，有限合伙人是否可以作为无独立请求权的第三人加入合伙企业为当事人的诉讼中，实践中做法不一。我们倾向于认为：如果有限合伙人只是单纯以其作为合伙企业的合伙人为由要求加入诉讼，则该理由并不充分；相应地，如果有限合伙人能够证明案件处理结果可能影响其实际权益，同时相关当事人之间的交易行为的合法性存在问题、涉嫌恶意串通损害第三方合法权益、涉嫌虚假诉讼等情况的，则有限合伙人作为无独立请求权的第三人加入诉讼的可能性将会大大增加。同时，从司法实践角度来看，在我们经办的案件中，法院基于查明案件事实的审慎考虑，也倾向于给案外人陈述事实及意见的机会。

三、实务建议

总体而言，如有限合伙人能够以第三人身份加入诉讼，则可以有效

① 王某某与上海弘源龙物流有限公司、上海邦耐国际贸易有限公司撤销之诉上诉案，上海市第二中级人民法院民事裁定书，（2021）沪 02 民终 495 号。

地维护自身的合法权益。因此，有限合伙人还是应当尽量争取加入诉讼。司法实践对于诉讼标的的理解存在一定的争议，这确实增加了当事人作为有独立请求权的第三人加入诉讼的难度。为此，从实务角度来看，我们建议有限合伙人可以从以下几个方面进行准备：

第一，有限合伙人如果确有证据能够证明涉及合伙企业的诉讼案件中，合伙企业及案件其他当事人存在消极应诉及抗辩、省略重大背景事实、遗漏明显法律抗辩观点等情形，涉嫌恶意串通侵害案外人合法权益或虚假诉讼的，有限合伙人应当尽量争取以有独立请求权的第三人身份加入诉讼，要求法院对于基础交易关系的合法性进行审查。

第二，考虑到以有独立请求权的第三人身份加入诉讼在司法实践中的难度，有限合伙人也可以同时考虑提出以无独立请求权的第三人身份加入诉讼，但需要说清楚与案件处理结果之间的利害关系。

第三，如果法院对于以第三人身份加入案件的申请持谨慎的态度，有限合伙人还是应当向法院进行充分的举证说明，或可争取以证人身份参与庭审，陈述案情。实践中，法院基于审慎考虑，在尚未确定是否允许案外人以第三人身份加入案件之前，允许以证人主动提供证明的方式参与庭审，从另一个角度来陈述案情，帮助人民法院查明案件事实，此类情况也是屡见不鲜的。

第四，如果有限合伙人穷尽所有手段，最终仍未能加入诉讼或是无法阻止判决作出，则需要考虑择机提起第三人撤销之诉或另案起诉。

（本文仅代表作者个人观点。特约编辑：陈金凤）

从 B 站被判帮助侵权看 ISP 的侵权注意义务

张泽吾[*]　黄苑辉[**]

因用户在 bilibili 网站（又称 B 站）上传电影《我不是药神》的纯音频，作为 B 站运营方的上海宽娱数码科技有限公司被北京互联网法院一审认定为构成帮助侵权。法院认为上海宽娱数码科技有限公司构成帮助侵权的理由是其“应当知晓网络用户利用其网络服务侵害优酷信息技术（北京）有限公司信息网络传播权的行为”。由此引起行业对互联网服务提供商（又称 ISP）在网络侵权事件中的侵权注意义务问题的讨论。谈及 ISP 的侵权注意义务问题，就不得不先了解“避风港原则”和“红旗原则”，唯有全面分析和深入把握这两个原则，才能进一步探讨 ISP 规避“被判帮助侵权”的法律风险。

一、避风港原则和红旗原则

（一）避风港原则

避风港原则，最早源于美国 1998 年《千年数字版权法》（Digital Millennium Copyright Act，即 DMCA 法案），规定 ISP 如果只是为互联网用户提供搜索和链接服务，并且不干涉作品内容的传播信息和传播对象时，在接到权利人的侵权通知时及时断开侵权链接或删除侵权内容，则不需要承担赔偿责任；如果权利人没有通知其所传播的内容构成侵

* 北京市炜衡（广州）律师事务所高级合伙人，西南政法大学法学博士。

** 北京市炜衡（广州）律师事务所律师，华南理工大学知识产权硕士。

权，该 ISP 不用承担侵权责任。[①]

避风港原则随后被各国普遍接受，我国《信息网络传播权保护条例》（以下简称《条例》）的第 23 条便是对该原则的吸收立法。“避风港原则”不能简单地理解为“通知删除规则”，即 ISP 接到侵权通知后及时断开链接或删除侵权内容并不当然地免除赔偿责任。综合第 23 条[②]可知，“通知删除规则”只是适用“避风港原则”的要件之一，除此之外，“避风港原则”的适用还须满足另外两个要件：第一，该平台为 ISP，即提供搜索或链接服务而不提供内容；第二，该 ISP 主观上对侵权内容应不存在“明知或者应知”的情形。实践中对后两个要件的忽视导致避风港原则呈现滥用趋势，广受业内人士诟病。

（二）红旗原则

红旗原则，又被称为红旗标准，是法律对避风港原则被滥用、不利于著作权保护和网络版权产业发展的回应。红旗原则同样来源于 DMCA 法案，指如果著作权侵权事实是显而易见的，则 ISP 就应该主动制止该侵权行为，而不能以不知情为由逃避侵权责任。[③] 我国《条例》第 23 条规定的“明知或者应知所链接的作品、表演、录音录像制品侵权的，应当承担共同侵权责任”这一内容即为对红旗原则的吸收。

2013 年 1 月 1 日施行、2020 年 12 月 23 日修正的《最高人民法院关于审理侵害信息网络传播权民事纠纷案件适用法律若干问题的规定》（以下简称《规定》）对红旗原则进行了更为具体的规定：第 7 条规定了如果 ISP 明知或者应知网络用户利用网络服务侵害信息网络传播权而

---

① See Capitol Records，LLC v. Vimeo，LLC.

② 《信息网络传播权保护条例》第 23 条：“网络服务提供者为服务对象提供搜索或者链接服务，在接到权利人的通知书后，根据本条例规定断开与侵权的作品、表演、录音录像制品的链接的，不承担赔偿责任；但是，明知或者应知所链接的作品、表演、录音录像制品侵权的，应当承担共同侵权责任。”

③ 林承铎、安妮塔：《数字版权语境下避风港规则与红旗原则的适用》，载《电子知识产权》2016 年第 7 期。

没有采取必要措施的，构成帮助侵权行为，应当承担侵权责任；第 8 条明确规定了法院应当根据 ISP 主观上是否具有“明知或者应知”的过错来确定其是否应承担侵权责任。可见，适用避风港原则还是红旗标准，关键就在于区分 ISP 主观上是否具有过错；在适用次序上，红旗标准作为避风港原则的例外规定，应当优先于后者得到适用。亦即，只有 ISP 不知道并且不应当知道侵权内容从而排除红旗标准的适用时，ISP 才得以受避风港原则的保护。

二、ISP 的侵权注意义务

ISP 主观上是否具有“应知”的过错，决定其能否援引避风港原则的保护。如果 ISP 负有的注意义务越高，则其对侵权事实的发生构成“应知”之主观过错的可能性越大。影响 ISP 侵权注意义务的因素可以分为作品和平台两方面。

（一）作品因素

结合《条例》《规定》和我国的司法实践可知，作品的显著性越高，则 ISP 的侵权注意义务越高。从作品类型来看，热播影视作品、热门体育赛事、游戏赛事等蕴含较高的商业价值，权利人允许他人在热映阶段将相关作品上传至网络并供网络用户免费获取的可能性较低，对于这一类作品，ISP 负有较高的侵权注意义务，应当主动采取防止侵权发生的措施。

从作品知名度来看，商业宣传投入较大的、播放量或下载量较大的，应视为具有较高的知名度。此外，国家版权局每次公布的《重点作品版权保护预警名单》中列举的作品，或者权利人针对 ISP 发出过侵权预警通知的作品，应被视为具有较高的知名度。对于这一类作品，ISP 负有较高的侵权注意义务。

从侵权的明显程度来看，对于网络用户上传影视作品或影视作品片段供其他用户免费获取或下载、涉嫌侵权的网络用户再次传播相同作品、权利人对同一作品进行过多次侵权投诉等情形，可以构成侵权。因此，权利人的多次侵权投诉行为以及网络用户的重复侵权都意味着侵权事实的明显，会加大 ISP 的侵权注意义务。

（二）平台因素

《规定》第 9 条第 1 项，是关于 ISP 的服务性质和方式对其侵权注意义务的影响。一般而言，ISP 面对的用户群体越多、作品体量越大、作品的即时性越强，鉴于 ISP 预防侵权的审查难度，其侵权注意义务越低。但这并不意味着 ISP 在前述情形下一律不需要采取主动的事前审查措施，因为《规定》第 9 条第 1 项同时还强调“引发侵权的可能性大小”也是影响侵权注意义务的因素之一，第 4 项还要求 ISP 采取合理的预防侵权的措施。因此，对于专门或主要传播由用户个人上传的影视作品或影视作品剪辑类视频的 ISP 而言，因为这一类视频引发的侵权可能性较大，侵权事实较为明显，ISP 的侵权注意义务也相应会提高。①

另外，ISP 在信息网络传播过程中的中立程度也会影响其侵权注意义务的高低：ISP 对其平台上作品的传播介入越少，则越处于中立地位，侵权注意义务越低。ISP 的介入又可分为对作品和对上传者两个方面：对作品而言，导致 ISP 的侵权注意义务升高的介入行为主要有主动对作品进行选择、编辑、修改、推荐等，如主动选择其平台上的作品制作专题、榜单，或者编辑视频的清晰度、在首页进行推荐等；对上传者的介入表现为以言语、推介技术支持、奖励积分等方式诱导或鼓励网络用户上传作品，这类鼓励、诱导行为会使 ISP 丧失部分中立性，相应地要负有较高的侵权注意义务。如果 ISP 直接诱导网络用户上传侵犯他人著作权的作品则直接构成教唆侵权。

三、ISP 侵权风险规避

在国家强化网络版权保护的背景下，避风港原则将被进一步修正，

---

① 王子涵：《用户上传内容网站避风港原则的适用困境》，载《法制与经济》2018 年第 11 期。

红旗原则也会得到更多的重视，ISP 承担的侵权责任也会更为严格。相较于侵权事实发生后陷入侵权诉讼中，ISP 主动规避侵权风险可以有效避免诉累，在时间成本和经济成本上都更加有利。下面从事前规避和事后规避两方面提出建议：

（一）事前风险规避

首先，ISP 应当积极采取预防侵权的合理措施，包括提醒义务和投诉便捷通道。在网络用户上传作品时尽到提醒义务，即采用合理的提醒方式，如以《网络服务提供协议》等提醒网络用户尊重他人的知识产权并告知其侵犯他人知识产权的法律责任。设置便捷的侵权投诉通道，则指 ISP 应当在其平台上为权利人提供侵权投诉的指引和通道等知识产权保护机制，方便权利人通知平台及时删除侵权内容或者断开侵权链接。

其次，根据红旗原则，当侵权事实明显时，ISP 就负有“应知”的侵权注意义务，相应地，ISP 对这一类作品应当采取预防侵权的技术措施，其中具有普遍适用性的做法是设置屏蔽词，即针对权利人预警的作品及国家版权局预警的作品的名称设置屏蔽词，一方面避免网络用户上传标题带有相关作品名称字眼的内容；另一方面能有效阻止公众通过搜索获得侵权内容，从而有效防止侵权内容的传播。

最后，通过前文分析可知，ISP 承担的侵权注意义务并不是一成不变的，平台自身的介入行为会直接影响其侵权注意义务的高低。因此，平台应当尽可能地避免介入作品的上传和传播，如鼓励或诱导网络用户上传作品，或对作品进行任何形式的推荐。如果平台实施了上述介入行为，则应当对相关作品进行审查，主动删除涉嫌侵权的内容。

（二）事后风险规避

当 ISP 的平台上发生侵权事实时，根据 ISP 侵权注意义务的不同应采取的措施也有所不同。

一般情况下，ISP 已经尽到事前管理责任仍难以避免侵权事实的发生时，根据《条例》的规定，可以适用避风港原则规避法律风险。亦即，当ISP被权利人告知其服务所涉及的内容侵犯了他人的著作权之后，应当及时采取删除侵权内容或者断开侵权链接的措施，并且及时将接到的侵权通知转送给提供相关内容的服务对象，如果服务对象进行了反通知，则ISP应当将反通知转送给权利人并恢复原内容。在这一“通知—删除—反通知—恢复”的过程中，ISP应当作为一个诚信善意的中立方，一方面应该对双方发出的通知及相关证据材料进行初步审查，避免因为通知错误而错误删除或者错误恢复；另一方面不得偏袒自己的服务对象，加重权利人的举证责任或者拖延履行删除义务。

当侵权事实明显时，ISP负有“应知”的侵权注意义务，此时应当适用红旗原则主动采取相应措施停止侵权。主要有两种情况：一是涉及热播影视作品、热门体育赛事或网络游戏竞技，由于这一类作品蕴含极高的商业价值，相关权利人通常投入巨额成本进行宣传和侵权预警，ISP对此类作品内容应当积极主动地采取停止侵权的措施；二是当权利人对同一作品反复多次地发出侵权通知时，或者同一服务对象重复实施侵权行为时，侵权事实已经达到明显的程度，ISP的侵权注意义务也相应提高，也应当主动删除侵权内容或断开侵权链接，并且还应当主动采取预防侵权的其他措施。

四、结　语

2021年1月1日施行的《民法典》中的第1197条①正体现了红旗原则。在国家强化网络版权保护的政策背景下，ISP的侵权注意义务将趋于严格化，红旗原则比避风港原则更应引起企业的重视。基于上述分析，作为ISP的企业在提供互联网服务的过程中，应综合考量作品的知名度、ISP的服务性质、自身的介入行为和权利人的侵权投诉行为等因素确定侵权事实的明显程度，从而把握ISP的侵权注意义务之高低，并

---

① 《民法典》第1197条规定：“网络服务提供者知道或者应当知道网络用户利用其网络服务侵害他人民事权益，未采取必要措施的，与该网络用户承担连带责任。”

及时地采取合理措施，由此才能有效规避“被判连带侵权”的法律风险。

（本文仅代表作者个人观点。特约编辑：姬德华）

诉讼法律文书写作的最低限度

杨斌成*

语言、文字的目的是传递信息，诉讼法律文书亦不例外。但相比其他类型的文书，精准、高效地向受众传递信息是每一份诉讼法律文书的目标。在这样的主旨下，诉讼律师需要撰写的诉讼法律文书又具有完全不同的特点和要求，那么究竟如何达到诉讼法律文书写作“精准、高效”的要求呢?

一、诉讼法律文书写作的最低限度

诉讼是一种特殊的法律活动，律师需要通过法律文书与法官、当事人、对手进行充分的交流、对抗。如何精准、高效地表达观点，往往决定了法律文书的意见能否被法官采纳，从而对诉讼结果产生重大影响。因此，笔者认为，“精准”“高效”的表达，是诉讼法律文书的基本要求，也是它的最低限度。

第一，精准表达。一份诉讼法律文书能否准确地表达观点，不仅需要代理律师具备相应的专业知识，在撰写文书时充分展示其专业素养，注意法律论证的逻辑与法律语言的运用，而且要求代理律师充分掌握诉讼不同阶段的特点，根据不同的受众情况，针对不同的法律问题，有针对性地用法律文书来达到有效说服的目的。因此，“精准表达”是指因时、因事、因人而选用不同的表达方式，法律逻辑及法律语言应有一定

* 广东晟典律师事务所律师，高级合伙人。

的针对性。

第二，高效表达。诉讼法律文书的表达不仅要求精准，而且要求高效。诉讼是一种特殊的法律活动，法官往往难以像律师一样花费充裕的时间和精力在单一案件上。因此，理想的诉讼文书应当在最短时间内，直击受众内心，使其接受文书的观点。因此，如何减轻受众的阅读负担，简明地亮出观点，清晰地论证观点就显得尤为重要。总之，“高效表达”是指以最精简的语言，最清晰的逻辑论证，及最易让受众接受的方式表达观点。

二、诉讼法律文书精准表达的思维方式

诉讼法律活动有其独特的规律，诉讼法律文书的精准表达需要符合诉讼活动的规律。笔者认为，撰写诉讼法律文书除必备的专业思维以外，还应具备全局思维、受众思维、语境思维。

（一）全局思维

诉讼作为一项整体法律活动，从证据收集，起诉立案到开庭审理，庭后补充意见，再到法院出具裁判文书，不同的诉讼法律文书穿插其中，共同完成诉讼目标。在诉讼的不同阶段，法律文书具有不同的功能和意义，每一份法律文书又需要综合起来为诉讼整体服务。在这样的认知下，代理律师不仅需要利用专业知识写好每一份诉讼法律文书，更需要具备全局性思维，清楚诉讼不同阶段，不同的法律文书如何为诉讼整体服务。

在诉讼整体活动中，法官对于案件的认知是逐步推进的。原告代理律师通常需要准备起诉状、起诉证据、举证意见、庭审提纲、代理意见、法律检索报告；而被告代理律师亦需要准备答辩状、答辩证据、质证意见、庭审提纲、代理意见、法律检索报告等法律文书。这些文书在诉讼的不同阶段具有不同的意义和价值。起诉状作为法官可能阅读的案件第一份法律文件，不可能完整地展现案件事实和法律适用的每一个细节，而仅应展现案件的整体事实图景及重要的法律问题，以帮助法官在

阅读起诉状后在最短时间内对案件建立全局性的认知。与之相对应，答辩状亦应是对原告主张有针对性的、提纲挈领式的反驳，而不应是细致入微、毫无重点的回怼。

如果起诉状、答辩状可以帮助法官建立案件整体认知；那么举证意见、质证意见则会帮助法官重新从细节层面刷新认知，并帮助总结争议焦点；代理意见、法律检索报告等则可最后帮助法官在庭审后深入案件的每一个细节和法律适用。因此，某一诉讼法律文书作为诉讼整体活动中的一部分，天然就存在整体与部分的辩证关系。代理律师只有更加充分地认识诉讼整体规律，把握好每一份法律文书作为个体在诉讼整体活动中的地位和作用，具备全局性的思维，才能更好地实现诉讼法律文书的精准表达。

（二）受众思维

诉讼法律文书的精准表达还应注意区分受众对象。在诉讼活动中，需要代理律师撰写的法律文书纷繁复杂，法律文书的受众亦各有不同。不同受众的阅读习惯、工作方式，对案件认知的深入程度均不相同，因此就需要代理律师辨别不同的受众情况，灵活采用不同的表达方式以实现“精准表达”的目的。

比如，同一案件中，代理律师需要撰写法律文书供法官查明事实，亦需要给客户撰写工作汇报；同一案件的一审、二审或再审阶段，代理律师需要面对不同的法官；同一阶段中，代理律师还可能面临向主审法官、合议庭法官，甚至审委会成员提交诉讼法律文书。上述不同的受众，可能具备完全不同的立场、知识背景、工作习惯，对案件在不同阶段的了解程度以及深入程度均完全不同。据此，就需要代理律师对不同的受众进行区分，以最有利于受众消化、吸收的表达方式实现精准表达。

（三）语境思维

“语境”通常是指语言活动赖以进行的时间、场合、地点等因素，也包括表达、领会的前言后语和上下文。不同的语境会对语言的运用有限制或补充作用，从而导致受众对语言、文字的理解产生巨大差异。诉讼法律文书的撰写亦应注意不同语境对文书表达的影响。

譬如，代理意见通常是对庭审的内容有针对性地归纳、总结并系统地阐述观点。对何种问题需要详细论述，何种内容无须冗言，则需要代理律师视庭审表达情况决定。代理律师甚至需要敏锐地判断，庭审语境下对于某些问题法官是否可能存在误读，是否需要以代理意见形式纠偏；抑或庭审语境下，相关事实问题是否阐述清楚，其他事实问题是否容易让法官产生不同的自由心证，代理律师均需进行深度把控，进一步有针对性地撰写代理意见，从而实现精准表达。

三、诉讼法律文书高效表达的方式

除“精准”表达以外，笔者认为诉讼法律文书更应该做到“高效”表达。在诉讼活动中，法官整体精力有限，裁决单个案件所用的时间有限，代理律师需要抓住每一次与法官沟通的机会“高效”地阐述事实，表达观点。为此，诉讼法律文书应做到核心观点鲜明，逻辑结构清晰，表达简明扼要，以实现文书的“高效”表达。

（一）核心观点鲜明

任何一篇诉讼法律文书，及法律文书的任何一个部分、任何一个段落都有其核心观点及结论，对这些观点、结论进行充分论证，并高效地将观点传达给法官是诉讼法律文书存在的基本价值。一篇诉讼法律文书少则千余字，多则上万字，且需要阐述的观点可能存在多个，但通常法官阅读每一份法律文书的时间极为有限，因此任何一篇诉讼法律文书都需要考虑如何将文书中最精华的观点、结论部分进行呈现。

第一，诉讼法律文书应先做到有观点，并将观点提炼、阐述出来。

我们经常会看到一份诉讼法律文书洋洋洒洒几千字，但其中并未将观点、结论明确地阐述出来，反而需要受众阅读全文之后自行总结、归纳，这样的文书撰写方式很明显加重了受众的阅读负担。诉讼作为一项法律专业活动，法官并无任何义务帮助律师总结法律文书的观点、结论。没有观点、结论的诉讼法律文书往往让法官不知所云，弃若敝屣也不足为奇，而代理律师丧失了一次与法官通过法律文书进行沟通、交流的宝贵机会。

第二，诉讼法律文书应做到观点、结论先行。

诉讼法律文书一定要做到观点、结论先行，把最重要的观点、思想、信息和结论放在最前面，让读者第一时间知道作者究竟想要说什么，核心思想是什么。这一点与文学创作迥然不同，如小说的创作需要不断地制造悬念，从而让读者在阅读中得到惊喜，未知的因素越多，读者越能从未知的悬念中获得惊喜，也越能激发其将小说读下去的兴趣，因此，作家创作小说通常会把结果放在最后。但诉讼法律文书与小说创作有天壤之别，如果诉讼法律文书在表达中先进行大段的具体描述，再让受众边看边猜测法律文书的意图，这样极易引发风险。比如受众因为烦躁而不想继续读下去，或者受众猜测的结果与法律文书想要表达的结论大相径庭，可能受众在不断猜测的过程中会与文书发生内心对抗。事实上，诉讼作为一项专业的法律活动，其参与者无不希望法律文书直接、简洁、高效，以便迅速了解文书的观点和要点。因此，观点、结论先行是诉讼法律文书撰写作为一项职业活动的专业要求，一方面是减轻受众的阅读负担，另一方面有利于引导受众不断向作者期望的方向进行理解和思考。

第三，诉讼法律文书应将观点、结论贯穿文书始终。

一份诉讼法律文书通常可能存在多个第一层级的观点、结论，第一层级的观点、结论之下可能存在数个不同层级的观点、结论的组合，以对第一层级的观点、结论进行论证。因此，观点、结论应当先行并贯穿一份诉讼法律文书的每一章节、每一部分以及每一段落之中，使得每一章节、每一部分、每一段落的内容都为论证该章节、部分、段落的观点、结论而存在。

（二）逻辑结构清晰

通过一篇诉讼法律文书来了解代理律师的观点实际是一个复杂而艰

巨的任务。一篇法律文书即使再简单，也至少有数个段落，上百个句子。受众必须阅读、理解每一句话，并寻找句子与句子之间的联系，前后反复思考、总结，这无疑导致传达信息的效率低下。就此，如果诉讼法律文书重视逻辑结构的搭建，清晰展示法律文书的逻辑结构，免却受众自行理解、自我总结法律文书逻辑层次的过程，将能更为高效地向受众传达信息。

第一，诉讼法律文书应做到段落之间的逻辑结构清晰。

一份诉讼法律文书应由不同层级的大标题、小标题及对应的论证组成（如图1），经过结构化的梳理，法律文书中的各种信息以一定的逻辑规范进行整合，可以让受众对整份法律文书的主要观点一目了然，极大地减轻受众的阅读负担。在这样的架构之中，诉讼法律文书的各级标题之间应能互相呼应，并遵循如下逻辑规范：其一，每一个标题都应该是一个观点、结论，对该级别标题之下的论证内容起到统率作用。其二，一级标题之间应遵从一定的逻辑规范，共同为阐述整份法律文书的观点而存在。其三，每个一级标题之下的二级标题都应是论证一级标题结论的组成部分，二级标题相加应能得出一级标题的结论。

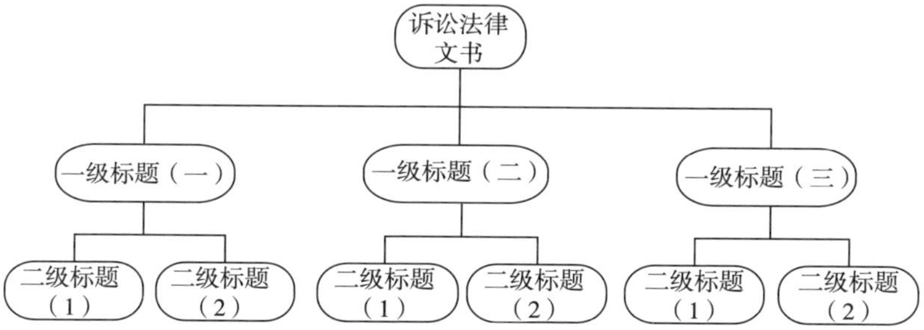

图1　诉讼文书标题规范

第二，诉讼法律文书应控制好逻辑结构的深度。

诉讼是一项复杂的法律事务，其专业性较强，需要一定的逻辑推理与论证，但诉讼法律文书写作并非学术论文，其写作逻辑结构不宜过深。学术论文为深入论证某个观点，通常内容较多，动辄数万字。为统率如此多的内容，学术论文经常动辄出现四级、五级标题，看起来结构谨然，但逻辑结构过深，并不适于诉讼法律文书的表达。其一，诉讼法律文书内容通常远不如学术论文多，并不需要过多层级的逻辑结构。其二，逻辑结构的层次过多，会极大增加受众的理解难度，容易造成读完前面，不知后面，或读完后面，忘记前面的尴尬局面。须知，受众多数倾向于满足整体的逻辑观感，过多的逻辑层次有损于这种观感需求的建立。其三，逻辑结构可以帮助受众理解整份诉讼法律文书的文义，但不宜层次过多，否则会给受众带来不必要的阅读负担。

综上，诉讼法律文书的表达需要平衡文书的逻辑表达层次与受众接受程度之间的张力，文书写作应尽可能地精简逻辑结构深度，逻辑结构层次不宜过多，以免增加受众的阅读负担。具体而言，笔者通常提倡每一份诉讼法律文书不宜超过三级标题，特殊情况下再予增加逻辑层级。

第三，诉讼法律文书应做到句子之间的逻辑结构清晰。

诉讼法律文书写作中，我们经常会发现一份诉讼法律文书的观点、结论清晰，但文书阐述的内容无法证明其观点、结论，论证过程及说理粗糙，这通常是句子之间的逻辑结构不够严谨、简洁所致。就此，需细致地分析句子结构，并加以改善。举例如下：

我们主张工程价款支付请求权与停工损失赔偿请求权应系相互独立的债权请求，应分别计算诉讼时效，并强调甲公司怠于行权，却能够向贵司主张停工、窝工损失本金及十几年的利息，结果显然不公，以说明原审法院无视贵司的时效抗辩，支持甲公司的主张存在错误。

将上述句子的内容进行拆解：设“我们”为（A），“主张”为（a），“工程价款支付请求权与停工损失赔偿请求权”为（a1），“应系相互独立的债权请求，应分别计算诉讼时效”为（a2），“强调”为（b），“甲公司怠于行权，却能够向贵司主张停工、窝工损失本金及十几年的利息”为（b1），“结果显然不公”为（b2）……“以说明原审法院无视贵司的时效抗辩”为c，“支持甲公司的主张存在错误”为（B），即上述句子的逻辑结构为 $A\{[a(a1\rightarrow a2)+b(b1\rightarrow b2)]\rightarrow c\}\rightarrow B$。

通过分析可以发现，上述句子逻辑结构中存在句子之中嵌套句子，因果关系之中嵌套因果关系的情况，仅单一句子中即存在四重因果关系。此外，a1 结构中还存在并列关系，b1 结构中还存在因果关系。受众在阅读上述句子时很难直接洞察主谓宾结构，并明晰句子的中心思想，反而需要花费极大的精力对句子逻辑结构进行梳理。句子结构不清晰，无疑将增加受众的阅读负担。

如果我们调整上述句子的逻辑结构，适当断句，将其主、谓、宾内容清晰地展示，则可产生完全不同的阅读效果。我们对句子进行修订：

我们从两个方面论证了原审法院无视贵司的时效抗辩，支持甲公司的主张存在错误（A）。其一（a），工程价款支付请求权与停工损失赔偿请求权应系相互独立的债权请求（a1），应分别计算诉讼时效（a2）。其二（b），甲公司怠于行权，却能够向贵司主张停工、窝工损失本金及十几年的利息（b1），结果显然不公（b2）。

修订后，上述句子的逻辑结构呈现为 A←［a（a1→a2）+b（b1→b2）］。该等逻辑结构下，原有的长句修订为三个短句，句子之中嵌套句子，因果关系中嵌套因果关系的情况得以改善，并列关系则辅之以“其一”“其二”的词语展示，方便受众直接理解句子的中心意思。

（三）表达简明扼要

诉讼法律文书的目的是向受众传达观点和信息，因而只有表达简明扼要，方可减轻受众的阅读负担，提高信息传达效率。汉语主要依靠各类词汇及语法结构传递观点和信息，因而，汉语语法在诉讼法律文书的表达中具有不同的意义。

第一，主、谓、宾是句子的主干，决定句子的核心意思，法律语言的表达应注重突出句子的主、谓、宾部分。

在汉语表达规则中，句子的中心意思主要由主、谓、宾结构决定，如句子主、谓、宾结构不明显、不突出，则受众无法在阅读时第一时间理解句子的整体含义，而需耗费时间和精力对句子语法结构重组。因此，诉讼法律文书写作首先应注意重点突出句子的主、谓、宾结构，尽量减轻受众的阅读负担。举例如下：

案涉《租赁经营合同》虽然名为“租赁”，实为“承包”，除约定案涉加油站的土地和建筑物外，出租方还需将加油站的经营权一并打包给承租人经营，与《民法典》中关于租赁合同的定义不同，不符合租赁合同的性质，存在不被认定为租赁合同的可能性。

上述句子的主旨意思应为“《租赁经营合同》存在不被认定为租赁合同的可能性”。但因句子中间插入了描述内容主旨的具体理由，将句子主、谓、宾部分分散在句子两头，受众很难一眼看清句子主旨意思，增加了受众的阅读负担。作如下修改：

《租赁经营合同》存在不被认定为租赁合同的可能。其一，租赁合同名为“租赁”，但实为“承包”；其二，租赁合同除约定案涉加油站的土地和建筑物外，还约定出租方需将加油站的经营权打包给承租人经营，这与《民法典》中关于租赁合同的定义不同，不符合租赁合同的性质。

如上，将句子主、谓、宾结构收拢后，辅之以并列句阐述原因，则句子中心主旨一目了然，可大大减轻受众的阅读负担。

第二，定、状、补是法律语言的修饰，修饰性语言通常会增加读者的阅读负担。

汉语表达中，定、状、补语主要起到修饰主、谓、宾语的作用，容易模糊句子中心意思。该等句子结构在使用时有时会起到为主、谓、宾定性、定量的作用，有时也仅起到纯粹的修饰作用。因此，在法律语言表达中应注意减少修饰性定、状、补语的使用。举例如下：

甲公司并未提供《工程施工合同》约定的监理方确认的包含停工窝工时间、具体损失的签证等证据，证明案涉工程确有发生停工、窝工，更无法证明停工窝工时间长达 14 个月。

该句子的主、谓、宾结构应为“甲公司（主语）并未证明（谓语）案涉工程确有发生停工、窝工，更无法证明停工窝工时间长达 14 个月（宾语）”。“提供《工程施工合同》约定的监理方确认的包含停工窝工时间、具体损失的签证等证据”应为句子的状语部分，该部分内容过长，直接冲淡了句子的中心主旨，使句子内容变得晦涩难懂。作如下修改：

《工程施工合同》约定，停工窝工时间、具体损失需有监理方确认的签证作为证据，但原审甲公司并未提供，不能证明存在停工、窝工，更不能证明案涉工程停工窝工时间长达 14 个月。

如上述修改，将句子中过长的状语部分提取出来，采用“转折”关联词，将句子的主干部分连接在一起，从而比较清晰地在转折关联词后展示句子的主旨。

第三，各类型从句的使用，会增加句子的逻辑结构层次，增加读者负担。

所谓从句，系用一个完整的句子来充当另一个句子的某个成分。因从句本身已经是一个完整的句子，将其嵌套进另一个句子中充当某个成分时会分散句子逻辑结构，模糊句子的重心，分散读者的注意力，增加读者的负担。因此，为避免上述情况，应多考虑将长句拆分为短句，尽量不用句子嵌套多个、多重从句的表达方式。

第四，各类型的关联词在法律语言表达中具有特定的意义，应注意选择使用。

首先，对于转折性关联词，比如“虽然……但是”“尽管……还是”“然而……”等，一方面，其意思表达的重点均落在转折词之后，即句子的真正含义隐藏在句子的后半段，受众无法在第一时间全面理解句子含义。另一方面，转折关联词起到标记句子重心的作用，如使用不当，可能无法完整表达句子含义。举例：《租赁经营合同》虽然名为“租赁”，实为“承包”，该句子中，就缺少了转折关联词“但是”，受众阅读起来就如坠云雾之中。

其次，对于因果性关联词，比如“因为……所以”“由于……因此”等，这类关联词出现在句子中时，通常代表句子的结论落脚在“所以”“因此”等关联词之后，如句子过长，甚至并列成为原因从句，则受众需要阅读一堆文字后，才能知晓结论，不符合“结论先行”的规范。

再次，对于假设性关联词，比如“如果……就”“即使……也”

“如果……那么”，这类关联词出现在句子中时，可以促使读者顺着语言的逻辑进行思考，但是在诉讼案件中，通常情况是事实已经给定，并不存在更多案情假设。尤其在给法官的法律文书中，代理律师应给出确定性的意见，不能随意假设案情。

最后，对于选择性关联词，比如“要么……要么”“或者……或者”“与其……不如”，这类关联词在使用时，实际就代表了作者对其表达的观点存在不确定性，如果仅以选择性关联词进行表述，则可能意味着作者对相关观点并无倾向性判断，从而易使读者误认为作者对其论述的观点缺乏自信。

（本文仅代表作者个人观点。特约编辑：吴晓斐）

虚拟偶像背后的著作权

葛　燕[*]　王　飞[**]

一、虚拟偶像的概念与分类

根据《2021年虚拟数字人深度产业报告》，虚拟数字人指存在于非物理世界中，由计算机图形学、图形渲染、动作捕捉、深度学习、语音合成等计算机手段创造及使用，并具有多重人类特征（外貌特征、人类表演能力、人类交互能力等）的综合产物。虚拟数字人的具体应用可分为服务型虚拟数字人和身份型虚拟数字人，虚拟偶像便是身份型数字人的典型代表之一。

按照不同的分类标准，虚拟偶像可以划分为多种类型，如按照生成技术可以分为完全虚拟人格的数字合成偶像、真人动作捕捉合成的虚拟偶像以及明星的虚拟化形象等；按照行业领域可以分为虚拟歌手、虚拟主播、虚拟KOL等；按照设计风格可以分为二次元虚拟偶像和高仿真虚拟偶像等。

为探究虚拟偶像背后的著作权，本文将从虚拟偶像所依托的版权内容进行类型区分。一是依托于拟人化的歌声合成软件形成的虚拟偶像（声音虚拟偶像），如基于VOCALOID歌声合成软件进行演唱的虚拟偶像“初音未来”“洛天依”等；二是由真人动作捕捉合成的虚拟偶像（动捕虚拟偶像），如乐华娱乐和字节跳动推出的虚拟偶像团体“A－

* 北京市中伦律师事务所律师，合伙人。
** 北京市中伦律师事务所资深律师。

SOUL”；三是完全虚拟人格的数字合成偶像（数字虚拟偶像），如魔珐科技与次世文化依托 3D 动画、AI 表演动画等技术打造的虚拟 KOL “翎_ LING”。

二、虚拟偶像外在表现的著作权

无论是声音虚拟偶像、动捕虚拟偶像，还是数字虚拟偶像，其外在表现的著作权均涉及对外展示的形象和对他人作品的表演。

1. 虚拟偶像形象中的著作权

虚拟偶像的形象设计包括手稿绘制、原画创作、3D 建模、动画渲染等流程，这些流程所形成的图形作品和美术作品是虚拟偶像形象的核心著作权。但在设计虚拟偶像形象时，应当避开在先创作的人物形象设计，包括整体造型、面部特征及其他具有独创性的元素；若是以现有人物形象为原型设计的，则应当获得有关主体的美术作品授权，并在授权协议中充分约定授权期限、授权权项、使用范围、使用方式等内容，特别是应当注意基于已有作品授权创作形成的形象权利归属以及未来衍生开发的收益分成约定。对于虚拟偶像制作方而言，委托他人进行形象设计创作的，除需明确约定成果的知识产权归属以及瑕疵担保责任外，对于未来围绕虚拟偶像开发手办、玩偶、数字藏品等周边衍生产品的约定，亦需特别注意转授权和使用合同项下成果进行新创作的约束。

除虚拟偶像形象设计过程中需避免侵犯在先权利外，该形象本身也拥有相应权利，虚拟偶像的形象可以单独作为美术作品进行保护。乐华娱乐曾因某款游戏中一款发型与虚拟偶像 A－SOUL 成员嘉然形象高度相似而被认为构成侵权，之后该款游戏立即停止侵权并公开道歉，不但下架该款发型，更是向游戏玩家收回已发放的侵权发型。在上海米哈游天命科技有限公司与广州伊秀网络科技有限公司侵害作品信息网络传播权纠纷案中，被告未经许可在其运营的手机游戏“妖姬录”的广告宣传中使用原告欲进一步开发成虚拟偶像的 Nova 的形象，广州互联网法院最终判定被告侵犯原告案涉美术作品的信息网络传播权。

2. 虚拟偶像表演他人作品时的著作权

新《著作权法》对广播权、录音制作者广播获酬权进行调整后，虚拟偶像演唱他人作品涉及的著作权需区分不同场景：通过直播表演清唱、自弹自唱，需要取得词曲广播权授权；通过直播表演唱歌但使用原唱伴奏，需要取得词曲广播权授权且需要向录音制作者支付报酬；通过现场演唱会表演并进行现场直播，需要取得词曲表演权、词曲广播权授权。鉴于新《著作权法》亦对录音制作者机械表演获酬权进行调整，若演唱会现场还播放音乐或使用原唱伴奏，需要向录音制作者支付报酬；针对直播演唱进行录制后通过互联网传播或直接发布翻唱歌曲的，需要取得词曲和录音制品信息网络传播权授权；针对词曲进行改编的，需要取得词曲改编权授权。同样，虚拟偶像翻跳他人舞蹈作品、表演他人视听作品、表演他人文字作品等也将涉及取得前述著作权授权。Y 公司虚拟艺人曾在直播时翻跳了网易游戏与知名舞者合作推出的游戏推广曲的舞蹈，二者不管是从舞蹈、配乐还是拍摄镜头都十分类似，因此网易游戏方发表声明认为其构成侵权，之后 Y 公司道歉并下架该视频。

三、虚拟偶像内在要素的著作权

数字虚拟偶像表演全部由数字技术生成，不会有真人参与，一般不会产生声音虚拟偶像、动捕虚拟偶像涉及的与“中之人”（原意为日本动漫人物的配音演员，现也用来指代虚拟偶像的动作捕捉演员）相关的著作权问题。而声音虚拟偶像、动捕虚拟偶像内在的著作权均涉及真人参与表演的内容，声音虚拟偶像是真人通过软件表演演唱，动捕虚拟偶像则是真人直接表演演唱、舞蹈、直播等。鉴于此，对于声音虚拟偶像、动捕虚拟偶像而言，内在的著作权权属与“中之人”关系是判断著作权归属的关键。

（一）声音虚拟偶像

1. 通过声音虚拟偶像创作作品的著作权归属

通过声音虚拟偶像软件创作的作品，一般根据创作主体不同可以分为用户生成内容（User Generated Content，UGC）、专业生成内容（Professionally Generated Content，PGC）和专业用户生成内容（Professional User Generated Content，PUGC）三类。其中，PGC是声音虚拟偶像软件版权方直接与专业内容创作者合作进行二次开发与运营形成的，一般合作之时即有较为明确的权属约定，著作权归属较为清晰。需讨论的是用户自行使用声音虚拟偶像软件独立创作的内容（UGC、PUGC）的著作权归属问题。

（1）基于声音虚拟偶像形象二次创作作品的著作权归属。

声音虚拟偶像软件之所以受到追捧不仅是因为其便捷的歌声合成功能，更为关键的是用户基于声音虚拟偶像的角色形象可以二次创作，产生优质的"同人"作品。用户使用角色形象创作出的新作品的著作权一般由软件版权方和用户共有，软件版权方通常会在用户协议中约定如何进行商业化使用以及一些权利限制。

如今，越来越多的声音虚拟偶像软件版权方会对UGC和PUGC采取开放性的知识共享模式，例如"初音未来"所属公司Crypton Future Media（Crypton）为解决"初音未来"二次创作产生的版权问题设立了一个创作分享网络平台piapro，piapro的角色授权协议约定，用户可以在不以营利为目的且未获得报酬的情况下免费使用角色进行二次创作，使用范围包括在社交媒体发布、免费展示或分发周边衍生品、参加角色扮演活动等。piapro对应的中国平台为poppro，由"初音未来"在中国的IP总代理上海新创华文化发展有限公司（上海新创华）运营，《poppro初音未来形象二次创作协议》约定，使用者可以对"初音未来"等电子歌手软件角色进行改变（剪切、截取等改动但未产生新作品）、改编（翻译、编曲，或是变形、着色、商品化、电影化等改变作品的表现形式或者用途产生新作品）或二次创作（根据改变作品、改编作品进行再次创作而产生新作品），并以复制、表演、上映、信息网络传播、展示等方式对外公布；改变作品的著作权仍归Crypton所有，改编作品、二次创作作品的著作权归改编作品、二次创作作品的作者、上海新创华及Crypton共有，任一方在对上述作品进行任何发布或用于其他商业化用途时，需取得其他方的书面同意。此外，使用者不得将代理公司在协议中许可的权利再许可给第三方。

（2）基于声音虚拟偶像软件创作音乐作品的著作权归属。

用户使用正版授权的声音虚拟偶像软件创作的音乐作品，原则上由用户享有著作权，但应遵守软件用户协议的相关规定。例如，“初音未来”软件的用户协议中约定，用户对使用软件合成音乐的商业性使用须得到 Crypton 的追加许可。此外，软件版权方一般还会在协议中规定用户无偿授权软件版权方以营利、宣传等目的在国内外非独占使用（复制、出版、发行、展示、出租、翻译、修改、影视化、商品化等）用户创作的作品；而用户使用软件创作时涉及侵害他人著作权，由此引发的相关法律纠纷由用户自行处理，软件版权方不承担责任等。

同时，用户需要注意声音虚拟偶像软件是否需要与其他软件配套使用，并取得相应授权。例如，“初音未来”是使用 Crypton 自主研发的 NT 歌声合成引擎和日本 Yamaha 公司 VOCALOID 引擎的声音库软件，必须配合声音编辑器使用。若用户以营利为目的使用该软件创作歌曲，除购买捆绑 Piapro Studio Standalone 编辑器的正版“初音未来”中文版软件外，还必须同时购买声音库软件与 VOCALOID 编辑器，否则将涉嫌侵害 Crypton 公司或 Yamaha 公司著作权。

2. 基于声音虚拟偶像软件表演的表演者权归属

首先应当明确的是，本文认为，虽然声音虚拟偶像的作品在对外展示时会以声音虚拟偶像的名字署名，但该署名只是表明声音虚拟偶像演唱者的身份，声音虚拟偶像本身并不能构成《著作权法》上的表演者，《著作权法》规定的表演者必须是“人”，包括自然人和法人，并不包括虚拟人物。

声音虚拟偶像的表演本质是声音虚拟偶像软件的歌声合成，其“表演”内容是软件进行“唱歌”。用户通过输入歌词、设置软件的音高、音调、音符间隔等参数，使用声音库软件与编辑器进行类似真人演唱效果的歌声创作。用户使用声音虚拟偶像软件创作的过程中，声音虚拟偶像表演的呈现方式是形成一个音乐作品。鉴于此，用户既是该音乐作品的作者，也是声音虚拟偶像软件背后真正的“表演者”。

用户作为音乐作品（词和曲）的作者，其通过声音虚拟偶像软件创作的作品可以被著作权涵盖，如表明身份的权利可以被署名权涵盖、保护表演形象不受歪曲的权利可以被保护作品完整权涵盖、其他财产性权利可以被著作财产权涵盖。但用户通过声音虚拟偶像软件对其音乐作品进行“表演”形成录音制品，是否就理所应当将表演者权归属于用户值得商榷。虽然用户是实际意义上利用声音虚拟偶像软件对作品进行“表演”的表演者，但脱离声音虚拟偶像软件，用户的“表演”也无从实现。由此，本文认为，认定用户和声音虚拟偶像软件权利人共同作为表演者更符合民法公平和诚实信用原则。例如，知名创作者 supercell 创作的热门歌曲“メルト”在专辑中会标注“メルト supercell feat. 初音未来”，可以理解为在表明歌曲表演者是用户和声音虚拟偶像软件权利人（此处“初音未来”是声音虚拟偶像软件权利人 Crypton 对外表明其表演者身份的一种形式，而非表明声音虚拟偶像“初音未来”是表演者）。但必须指出的是，约定优先原则仍应适用。若声音虚拟偶像软件用户协议就表演者权作出明确约定的，应当依约定而定。例如，虽然“初音未来”软件的用户协议未明确表演者权的归属，但明确约定对于基于软件形成作品的商业性使用须得到 Crypton 的追加许可。这意味着，用户通过“初音未来”软件“表演”音乐作品形成的录音制品，即使关于表演者权权属约定并不清晰，但对于表演者权利的商业性使用也必须得到 Crypton 的追加许可，而基于表演者权所取得的财产性收益亦应当向 Crypton 支付。当然，用户通过声音虚拟偶像软件对其音乐作品进行“表演”形成录音制品，录音制作权的归属同表演者权的情形类似，本文不再展开。

（二）动捕虚拟偶像

动捕虚拟偶像是虚拟偶像行业内占比较高的一类，其开发成本相较于数字虚拟偶像较低，真人演员的扮演使得动捕虚拟偶像更加接近真实偶像，而 VTmini 等虚拟主播软件的出现亦使动捕虚拟偶像被广泛应用。

“中之人”是动捕虚拟偶像外壳下真正的表演者，通过动作捕捉技术控制动捕虚拟偶像的身体动作、手势、表情、口型等，此外还会为动捕虚拟偶像提供人声配音。

1. 动捕虚拟偶像表演形成作品的著作权归属

“中之人”一般是受动捕虚拟偶像制作公司的雇用、聘请或委托，通过动捕虚拟偶像进行“表演”，其所表演的内容可能是新的创作，也可能是已有作品，表演过程将可能会形成音乐作品、舞蹈作品、视听作品等。实践中，动捕虚拟偶像制作公司与“中之人”的合同中一般会明确约定相应作品的著作权完全归属制作公司，甚至即使“中之人”是作品作者的，亦不允许“中之人”以作品作者身份使用真实姓名进行署名，无法实际享有作品的署名权。这样的规定使得动捕虚拟偶像表演形成作品的归属原则类似《著作权法》中规定的法人作品。

虚拟偶像作品和人工智能生成物有异曲同工之处，“中之人”为虚拟偶像的塑造提供数据素材，但最终作品表达的呈现离不开数字技术。在中国人工智能生成物第一案北京菲林律师事务所诉某网讯科技有限公司侵害作品著作权案中，法院认为 A 数据库自动生成的分析报告不属于作品，无论是 A 软件开发者还是使用者都不能以作者署名，但分析报告仍未进入公共领域，软件研发者（所有者）可通过收取软件使用费，使其投入获得回报，且缺乏传播成果的动力，故不应赋予其相应权益。软件使用者通过付费使用进行了投入，基于自身需求设置关键词并生成了相应内容，具有进一步使用、传播的动力和预期，因此软件使用者可以采用合理方式表明其享有相关权益。借鉴该案中法院促进创作物生成和传播的价值导向，虚拟偶像作品形成主要还是资本的力量，相应作品归属虚拟偶像制作公司也符合《著作权法》激励创作的目的。

2. 动捕虚拟偶像表演形成制品的表演者权归属

同为数字技术发展的产物，相较于人工智能生成物，虚拟偶像表演形成过程中“中之人”的贡献更大、“中之人”与虚拟偶像间的联系也更密切，“中之人”言语、肢体表达习惯乃至性格对虚拟偶像的塑造起着至关重要的作用。

在“中之人”行表演之实下，实践中并未予其以表演之名。类似迪士尼公司禁止其人偶演员在游客面前脱下玩偶服，动捕虚拟偶像行业较显著的特点就是，“中之人”不可对外宣示其是动捕虚拟偶像背后的真人身份，动捕虚拟偶像表演均是以动捕虚拟偶像名称对外展示。具有人格权属性因而不可转让、不可表明表演者身份以及保护表演形象不受歪曲的权利均通过合同约定由虚拟偶像制作公司行使，更枉论能够通过合同方式转移的应由表演者所享有的财产性权利。“中之人”作为实际意义上的表演者，仅能够通过与虚拟偶像制作公司签订的合同享有获酬权，“中之人”的议价能力也较低，因此相应报酬较难产生正向的激励效果。实践中所出现的问题也多是“中之人”在虚拟偶像运营一段时间后辞职跳槽导致前期大量资本投入的虚拟偶像无法继续营业。乐华娱乐打造的虚拟偶像 A – SOUL 组合在成员珈乐的“中之人”离职后，这一虚拟形象也随即进入直播休眠状态，之后“中之人”工作模式、“中之人”被“开盒”等一系列讨论接踵而来。此前 Activ8 所运营的虚拟偶像也因增加、替换“中之人”使得这一虚拟偶像迅速掉粉、人气暴跌。前述虚拟偶像塌房事件表明，粉丝能够感受到虚拟偶像背后“中之人”的存在且转粉原因除虚拟偶像靓丽的外表外更在于其有趣的灵魂。

综上所述，虚拟偶像背后的著作权可按照声音虚拟偶像、动捕虚拟偶像、数字虚拟偶像进行划分，根据其类型相应地约定著作权条款，从虚拟偶像表演成果的归属、使用、流转和权利瑕疵担保等方面，对虚拟偶像涉及的软件、用户、“中之人”进行权属和利益约定，实现虚拟偶像 IP 的长线运营，让虚拟偶像在元宇宙的舞台上迸发新活力。

（豪日娃、谭梦溪对本文亦有贡献）

（本文仅代表作者个人观点。特约编辑：谈芳丹）

因一则讣告引来的律师函

赵 果*

一、事件回顾

因一则讣告，微博用户“聂圣哲 2023”（以下简称聂 2023）收到了石家庄以岭药业股份有限公司（以下简称以岭药业）委托的律师发出的《律师函》。

事情起源于 2022 年 12 月 22 日。此日，聂 2023 在微博、微信朋友圈发布了一则《讣告》称“四川大学江苏校友会优秀校友王某同志因众所周知的重感冒于 2022 年 12 月 21 日 7 时零 7 分去世，终年 39 岁”。①

《讣告》中提到，“王某同志临终前，还坚持发朋友圈，晒连花清瘟胶囊”，“我们已经将王某去世前手里握着连花清瘟胶囊的图片发给了钟南山院士、吴以岭院士，感谢他们为川大校友的健康作出的卓越贡献”。

2023 年 1 月 6 日，聂 2023 发布微博称，自己因为上述内容收到了连花清瘟生产商以岭药业的《律师函》。②

以岭药业在《律师函》中提到，聂 2023“利用逝者的去世，用夹

---

* 作者笔名，北京指尖离合科技有限公司编辑。本篇文章首次于 2023 年 1 月 11 日在微信公众号“法度 Law”发表。

① 微博用户于 2022 年 12 月 22 日 19：43 在微博上发布。

② 微博用户于 2023 年 1 月 6 日 9：41 在微博上发布。

带私货的方式隐晦地用文字及图片把逝者与连花清瘟胶囊结合在一起，意图用逝者死亡贬损连花清瘟胶囊以及以岭药业，有意抹黑中医‘药学’”，“用讥讽挖苦的方式侵犯钟院士、吴院士的名誉”，“大量含有上述侵权言论的文章及对‘连花清瘟胶囊’的不实信息被广泛传播”。

以岭药业认为，聂2023的行为对以岭药业“造成了极其严重的后果”，“误导了不明真相的网民和消费者”，损害了以岭药业的“良好品牌形象”，降低了以岭药业的“社会评价”，贬损了以岭药业的“良好商誉”，给以岭药业“带来重大经济损失”，严重侵犯了以岭药业的“合法权益”，因此要求聂2023删除“相关侵权言论”、消除影响并公开赔礼道歉不少于90日。

有媒体报道显示，至于后续是否真的起诉聂2023，受委托律师表示“最终决定权取决于以岭药业”。①

公开资料显示，聂2023为长江平民教育基金会首任主席，中国陶行知研究会副会长，研究领域有化学与材料科学、住宅学与建筑学、文艺理论与文化传媒。

收到《律师函》后，聂2023称“该函对我的劝告、批评和要求，我有点不明白和不服”，并表示在微博征求意见，以此决定是否道歉。②

2023年1月10日，聂2023再发微博，分享了一份自己写给自己的《律师函》。③

二、自由言论若无侮辱诽谤便不可被认定名誉侵权

知名律师、北京市社会组织法律调解中心副理事长张新年认为，任何社会主体都没有免受质疑、批评的权力和权利。任何公民也都依法享有言论自由、意见表达与批评监督权利。《讣告》是否构成侵权，目前

---

① 《网友称逝者“手握连花清瘟”引争议，以岭药业委托律师对其发函》，来源于 https：//www. yinsfinance. com/article/346269. shtml，由银柿财经（yinsfinance. com）于2023年1月5日发表。

② 昵称为“聂2023”的微博用户于2023年1月6日9：41在微博上发布。

③ 昵称为“聂2023”的微博用户于2023年1月10日13：02在微博上发布。

未经司法认定，尚难明确。但以岭药业认为《讣告》作者构成侵权并出言不逊，且引发广泛传播，反倒有可能对聂2023构成名誉侵权。

张新年律师告诉“法度law”：结合《讣告》及《律师函》内容来看，所涉争议可分为“事实陈述”和“主观评论”两个方面，具体而言：

第一，“王某同志在临终前还坚持发朋友圈，晒连花清瘟胶囊”，“我们已经将王某去世前手里握着连花清瘟胶囊的图片发给了钟南山院士、吴以岭院士”这两段话所陈述的基本事实是否有捏造，有待法院查明相关事实。其中，值得注意的几个关键点是，王某是否去世，王某在临终前是否发朋友圈晒连花清瘟胶囊，有关人士是否已经将王某去世前手里握着连花清瘟胶囊的图片发给了钟南山院士、吴以岭院士？

第二，“感谢他们为川大校友的健康作出的卓越贡献”这一句话是否超越了正常的评论范围，是否构成侮辱、诽谤？个人认为，这一句话，用语本身没有使用任何偏激和侮辱性言辞，且可作出两种解读：

一是《讣告》作者认为，王某虽然去世了，但服用连花清瘟胶囊，延长了其生命。如果是这种情况，这相当于表扬连花清瘟胶囊，而据媒体此前报道，钟南山院士确有公开推荐连花清瘟胶囊，吴以岭院士则是连花清瘟胶囊药厂的负责人，因此，感谢他们为川大校友的健康作出的卓越贡献，并无不妥。

二是作者确有反讽之意。但是，反讽是否超越合理限度，是否构成侵权，尚待法院依法作出认定。

一般而言，任何人都可以就相关情况根据自己的认知发表自己的评价，这本身是没有问题的，这是我国《宪法》赋予公民言论自由的应有之义。同时要注意到，我国《民法典》《公司法》均有规定，营利法人从事经营活动，应当遵守商业道德，维护交易安全，接受政府和社会的监督，承担社会责任；公司从事经营活动，必须遵守法律、行政法规，遵守社会公德，诚实守信。以上是言论的基本规范。

除此之外，基于我国《消费者权益保护法》，消费者也享有相关批评权利，这种批评不仅可以是反讽，也可以是直接的批评。需要强调，根据《消费者权益保护法》第 6 条之规定："保护消费者的合法权益是全社会的共同责任。国家鼓励、支持一切组织和个人对损害消费者合法权益的行为进行社会监督。大众传播媒介应当做好维护消费者合法权益的宣传，对损害消费者合法权益的行为进行舆论监督。"①

第三，《讣告》是否构成侵权，目前未经司法认定，尚难明确，但公开流传的《律师函》信誓旦旦地认为《讣告》作者构成侵权并出言不逊，反倒有可能对聂 2023 构成名誉侵权。因此，若以岭药业起诉聂 2023 侵犯名誉权，那么聂 2023 可以反诉。

另外，为加大普法效果，维护公序良俗，关于连花清瘟胶囊和网络言论问题，有必要多谈几句：

新冠肺炎疫情三年，很多人都在服用连花清瘟胶囊，这是一个基本事实，同时连花清瘟胶囊受到推荐、吹捧或质疑，这也是一个基本事实。

基于连花清瘟胶囊被大量流通和使用，任何一个关注药品质量、资本市场、同胞身体健康和国家防疫大局的人，对其予以关注、评价，显然无可厚非，出现一些不同的声音，实属正常。同时，关注者的这份社会责任心应受法律保护。

政府和老百姓都需要兼听则明。任何企业、任何人都没有免受被关注和被评价的权利。一个显而易见的道理是，既然可以有人推荐吃连花清瘟胶囊，当然也可以有人反对这种推荐。不能因为有人推荐，被推荐方大赚特赚，其他人就只配乐观其成，而一旦有人反对，导致被反对方股票下跌，就以为反对者构成侵权。举个例子，人们基于各自的审美观，可以评价某明星长得好，当然也可以评价其长得丑，只要在主观层面上没有侮辱诽谤内容，在客观层面上没有捏造事实（如捏称眼歪鼻斜、缺牙断齿），即不在法律惩戒范围之内。

至于言论问题，还需要注意的是：

一方面，从社会实践和常识上看，人们的言论本身有很大的随意

① 《中华人民共和国消费者权益保护法》（2013 年修正）。

性，这是语言的天性，也是人的天然权利，有时信息的发布和传播者并没有判断与核实真伪的能力，如果苛求言论者发声时必须字字句句与事实没有丝毫偏差，长此以往，人们就会噤若寒蝉，社会势必一片死寂。而一个宽松的言论环境，实为正常人类社会所必需。也只有更多的参考消息，更大的言论空间，人们才可能获得更强的分析与辨别能力，而不至于被轻易误导。某种意义上看，更多的信息表达和流通，才是防谣止谣的良方。

另一方面，任何社会主体都没有免受质疑、批评的权力和权利。任何公民也都依法享有言论自由、意见表达与批评监督的权利。其实，言论自由并不是人们拥有只能讲真话的自由，在于一定程度上还拥有讲错话而不受追究的自由，否则无人敢讲话，因为谁也不能确保自己讲的话都是对的。批评监督也并不要求人们必须准确无误地进行批评和监督，否则无人敢批评监督，因为谁都不能确保自己的批评监督都是对的。只要没有侮辱诽谤、虚构事实、蓄意诬告，社会即应容忍，法律理当予以保护。

三、侵权责任应与损害后果相适应

北京市中策律师事务所的李律师持另一种观点，他认为，聂2023发布的《讣告》中提及连花清瘟胶囊是否涉及侵权事宜，要看聂2023的言论是否对以岭药业造成了实际损害，以岭药业应当就此承担举证责任。

李律师向“法度law”表示：首先，“讣告”本身是件严肃、悲伤的事，本不应与连花清瘟胶囊发生任何关联，但聂2023将校友重感冒离世与连花清瘟胶囊关联在一起，至少违背了以岭药业维护连花清瘟胶囊良好形象的初衷，对连花清瘟胶囊的品牌形象造成了一定程度的不良影响。

另外，连花清瘟胶囊销量的增减，本身应属于市场行为，如确实能药到病除，定能销量大增；但如用后并无效果，大家也定会改用其他药物。以岭药业难以证明聂2023的言论与连花清瘟胶囊销量减少之间存在直接因果关系，《律师函》中称聂2023的言论给以岭药业造成重大经济损失，这尚需进一步的证据来印证。

根据《民法典》第1165条[①]的规定，聂2023的行为有构成侵权的嫌疑，若的确构成侵权，那么以岭药业发出的《律师函》中要求聂2023删除相应言论，赔礼道歉等请求，属于《民法典》第179条[②]规定的合法诉求。

四、以岭药业的《律师函》未发挥正面公关作用

在北京市京师律师事务所合伙人、京师危机公关法律事务部主任李国清律师看来，以岭药业发出的《律师函》，主要是起到信息传递和预警的作用，没有更多的法律意义，相较于法律案件，此事像是一个危机公关事件。

李国清律师向“法度law”分析到：以岭药业因为连花清瘟胶囊对于治疗新型冠状病毒感染是否有效这一问题，遭到公众质疑，面对舆论危机，需要进行公关。微博用户聂2023因一篇《讣告》收到《律师函》警告，同样需要危机公关。那么从危机公关的角度来说，事件的双方处理得如何呢？我们可以借助危机公关的“5S”原则进行分析。

第一，承担责任原则。危机发生后，公众希望看到的是企业屈尊认错与积极改正的态度及行为。面对公众的质疑，以岭药业采取了发《律师函》的方式对发声者捂嘴，由此引起了更大的不满，这样粗暴傲慢的解决方式，无法得到公众的认可。

第二，真诚沟通原则。真诚沟通有“两要”和“两不要”。“两要”

---

① 《民法典》第1165条规定：“行为人因过错侵害他人民事权益造成损害的，应当承担侵权责任。依照法律规定推定行为人有过错，其不能证明自己没有过错的，应当承担侵权责任。”

② 《民法典》第179条规定：“承担民事责任的方式主要有：（一）停止侵害；（二）排除妨碍；（三）消除危险；（四）返还财产；（五）恢复原状；（六）修理、重作、更换；（七）继续履行；（八）赔偿损失；（九）支付违约金；（十）消除影响、恢复名誉；（十一）赔礼道歉。法律规定惩罚性赔偿的，依照其规定。本条规定的承担民事责任的方式，可以单独适用，也可以合并适用。”

是指要尊重公众的感受，要以同理心去重视利益相关方的诉求；“两不要”是指不要过度反应，不要过度承诺。

以岭药业没有做到这几点：其一，在疫情政策改变的初期，公众对连花清瘟胶囊非常信任，一度出现了抢购和倒卖的现象，以岭药业对此现象是否采取了积极的作为呢？对于连花清瘟是否做到了正确宣传呢？其二，在第一波感染高峰过去后，公众对此药的疗效有了更进一步的了解，不再奉此药为神药，面对质疑的声音，以岭药业是否给出明确的答复了呢？其三，本次事件中，一个生命消逝了，其亲朋怀着悲痛的心情发布了讣告，面对年仅39岁的生命，陌生人看了也会觉得惋惜，在社会上出现的言论并不过激的情况下，以岭药业用如此冰冷、傲慢的方式应对不同声音，无疑让公众对该企业更没有好感。

第三，速度第一原则。本次事件中双方的反应都是比较及时的，《律师函》的发出就说明了其反应的及时性。但是，如果该《律师函》并没有达到预期的良好效果，如消除公众误解等，反而产生了一些负面影响，那么也应及时作出回应。

第四，系统运行原则。目前来看，面对质疑，以岭药业的处理方式就是委托律师发函了事，过于简单粗暴。不同情况应该具体分析，对于确实损害了企业合法权益的行为，当然可以发函、起诉，没人会找你的麻烦，但是所有事情都使用一个处理方式，没有合作，没有后续处理，难免惹起众怒。

第五，权威证实原则。自己称赞自己是没有用的，没有权威的认可只会徒留笑柄，拿出真凭实据、请重量级的第三方在前台说话，才能使公众解除对企业的戒备心，重获信任。这在本次事件中是最为重要的。连花清瘟胶囊上市多年，一直是广大群众信赖的药品，药品不同于其他食品或生活用品，要比其他产品更能经得起考验，因为它面对的是患者。如今，单纯是专家的话越来越难获信任了，实验和数据才是最有说服力的。连花清瘟胶囊作为药品到底有没有效，有多少疗效，把实验结论和服用疗效数据由权威机构或政府公布出来，才能真正让公众信服。这些工作才是基础性的，空洞的辩论只能使公众陷入情绪的旋涡，存在的问题始终悬而未决。

最后，从危机公关的角度来说，以岭药业委托律师发的此封《律师函》，没有起到任何正面公关作用，反而给大家留下了该企业斤斤计较、店大欺客的印象。连个人发出的、没有明确控诉的博文都要发律师函追究责任，要求道歉90日，这未免太没有器量。相较而言，聂2023发布的博文“我给自己写了一份律师函”其中观点甚至更具有借鉴意义。从公开的某些司法案例来看，有的企业即使赢了判决，反而可能输了人心甚至导致股票大跌。此事件未进入司法程序，这对双方来说都未必是件坏事。很多诉讼其实并没有真正的赢家。如果相关企业或人员经过此次事件，能从中有所领悟，则不枉我们这些旁观者一番饶舌了。

（本文仅代表作者个人观点。特约编辑：姜珊）

一文看懂持票人如何行使电子商业承兑汇票的拒付追索权

宋玲玲[*]　张佳璇[**]

电子商业汇票，是指出票人依托电子商业汇票系统，以数据电文形式制作的，委托付款人在指定日期无条件支付确定金额给收款人或者持票人的票据，一般分为电子银行承兑汇票和电子商业承兑汇票。本文主要针对由金融机构以外的法人或其他组织承兑的电子商业承兑汇票，旨在通过对电子商业承兑汇票追索权的诉讼概况、行使前提、行使条件、行使方式以及持票人权利选择等问题的梳理及研判，为权利人进行该类型案件的实操提供一定的借鉴与参考作用。

一、商业承兑汇票发展背景及票据追索权诉讼概况

中华人民共和国成立初期，实行的是计划经济，基于商业信用的商业承兑汇票并无发展土壤，直至1979年，人民银行才批准部分企业签发商业汇票。1981年2月，人民银行上海市杨浦区办事处和黄浦区办事处办理了第一笔同城商业承兑汇票贴现。1995年5月，全国人大审议通过《中华人民共和国票据法》（以下简称《票据法》）。1997年，中国人民银行为进一步加强商业汇票管理，先后印发了一系列的规章制度，包括《商业汇票承兑、贴现与再贴现管理暂行办法》《票据管理实

* 国浩律师（成都）事务所管理合伙人律师，四川省律师协会战略指导委员会副主任。
** 国浩律师（成都）事务所合伙人律师，国企改革法律研究中心主任。

施办法》《支付结算办法》等，至此，我国形成了一套相对完善的票据制度。2004 年，为了顺应经济金融发展步伐，全国人大常委会修改了《票据法》。2009 年 10 月 28 日，中国人民银行电子商业汇票系统（ECDS）正式建成运行，我国票据市场由此迈入电子化时代，步入了快速发展阶段。

经笔者检索，自 2012 年以来案由为票据追索权纠纷的诉讼案件（见图 1）发现案件数量呈逐年递增态势，从 2018 年开始更是出现了爆炸式增长。行业分布主要为制造业、批发和零售业、建筑业、金融业、科学研究和技术服务业等，案件数量分布以广东省、上海市、江苏省、山东省等沿海省市居多，诉讼标的多为 100 万元以下。其使用主体主要为一些中小企业，一方面便于其缓解资金压力，另一方面是为了利用自身信用进行“变相融资”，达到隐匿债务、降低真实负债率的目的。近年来，部分国企尤其是房地产开发企业也开始广泛使用。

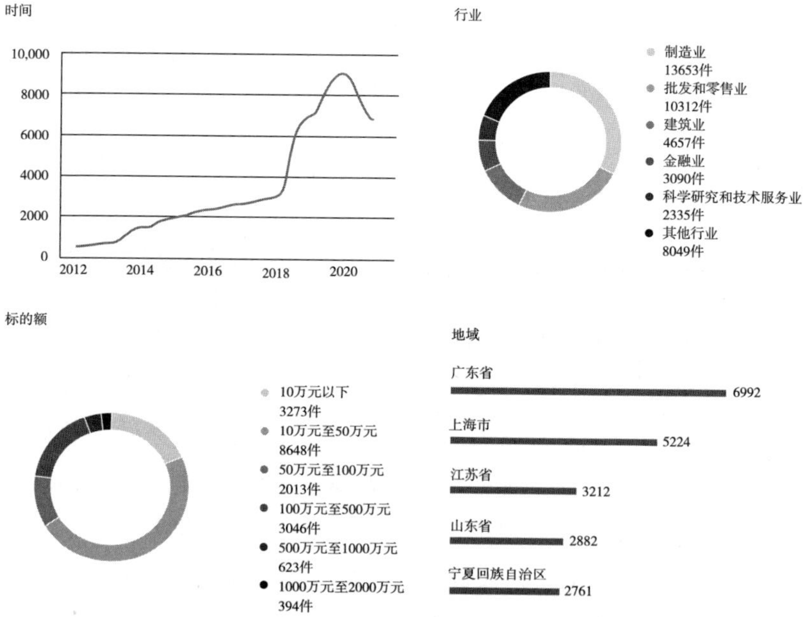

图 1　以票据追索权利纠纷为案由的诉讼案件按时间、行业、标的额、地域分布情况

数据来源：Alpha 案例库。

二、商业承兑汇票追索权行使的前提及要件

持票人的追索权分为拒付追索和非拒付追索，非拒付追索权的行使需要满足一些前提条件，如承兑人或者付款人被依法宣告破产或者因违法被责令终止业务活动。本文主要讨论拒付追索，顾名思义，拒付追索是指电子商业汇票到期后被拒绝付款，持票人请求前手付款的行为。笔者根据对《票据法》《电子商业汇票业务管理办法》等相关法律法规的梳理以及对大量案例的研判，将从商业承兑汇票持票人追索权的行使程序和实体两方面进行简述。

（一）程序要件

根据《最高人民法院关于审理票据纠纷案件若干问题的规定》的规定，付款请求权是持票人享有的第一顺序权利，追索权是持票人享有的第二顺序权利，如果持票人不先行使付款请求权而先行使追索权遭拒绝提起诉讼的，人民法院不予受理。另外，第一顺序的付款请求权需在提示付款期内行使，否则将会影响第二顺序拒付追索权追索对象的选择（电子商业汇票的提示付款期自票据到期日起 10 日，最后一日遇法定休假日、大额支付系统非营业日、电子商业汇票系统非营业日顺延）。故持票人行使拒付追索权之前需在提示付款期内行使付款请求权即向承兑人提示付款，并取得拒付证明。具体如图 2 所示。

实践中，承兑人除直接拒付外，还会恶意利用法律留白之地，既不签收提示付款通知，也不出具拒绝付款证明，致使票据处于“提示付款待签收”状态，该情况下能否被认定为汇票被拒绝付款？对此，山东省泰安市中级人民法院在（2020）鲁 09 民终 1139 号案件中认为，汇票到期后，持票人通过电子商业汇票管理系统向承兑人提示付款后，承兑人既不签收，也不出具拒绝付款证明，违反了《票据法》第 54 条以及第 62 条第 2 款的规定，应视为承兑人以其行为拒绝付款，持票人行使票据追索权及被追索人清偿票款后行使再追索权均符合法律规定。

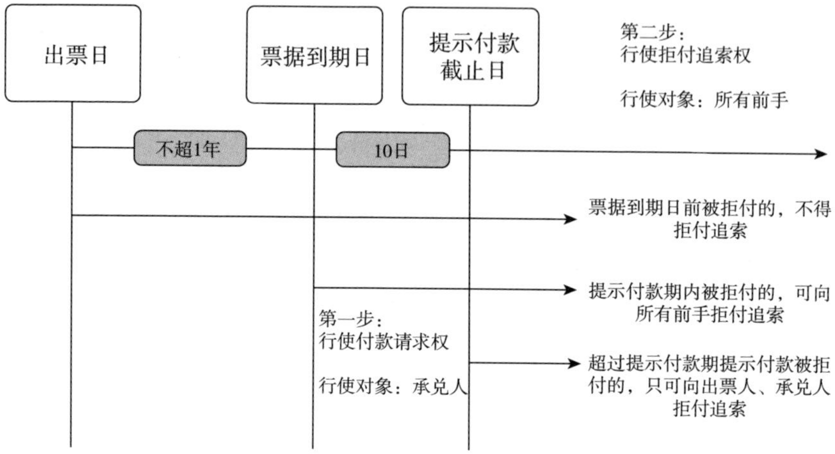

图2　持票人追索权的程序要件

（二）实体要件

1. 持票人需合法取得票据

根据《票据法》的规定，持票人取得票据权利可以通过以下两种方式：一种是基于其与前手之间的基础债权债务关系，在支付相应对价后，通过背书方式取得票据；另一种是金融机构通过前手的票据贴现方式取得的票据。持票人在主张拒付追索权时，需对其票据取得的合法性进行举证。

2. 持票人持有票据应为有效票据

《票据法》第22条规定："汇票必须记载下列事项：（一）表明'汇票'的字样；（二）无条件支付的委托；（三）确定的金额；（四）付款人名称；（五）收款人名称；（六）出票日期；（七）出票人签章。汇票上未记载前款规定事项之一的，汇票无效。"据此，如果以背书转让的汇票，背书应当连续。

3. 持票人行使追索权需在票据时效内

《票据法》第17条规定，"票据权利在下列期限内不行使而消灭：（一）持票人对票据的出票人和承兑人的权利，自票据到期日起二年。见票即付的汇票、本票，自出票日起二年……（三）持票人对前手的追索权，自被拒绝承兑或者被拒绝付款之日起六个月……”时效经过的法律后果为丧失票据权利，但仍享有民事权利，可以请求出票人或者承兑人返还其与未支付的票据金额相当的利益。

三、商业承兑汇票拒付追索权的行使方式

《电子商业汇票业务管理办法》第5条规定“电子商业汇票的出票、承兑、背书、保证、提示付款和追索等业务，必须通过电子商业汇票系统办理”，那么，持票人行使拒付追索权是否需要先在电子商业汇票系统上进行线上追索？持票人可否未经在电子商业汇票系统上进行线上追索而直接提起诉讼行使其追索权？

2021年，广东省深圳市中级人民法院在其办理的一系列H银行股份有限公司深圳分行与深圳市W电池有限公司、Z电动汽车股份有限公司、舒城县F客运有限公司票据追索权纠纷案[①]中，专门将该问题作为主要争议焦点进行审理。法院认为：首先，《电子商业汇票业务管理办法》作为专门规范电子商业汇票的部门规章，在立法目的正当、程序合法且与上位法不冲突的情况下，可以作为审理案件的裁判依据。其次，票据行为具有法定的形式，凡违反票据法关于票据行为要式规定的，除法律另有明确规定者外，所为行为无效。电子商业汇票是以数据电文形式制作的票据，需要通过特定的信息系统的记录、解读才能以被人理性感知的形式呈现，必须依赖电子商业汇票系统这一载体来运行和完成，电子商业汇票业务活动中应当使用数字证书作为票据活动的电子签名，通过电子商业汇票系统审核的电子签名系电子商业汇票唯一合法有效的签章。因此，电子商业汇票的线下追索因不具备有效签章，不符合票据行为要式规定，应为无效。最后，法院从电子商业汇票线下追索的法律后果进行分析，认为：①因持票人客观上无法依法交付票据，被追索人清偿后无法获得相应票据，无法行使再追索权；②因线下追索未

① 具体案情，参见广东省深圳市中级人民法院（2021）粤03民终433－563、2348号案等。

被电子商业汇票系统记载，电子商业汇票系统默认持票人已对除出票人、承兑人、保证人等外的前手丧失追索权；③如果在电子商业汇票系统之外以司法判决的形式另行确立、确认其他票据状态，将导致法院判决认定的票据状态与电子商业汇票系统中登记的票据状态不一致，造成该票据脱离中国人民银行及其他金融监管机构对电票领域的监管，加大电票参与者的经营风险，冲击甚至破坏已经建立的电子商业汇票规则和市场秩序，威胁票据金融市场安全等不良后果。上述案件的审理结果为法院裁决支持了原告对承兑人及出票人的追索权，驳回了其对其他前手的追索权。

此外，笔者以“线上追索”作为关键词进行了案例检索，发现也有法院认为，未在电子商业汇票系统中发出追索通知，不影响其行使票据追索权。例如，上海金融法院审理的（2020）沪74民终1056号票据追索权纠纷案，安徽省芜湖市中级人民法院审理的（2020）皖02民初48号票据追索权纠纷案等。

笔者较为同意“不影响说”，票据法本身并未限定票据追索方式，票据相关的法律法规也未规定不行使线上追索的法律后果。根据《票据法》第66条的规定“持票人应当自收到被拒绝承兑或者被拒绝付款的有关证明之日起三日内，将被拒绝事由书面通知其前手；其前手应当自收到通知之日起三日内书面通知其再前手。持票人也可以同时向各汇票债务人发出书面通知。未按照前款规定期限通知的，持票人仍可以行使追索权”，也可以看出持票人不行使通知义务并不影响追索权的行使。至于广东省深圳市中级人民法院论述的“导致法院判决认定的票据状态与电子商业汇票系统中登记的票据状态不一致”完全可以通过设置权利相关人根据生效法律判决文书单方变更票据状态这一程序或者通过法院协助执行，来达到判决结果与电子商业汇票系统中登记的票据状态最终一致的目的。

四、商业承兑汇票持票人被拒付后的请求权选择

尽管有个别案例认为合同约定以票据作为支付方式的情况下，付款

方背书票据即完成了合同约定的付款义务，原合同也就因此而终止，持票人只能以票据权利进行主张；也有个别案例认为持票人应当先行使票据追索权，不能得到全部清偿的，再主张合同债权。但笔者经检索发现大部分法院认为，在法律没有明文规定的前提下，不宜强行要求当事人优先主张某一个请求权。例如，江苏省徐州市中级人民法院审理的（2019）苏03民终3772号买卖合同纠纷案，该案一审法院认为，"苏北公司已经作为票据权利人在B石化集团财务有限公司处进行了登记，该电子汇票的最终能否得到足额兑付尚未确定，故苏北公司以买卖合同关系主张权利尚不具备起诉条件，应驳回苏北公司的起诉"，遂驳回了原告的起诉。而该案二审法院认为，"苏北公司和D能源江苏分公司之间并存买卖合同关系和基于买卖合同关系产生的票据关系。在票据不能按期足额承兑的情况下苏北公司具有两个不同的请求权基础。在法律没有明文规定的前提下，不宜强行要求当事人优先主张某一个请求权。现苏北公司选择按照票据原因关系即买卖合同关系向D能源江苏分公司及D能源公司主张合同债权，法院应当根据当事人请求权的内容进行实体审理"，最终裁决撤销了一审法院判决，并指令一审法院进行审理。

笔者认为，基础法律关系是否履行完毕要看实际履行情况，在持票人被拒付的情况下，背书人实际并未履行完毕合同义务，故持票人有权基于基础法律关系行使合同项下的付款请求权。另外，持票人只能进行一次受偿，在其选择基础法律关系主张权利后，不能再基于票据法律关系主张权利，故对于合同相对方来说也并未损害其合法利益。

（本文仅代表作者个人观点。特约编辑：朱慧慧）

形式减资与债权人利益保护研究

——以一则“形式减资”诉讼为例

杨 晗[*] 孙淑云[**]

《中华人民共和国公司法》（以下简称《公司法》）关于减资的规定较为简要，而人民法院在审判过程中因缺乏明确的立法，不得不依赖学界的一些理念，给主审法官的自由裁量权过大，导致裁判结果不一。本文以一则案例为例，试图厘清形式减资的概念，从违反法定义务减资行为的效力说起，运用实证分析的方法，探讨形式减资概念在司法实践应用中的局限性、减资主体责任承担方式与承担范围，最后提出公司减资情形下债权人利益保护的建议。

一、问题的提出

2013 年《公司法》为资本改革及公司运营层面做了诸多修改，但侧重于资本入场层面即股东出资，如取消了强制性验资及最低出资额度，而对于公司后续资本运营、减资等退出层面却甚少触及，仅在《公

* 北京中伦文德（太原）律师事务所律师，山西财经大学硕士研究生在读。

** 山西财经大学法学教授，法律经济学博士研究生导师，2018 年度“三晋英才”（拔尖骨干人才）支持计划（中共山西省委人才工作领导小组），国务院政府特殊津贴专家。

司法》第 177 条[①]对公司减资的方法作出了规定，未对违反法定减资程序后的行为效力、责任主体及责任承担方式等作出明确规定。

（一）典型案例

笔者就遇到了一个公司瑕疵减资案件。鉴于该案件已经审结且判决已生效，故可以作为评论的依据。该案基本情况如下：

2018 年 9 月，山西某公司（以下简称山西公司）向中国国际经济贸易仲裁委员会提出仲裁请求，要求青岛 A 公司向山西公司支付工程款。仲裁时该司申请了财产保全，查封了青岛 A 公司的银行账户，被保全银行账户余额仅有 4 万元。2019 年 12 月，中国国际经济贸易仲裁委员会裁决青岛 A 公司向山西公司支付工程款及损失共计 700 余万元。随后山西公司提出强制执行申请，但因青岛 A 公司名下无足额财产可供执行，故该执行案被裁定终结。在终本后，山西公司发现青岛 A 公司经控股母公司 B 公司作出决议，在 2019 年 6 月减资 4500 万元，其中青岛 B 公司减资 4050 万元，该减资事项未通知山西公司。

因此，山西公司在 2021 年 4 月 12 日向青岛市市北区人民法院提起诉讼，要求青岛 B 公司就 A 公司未受清偿 690 余万元债务承担补充赔偿责任。经审理，青岛市市北区人民法院认为：①青岛 A 公司未履行法定的通知义务，违反《公司法》第 177 条之规定，减资程序确属不当；②我国法律未规定减资程序违法的法律后果，但在司法实践中认为股东的减资行为与抽逃出资的性质以及对债权人利益的影响在本质上并无不同；③要求股东承担补充赔偿责任的要件为存在不当减资行为、公司清偿能力降低以致损害了公司债权人的债权、两者之间存在因果关系。因青岛 A 公司的账户已于 2019 年 1 月被保全，山西公司在仲裁时未提出证据主张青岛 A 公司有其他财产，所以推定青岛 A 公司在 2019

---

① 《公司法》第 177 条规定："公司需要减少注册资本时，必须编制资产负债表及财产清单。公司应当自作出减少注册资本决议之日起十日内通知债权人，并于三十日内在报纸上公告。债权人自接到通知书之日起三十日内，未接到通知书的自公告之日起四十五日内，有权要求公司清偿债务或者提供相应的担保。"

年1月已无足够资产可供清偿债权，青岛A公司的减资仅为形式减资，也即青岛A公司与山西公司的债权不能清偿没有因果关系，山西公司应承担举证不能的法律责任，判决驳回山西公司对青岛B公司承担补充赔偿责任的诉讼请求。

（二）问题的剖析

上述判决的主要理论依据是区分“形式减资”与“实质减资”，“形式减资”不会对债权人债权的实现产生实质性影响，进而得出虽然构成瑕疵减资，但是债权人无权向形式减资的股东主张权利。青岛市市北区人民法院的论证方式与最高人民法院（2019）最高法民再144号民事案件[①]论证方式如出一辙，可以说，正是最高人民法院民再144号作为判例影响了本案的审判思路。

二、形式减资概念及适用合理性

（一）形式减资概念

谈到形式减资，首先涉及的就是对“资”的理解，分为狭义之说[②]和广义之说[③]两种：狭义说认为，“资”就是公司的资产总额，是资本本身，反映在公司资产负债表上的那个数字；广义说认为，除资本之外，所有能够被公司控制或拥有的资产都是“资”的范围。关于减资中的“资”，笔者认为采纳狭义之说更有利于规范和把控公司的减资过程。

从另一个角度来看，形式减资和实质减资的区分主要是公司资产负债表上记载的净资产是否发生变动。实质减资是公司减少账面注册资

---

① 丰汇世通（北京）投资有限公司与黑龙江省农业生产资料公司案外人执行异议之诉纠纷再审案，最高人民法院民事判决书，（2019）最高法民再144号。

② 狭义之说参见李智：《公司减资制度初探》，载《政法论坛》2005年第1期。

③ 广义之说参见周林彬、余斌：《我国“减法”改革中公司减资制度的完善》，载《中山大学学报（社会科学版）》2015年第5期。

本，同时公司净资产直接流向股东①，包括公司向股东返还实缴资本和公司减免股东出资义务的两种形式。而形式减资是指仅导致公司账面注册资本额的减少，不发生净资产向股东的流动。此种情况，在实行注册资本实缴制年代通常发生的公司出现了巨额亏损的情形，因公司账面记载的资本总额与实有资产价值悬殊过大，为了令公司注册资本能够反映公司真实净资产数额，公司从账面上进行减资，但并不将公司净资产划向股东，这仅是一种“纸面交易”。②

目前部分学界观点是，形式减资作为一种账面上调整注册资本的手段，不会对债权人利益及实现债权的可期待性造成损害，也不会对债权人完成与减资公司进行交易行为的可能性产生不利影响，因而形式减资不会对债权人造成任何影响，也就谈不上瑕疵形式减资后对债权人责任的承担问题，所有责任承担问题都是基于实质减资的发生，故从一开始就将形式减资排除在需股东承担责任的情形之外。

但笔者认为，《公司法》中减的“资”是应认定为公司账面资产上的“资本”的减少，“资本”数字减少就是形式上的减资，但是公司资本运营除资本数字以外，还有业务往来、客户资源、或然债务等未反映到资产负债表中的广义资本。尽管公司减资的概念应当采用狭义说，但是实际公司资本运营的视角应当采用广义说，否则更多商主体基于资本逐利本性，利用形式减资在现行法律制度下进行“合法”逃债几乎将无任何限制（或者说，即使违反法定通知义务但不会承担任何法律责任）。

（二）形式减资在司法实践中的应用

为了全面、系统地总结分析司法实践中关于公司形式减资适用及对债权人保护情况，笔者通过中国裁判文书网③及北大法宝④进行案例检

① 佘志勤、王华寿：《商事法论》，人民日报出版社2006年版，第144页。

② 傅穹：《公司减资规则论》，载《法学评论》2004年第3期。

③ 网址：https：//wenshu. court. gov. cn，访问日期：2022年5月3日。

④ 网址：http：//www. pkulaw. cn/，访问日期：2022年5月3日。

索，检索案例的基础案件事实均为股东违反《公司法》第170条之规定未履行法定通知义务即办理了减资登记手续、后债权人知晓减资情况后要求股东承担法律责任的相关案例，此与本文所述内容具有较强的关联性。鉴于上述两个网站是中国目前收录案例最为广泛的官方案例发布平台，笔者案例检索得到的数据大致能够反映现阶段司法实践的情况。

1. 形式减资案例的地域分布

根据对查询到的省（直辖市）级行政地域案件进行整理，从图1地域分布图中可以看出，此类纠纷多产生于经济发达地区，如上海、浙江、广东、江苏、北京等，该类案件数量与经济发展水平基本呈现正相关。

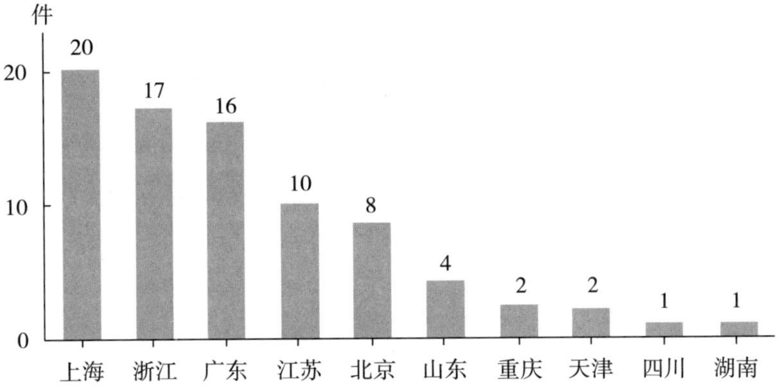

图1　形式减资案例地域分布

2. 形式减资案例的时间跨度

笔者检索了自2012年5月3日至2021年5月3日十年跨度内的形式减资案例，对筛选出来的百余件案件从审结年份角度进行了分类，笔者用图2展示了案件数量历年的分布情况。由图2可知，公司形式减资类案件自2014年起整体呈上升趋势，该趋势不仅反映了公司形式减资类案件与社会经济发展水平之间的正相关关系，从深层次上说，在法律依据悬而未决的情况下，有更多公司或者债务人试图用减资的方式涤除债务，也有更多的债权人在积极寻找应对之策。

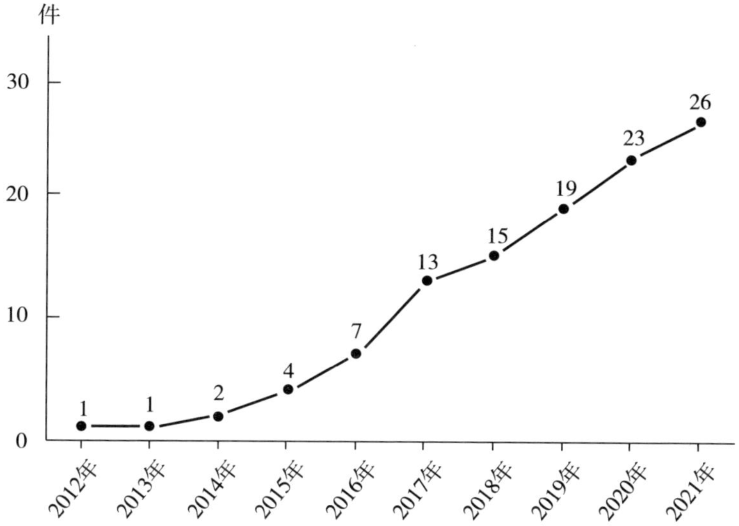

图 2　2012—2021 年形式减资案例分布情况

3. 形式减资案例的判决情况

笔者在检索的各类案例中发现，各级法院及诉讼当事人均将未通知债权人即履行减资程序等瑕疵行为的责任承担人定位为公司股东，但不同法院对于形式减资情况下股东承担责任与否整体分为两类：一类认为不必要区分是否为形式减资，理由是实质减资与形式减资的区分“于法无据”或者认为是否构成形式减资与股东是否对债权人承担责任之间没有必然关系。这类判决以保护债权人为主要倾向，凡注册资本减少者即被判断构成减资，只要注册资本减少未履行减资法定程序，则股东就将承担相应责任。该类判决的逻辑在于认为外部债权人对注册资本有信赖利益，注册资本的改变会侵害债权人的这种利益，但股东承担责任的范围限于工商登记减资的范围之内。

另一类认为，应当具体区分形式减资与实质减资，如前述最高人民法院（2019）最高法民再 144 号案一样，即便存在减资程序上的瑕疵，只要股东不构成抽逃出资，即不承担责任。“如果公司减资过程中股东并未实际抽回资金，则属于形式上的减资，即公司登记的注册资本虽然减少，但公司责任财产并未发生变化。这种情形下，虽然公司减资存在违法行为，应由相关管理机关对其实施一定的处罚，但股东并未利用公司减资程序实际抽回出资、侵犯公司财产权，亦未损害债权人的利益，因此不能因公司减资程序不合法就认定股东构成抽逃出资。”① 笔者对相关典型案例及主要观点进行了归纳（见表1），并以此作为本文后续探寻形式减资在司法实践应用及减资后债权人保护机制的统计学依据。

表1　形式减资案例的判决情况

类型	序号	案号	裁判法院	判决结果	裁判理由
形式减资股东需要承担责任	1	(2016)沪02民终10330号	上海市第二中级人民法院	减资股东承担补充赔偿责任	上海博恩公司和冯某仍然通过股东会决议同意冯某的减资请求，并且未直接通知德力西公司，既损害江苏博恩公司的清偿能力，又侵害了德力西公司的债权，应当对江苏博恩公司的债务承担相应的法律责任。公司未对已知债权人进行减资通知时，该情形与股东违法抽逃出资的实质以及对债权人利益受损的影响，在本质上并无不同。
	2	(2018)渝民终100号	重庆市高级人民法院	全体股东承担连带责任	虽然公司法理论上对减资有实质减资和形式减资的区分，但我国现行公司法并未明确区分，且公司减资无论是实质减资或形式减资，减资的受益人均系股东，故在本案中，曾某甲、曾某乙、曾某丙应在工商登记减资的范围内承担责任。

① 参见贺小荣主编：《最高人民法院第二巡回法庭法官会议纪要》（第2辑），人民法院出版社2021年版，相关内容。

续表

类型	序号	案号	裁判法院	判决结果	裁判理由
形式减资股东需要承担责任	3	(2021)粤01民终1253号	广州市中级人民法院	减资股东承担补充清偿责任	案涉减资不符合法定程序，侵害了公司的资本制度，鼎方公司是否向股东支付减资款与股东承担补充清偿责任属不同的法律关系，前者并非后者的必然前提。
	4	(2020)沪民再28号	上海市高级人民法院	减资股东和同意减资股东承担补充清偿责任	梅斯公司减少的是股东认缴的尚未实缴的注册资本，且梅斯公司在庭审中表示其无法提供相关的资产负债表。故杨某某等辩称梅斯公司系形式减资，没有任何事实依据，梅斯公司的瑕疵减资，减少了债权人得以信赖的担保财产，降低了公司的对外偿债能力，对博达公司的债权造成实际的侵害。杨某某、陈某某作为梅斯公司的股东作出减资决议客观上降低了梅斯公司的偿债能力，产生了和股东抽逃出资一致的法律后果，应对梅斯公司不能清偿的部分在减资范围内承担补充赔偿责任。
	5	(2020)粤01民终12283号	广州市中级人民法院	全体股东承担补充清偿责任	黄某甲、黄某乙、王某某、陈某某认为其已履行出资义务，潮府馆公司的减资属于形式减资，其不需承担责任，缺乏法律依据，法院不予采信。

续表

类型	序号	案号	裁判法院	判决结果	裁判理由
形式减资股东需要承担责任	6	（2019）苏05民终9614号	苏州市中级人民法院	减资股东承担补充清偿责任	关于许某、沈某抗辩主张仅系形式减资进而不应承担责任的问题，首先，仅凭其二审举证的验资报告、记账凭证和交易流水，并不足以证实案涉减资决议项下的减资行为系形式减资。其次，在该减资程序存在瑕疵未履行提前书面通知已知债权人农行吴中支行义务的情形下，对于农行吴中支行而言，减资决议对其不发生效力，其仍有权请求按照减资前的注册资本主张股东承担责任，故许某、沈某的该项抗辩主张不能成立。
	7	（2020）鲁02民终4803号	青岛市中级人民法院	减资股东承担补充赔偿责任	公司法并未明确区分实质减资与形式减资，但从减资行为的发生以及法律后果来看，两者有着完全不同的性质。形式减资只是减少注册资本额，注销部分股份，其结果并不减少公司的净资产，目的是实现公司资产与公司资本的真实回归。而实质减资在减少注册资本的同时，将一定的资产返还给股东，减少了公司的净资产，直接影响公司债权人的利益，其行为违反了公司资本维持的根本原则，行为人应承担相应的责任。

续表

类型	序号	案号	裁判法院	判决结果	裁判理由
形式减资股东需要承担责任	8	(2020)苏01民终11565号	南京市中级人民法院	减资股东承担补充赔偿责任	关于陈某某称其在减资后未实际抽回出资，司利德公司的清偿能力未实际受损，因此不应承担责任的主张。法院认为，在未对公司进行整体审计的情况下，不能当然得出其未从公司取回财产的结论，且即便陈某某确实未能从司利德公司取回出资，亦属于陈某某对司利德公司的债权，故法院对陈某某该主张不予采纳。
形式减资股东不需要承担责任	1	(2019)最高法民再144号	最高人民法院	股东不承担责任	如果公司减资过程中股东并未实际抽回资金，则属于形式上的减资，即公司登记的注册资本虽然减少，但公司责任财产并未发生变化。这种情形下，虽然公司减资存在违法行为，应由相关管理机关对其实施一定的处罚，但股东并未利用公司减资程序实际抽回出资、侵犯公司财产权，亦未损害债权人的利益，因此不能因公司减资程序不合法就认定股东构成抽逃出资。
	2	(2021)浙02民终3001号	宁波市中级人民法院	股东不承担责任	洁达公司减资，属仅变更对外公示的注册资本而不减少公司财产的形式减资，公司注册资本减少并未导致公司清偿债务能力的下降。浙商资产公司不能提供证据

续表

类型	序号	案号	裁判法院	判决结果	裁判理由
形式减资股东不需要承担责任	2	(2021)浙02民终3001号	宁波市中级人民法院	股东不承担责任	证明马某某、陆某某因洁达公司减资获得了利益，致洁达公司资产减少，清偿能力降低；浙商资产公司也不能提供证据证明马某某、陆某某滥用公司法人独立地位和股东有限责任，逃避债务，损害洁达公司债权人利益。
	3	(2018)冀11民初173号	衡水市中级人民法院	股东不承担责任	有限责任公司的注册资本为在公司登记机关登记的全体股东认缴的出资额，在公司经营过程中，注册资本仅对公司承担责任的能力具有一般参考价值，公司对外承担责任的基础是公司的责任财产。公司注册资本减少并不必然导致公司清偿债务能力的下降。公司减资形态多样，既包括股东收回出资的实质减资，也包括仅变更对外公示的注册资本而不减少公司财产的形式减资。形式减资仅变更对外公示的注册资本，不导致公司财产减少，与债权人不能获得债权的后果之间没有因果关系，股东不应承担侵权赔偿责任。

续表

类型	序号	案号	裁判法院	判决结果	裁判理由
形式减资股东不需要承担责任	4	(2018)苏05民终7383号	苏州市中级人民法院	股东不承担责任	公司减资形态多样，既包括股东收回出资的实质减资，也包括仅变更对外公示的注册资本而不减少公司财产的形式减资。形式减资仅变更对外公示的注册资本，不导致公司财产减少，与债权人不能获得债权的后果之间没有因果关系，股东不应承担侵权赔偿责任。
	5	(2021)辽01民终5397号	沈阳市中级人民法院	股东不承担责任	如果在公司减资过程中股东并未从公司抽回资产、未导致公司责任财产的减少，亦未损害债权人利益的，不能以减资程序不合法而认定股东抽逃出资。本案中，盛大公司的减资行为是对虚报资产的修复，使其从800万元恢复到500万元，股东的资金也相应减少，但谢某某并未从公司实际抽回资产，未导致公司的责任财产减少，该减资行为只是一种形式上的减资，不能据此认定谢某某抽逃出资。

4. 小结

由上述归纳可见，自2014年以来形式减资案件诉讼频次一再增加，虽然我国《公司法》对公司减资程序及救济途径有初步规定，且司法机关对于违反减资程序的减资行为持否定态度，但是法律责任设立的科学合理关系到法律效果的产生及立法意图的达成①，对于债权人在瑕疵形式减资行为发生后能否从作出决议的股东处获得救济，各级地方法院甚至最高人民法院在减资的放行与债权人利益之间的衡平上仍难有定论，导致司法实践的最终结果在形式减资的法律后果上依然存在重大差异。

我国是非判例法国家，没有判例法传统，法官判案更有赖于法律的明确规定，因法律规定的缺位，出现了审判机关“审判案件需要法律应对，但却没有任何事先有效的规范适合用来调整”② 的尴尬处境。依笔者愚见，无外乎两种解决途径：一是由有权机关对法律进行补充；二是由最高人民法院出台司法解释、会议纪要或指导案例，以最高人民法院的权威统一裁判尺度，最终达至法律适用之统一，实现人民群众对公平正义的追求。但无论哪种途径，最终的法律方法仍是清晰界定瑕疵形式减资的行为效力及随之而来的相关减资主体的法律责任，以实现公司及股东规范公司行为的目的及给债权人必要的法律救济。

三、未发减资通知时减资行为的效力

（一）我国现行立法的缺位

我国《公司法》第 177 条规定，公司启动减资程序应当通知债权人，并编制资产负债表和财产清单，此为法律为公司减资创设的法律规则。法律规则可进一步区分为科以义务规则和授予权利规则。以法律规则内容为依据，可将法律规则区分为义务性规则和授权性规则。《公司法》第 177 条之规定要求减资公司必须履行通知，此属于义务性规则。义务性规则可进一步区分为管理性规定和强制性规定，同为应当履行的义务，但却有截然不同的法律后果。我国现行法律规定没有明确规定违

① 陈光主编：《立法学原理》，武汉大学出版社 2018 年版，第 129 页。

② ［德］罗伯特·阿列克西：《法律论证理论——作为法律证立理论的理性论辩理论》，舒国滢译，中国法制出版社 2002 年版，第 3 页。

反《公司法》第177条规定的减资行为的效力[①]，追究责任变成了无源之水。

（二）绝对无效说的不可行性

公司减资程序作为一项法定程序，需要经由董事会编制资产负债表和财产清单，召开股东会议，股东会议作出决议并登报公告，办理工商登记变更等系列手续方能完成，而公司的外部债权人因偿债的周期性和信息掌握度的不对称，往往在减资程序完成后较长时间才获悉公司减资的情况。在笔者搜集的案例中不乏在3年乃至更久才发现减资程序的违法性进而提起诉讼的案件。在现行立法并未明确规定通知义务是效力性强制规定的前提下，如减资表决程序和决议事项都不违反强制性法律规定，仅以违反通知义务否定减资决议的效力，势必不利于维护商事交易秩序的稳定性，“一刀切”认定为无效行为后的返还工作，也将扩大社会成本，并造成司法资源的浪费。

（三）相对无效说更符合我国国情

抛开学界对公司决议性质认定的争议[②]，从我国《民法典》规定公司决议为民事法律行为的类型之一的做法来看，公司决议行为的效力认定应当采用民事法律行为效力理论。也就是说，公司决议行为只要不在《民法典》规定的无民事行为能力人所实施的法律行为、虚假的意思表示实施的民事法律行为、违反强制性规定和公序良俗所实施的法律行为、恶意串通、损害他人利益的民事法律行为五种无效法律行为中，就应当认定为有效。从现实主义出发，只要减资公司在减资后仍然能够清

① 公司法强制性规范甚多，法条针对的具体事项不同，强制性规范的目的有别，强制性程度存在差异。在判断强制性规范时，不能单纯依据法条采用的“应当”“必须”“不得”“禁止”等词语而判断，而应主要基于法条保护的法益、交易安全以及违法后果等因素作出综合判断。

② 学界对公司决策行为性质认定众说纷纭，有法律行为说和意思形成说两种。参见叶林：《商行为的性质》，载《清华法学》2008年第4期；徐银波：《决议行为效力规则之构造》，载《法学研究》2015年第4期。

偿债务，没有因为减资行为而经营情况显著恶化，即便减资程序中未通知债权人，由于没有损害债权人的利益，应仍认定为有效更为妥善。

如果公司因为减资行为（包括但不限于向股东返还财产为目的的实质减资及向股东进行资源转移目的的形式减资）而陷入经营困难，难以偿付欠债权人的债务，此种公司减资行为应当认定为无效。首先，从程序上说，除通知义务以外，公司董事会应当编制资产负债表和财产清单以供股东会审议，公司董事会在明知减资程序肯定会影响公司偿债能力时，基于忠实勤勉义务就不应当提交股东会审议，股东基于诚实信用原则也不应当通过减资决议以逃债获利，该事项就不应当进入公司股东会的审议范畴。其次，从内容上说，公司法有资本维持原则和公司独立人格原则，减资而令公司进入经营困难的决议属于违反公司本质的决议①，自始无效。当股东会的减资决议令公司陷入经营困难及有破产可能时，为维护商事主体的独立性自然应当否决该决议的效力，恢复商事主体原先的经营状态，维护商事主体的财产和人格独立性。最后，从行为的法律属性上说，该种减资行为也符合《民法典》规定的恶意串通、损害他人利益的民事法律行为，故认定该减资行为无效，也无不妥。

综上所述，笔者认为判断未履行法定通知义务减资行为的效力，应当以公司减资后的清偿能力作为重要标志，仍具有清偿能力只是通知程序存在瑕疵，不宜认定为无效。反之，减资后明显不具备清偿能力的，明显损害债权人利益的，应当认定为无效，减资的股东应当向公司返还承诺的出资。

违反法定减资程序的减资效力认定是实现责任主体追究的前提条件，明确效力认定条件后才能精准把控责任的追究、实现债权人利益保护的立法目的。

四、“形式减资”概念扩大化将造成司法裁判尺度的混乱

如前所述，为保证《公司法》实施的可预测性及稳定性，基于

---

① ［德］格茨·怀克·克里斯蒂娜·温德比西勒：《德国公司法》（第21版），殷盛译，法律出版社2010年版，第637页。

"形式减资"概念应当采用狭义说观点，在具体认定是否是形式减资时仅需以资产负债表上的数字进行判断，评判标准单一：是否直接向股东返还了出资或者免除了股东的未出资部分的出资义务，如没有则应认定为"形式减资"，如有则应认定为"实质减资"。但是资本运营本身具有封闭性、隐秘性和自决性的特点，作为自主决定经营事项的商主体，法律无权对股东及公司经营方面的安排进行干涉与审查，作为公司内部经营主体之外的债权人没有能力也没有途径了解公司具体经营安排，只能依赖于工商登记管理部门的公示系统，故在作出公司减资决议的股东与公司债权人之间有着天然的信息鸿沟，债权人预期债务的清偿能否实现完全系于减资决议股东的一念之间。

此外，公司资产是综合立体的，包括但不限于银行存款、动产、不动产、存货、外汇、应收账款、业务资源、客户信息等资产，而各项资产是否反映在资产负债表中或者如何反映在资产负债表中，又完全系于董事、高管对忠实勤勉义务的遵守，上市公司即便有监管机构的监管及信息披露制度的制约尚不能杜绝伪造行为，非上市公司内外人之间的造假空间更大。

如将"形式减资"概念引入司法实践中，某公司控股股东未遵循法定通知规则，未通知已知债权人就办理了公司减资程序，且在减资时未要求公司直接返还出资，而是提供了伪造的资产负债表和财产清单、公司替代承担控股股东对外债务等方式从减资公司攫取了巨额利益，但减资公司形式上仍然符合"形式减资"的情形。如引入"形式减资"概念裁判案件，主审法官根据"谁主张、谁举证"的民事诉讼基础举证要求，要求作为原告的债权人承担证明控股股东属于实质减资而非形式减资的举证责任，那无疑将债权人推入几乎丧失胜诉可能性的境地，基于前述减资效力性分析，最后的判决必然是某公司控股股东虽未履行通知义务，但控股股东陈述或有表面证据证明属于形式减资，此时债权人很难证明此减资属于实质减资。如某公司控股股东真的没有从减资公司获取利益但就是没有履行通知义务，如主审法官以债权人客观上难以获得减资公司经营数据为由，要求控股股东或公司承担证明自身是形式减资而非实质减资的举证责任，那么在诉讼中债权人基于自身利益考量，为了令控股股东承担赔偿责任，无论控股股东拿出何种资产负债表及财产清单，债权人完全可以以控股股东提供的证据系自制的内部证据为由（公司内部经营性文件不可能有外部债权人的认可签字），完全否认其真实性，最终令该控股股东承担举证不能的法律责任，即判决该控股股东无法证明系形式减资，认定减资行为无效，要求控股股东承担法律责任。

由上述两种情况可知，学理上探讨的极端个例在社会中无法杜绝。在学理上固然可以假定减资股东的善意，假定其减资的纯粹和债权人对客观事实的尊重，但若在司法实践中引入“形式减资”概念，看似是将瑕疵减资作了更为细致具体的区分，保护了“形式减资”公司和股东的权益，使其免遭债权人的索赔，实质上，一旦形式减资概念在司法实践中成为主流，在当下商事、民事诉讼法律制度未对减资程序瑕疵后减资行为效力、责任承担主体、责任承担方式、举证责任分担作出明确规定的背景下，形式减资纠纷案件的判决结果将完全系于主审法官的个人好恶，有埋下司法权力寻租空间的隐患，将加剧形式减资案件的裁判结果的不一致。笔者检索到的相关案例已经部分说明了此并非杞人忧天。

五、公司减资未通知债权人的法律责任

（一）减资股东的责任承担

《公司法》第177条规定“公司……应当通知债权人”并要求公司提供担保或提前清偿债务，公司作为独立民事主体违反法定义务，没有通知债权人即进行减资，公司作为责任主体应当承担法律责任，这在学界已经达成共识，但是目前仍有部分学者认为减资的责任应当锁定在公司，法律没有规定可以诉及股东。笔者认为此种观点没有理解债权人请求减资股东承担责任的基础，即资本维持原则。资本维持原则是指公司自设立至法人资格终止之时，应当时刻保持至少与资本额相等的财产原

则①，其核心之义在于保护债权人的优先分配权，即债权人与股东关于公司财产分配产生冲突时，要保障债权人优先分配顺序，因为股东相较于债权人更可能控制公司，也更可能令公司财产突破法人财产隔离原则流入股东资产池，在这种情况下股东应当承担责任。

具体到减资案件中，无论是“形式减资”还是“实质减资”，只要公司在减资过程中没有通知债权人，债权人就无法得知公司减资的具体情况，进而难以在公司减资行为进行完毕之前及时主张提供担保和提前清偿的权利，以致债权人在公司减资行为已经实质完成后令提供担保和提前清偿的权利丧失了主张的基础，最后无法阻止减资行为的成就，给自身债权实现造成了不利影响。基于前述减资行为相对不生效的理论，只要公司减资行为存在瑕疵伤害到债权人债权实现的可能性，那么该减资行为至少相对于该债权人而言不发生法律效力，此时无论减资的形式是抽逃出资类型还是减免出资类型。公司股东基于资本维持原则，应当在伤害债权人优先分配权的范围内（减免出资的范围内）承担责任，同时考虑公司作为民事主体违反法定减资程序的第一位性，以及在司法实践中通常难以查清股东是否实际从公司取回减资财产的实际情况，应当让公司先以公司财产承担无限责任，股东在减免出资范围内承担补充赔偿责任，具体责任构成要件、责任承担范围和责任承担方式（见表2）。

表2　减资股东的责任承担情况

项目	公司	减资股东
主体要件	公司/董事未尽责	股东/董事未尽责
程序要件	未履行法定减资程序要求	未履行法定减资程序要求
行为要件	违反资本维持原则	违反资本维持原则
结果要件	减资前形成债权未完全清偿	减资前形成债权未完全清偿

① 香港地区《公司条例》；参见柯芳枝：《公司法论》，中国政法大学出版社2004年版，相关内容。

续表

项目	公司	减资股东
责任承担范围	全部财产	减资范围内
责任承担方式	无限责任	补充责任

（二）未减资股东的责任豁免

本文前述已说明违反减资法定义务的股东，无论是“形式减资”还是“实质减资”均应当在减资范围内承担补充赔偿责任。上海市第二中级人民法院在“德力西”案①中也论述违法减资与抽逃出资并无实质区别，股东作为公司决议的掌控者，应当对减资程序中应当履行的通知义务承担合理的注意义务，由此公司全体股东应当承担补充赔偿责任。有部分学者及司法实务人士认为，补充责任溯及全体股东过为苛刻，认为在股东会议中投赞成票的股东才应当承担责任。笔者认为此种观点欠缺实践考虑，应当要求获得减资财产或减资权的股东承担补充赔偿责任，未减资的股东无论投票同意与否均应豁免责任的承担。

公司减资方案的提出是经由董事会决议的，董事会决议通过后才会提交股东会进行讨论，也就是说，董事会、高管作为公司的经营层，应当承担合理注意义务，由此引起的履行通知义务应由董事、高管承担，而非股东承担。多数股东作为股东会决议的参与者和决定者，通常情况下并不是非常清楚公司减资的目的及意义，只会关注自身权利是否受到侵犯，对于与自身无关但必须经过股东会决议的事项通常不会反对，在此种情况下要求全体股东就不与自身相关的减资方案进行细致审查，同时要求注意到全体债权人的通知义务，会违背效率原则，也会变相激励股东更多干预公司经营。股东介入公司时刻的债权债务变化，将实质架空董事会的经营权，与《公司法》立法精神中“三会一层”互掌一权，分权制约的精神相违背。

① 上海德力西集团有限公司诉江苏博恩世通高科有限公司、冯某、上海博恩世通光电股份有限公司买卖合同纠纷案，载《最高人民法院公报》2017 年第 11 期。

（三）董事、高管的责任承担

在传统公司法理论中，公司作为拟制的法人，其意思表示需要通过法定代表人、董事、高管等机关方可作出，公司机关成员的活动即视为公司法人的活动，对外的责任需要公司法人承担责任，机关成员不需要承担责任。但是随着公司法研究领域的深入大家逐步认识到，董事、高管身份首先是个人，其次才是公司机关，其本身就有两面性①。

在减资过程中，无论是“形式减资”还是“实质减资”，通知义务是公司减资程序中的核心环节，起到了启动与外部债权人沟通环节的重要作用，外部债权人能且只能依赖于该通知以便了解公司减资的流程和结果，并根据实际需要要求减资公司落实其担保或提前清偿的要求，而董事、高管作为公司经营的控制者，其在通知环节中的缺位是导致减资案件频发的重要原因之一。现行《公司法》规定的董事和高管的忠实勤勉义务并非仅仅指向股东，根据利益相关者的理论，经营过程中各个群体均应当遵守忠实勤勉义务，自然也就包括减资过程中通知债权人的义务。关于责任承担方式，现行法律规定虽然没有规定违反法定通知义务减资后董事、高管的责任承担，但《最高人民法院关于适用〈中华人民共和国公司法〉若干问题的规定（三）》已经提供了较为科学的参考②，违反忠实勤勉义务的董事、高管对外承担“相应责任”，同时有对股东的追偿权。也就是说，董事、高管在减资时未通知债权人时违反的也是信义义务，债权人可以选择直接追究股东责任或者要求董事、高管在减资范围内承担补充赔偿责任，同时，承担补充赔偿责任后的董事

① 王长华：《公司法人机关理论的再认识——以董事对第三人的责任为视角》，载《法学杂志》2020年第6期。

② 协助抽逃出资的董事、高级管理人员或者实际控制人对此承担连带责任的，人民法院予以支持。《最高人民法院关于适用〈中华人民共和国公司法〉若干问题的规定（三）》第13条第4款规定，“股东在公司增资时未履行或者未全面履行出资义务，依照本条第一款或者第二款提起诉讼的原告，请求未尽公司法第一百四十七条第一款规定的义务而使出资未缴足的董事、高级管理人员承担相应责任的，人民法院应予支持；董事、高级管理人员承担责任之后，可以向被告股东追偿。”

和高管有权向获得减资财产的股东行使追偿权。

六、公司债权人救济制度完善的建议

（一）规范减资行为效力

基于本文前述分析，我国《公司法》第177条对减资行为的效力，股东、董事、高管的赔偿责任存在严重的缺位。对此，首先应当在立法层面明确公司减资前形成的债权因公司违法减资而无法获得清偿的（具体表现形式可以债权人债权被裁定终结本次执行），减资行为自始无效，对全体债权人发生法律效力，减资股东返还出资或将出资额恢复到减资前的金额，使得公司资本恢复到违法减资之前的状态，恢复债权人在减资前的权利保障。同时规定对于违反了减资通知义务的股东，债权人可以基于债权请求权，代位要求减资股东返还出资或者主张减免出资股东的出资期限加速到期，也可以要求违反了法定通知义务的董事、高管承担补充赔偿责任，以利于债权人债权的实现。

（二）强化公告程序

对于减资程序中债权人保护的问题，鉴于我国《公司法》的规定尚不完善，因此可以借鉴外国成熟的立法经验。目前国外立法模式主要有三种：一是德国、日本等大陆法系国家实行的信息披露严格债权人保护模式①；二是美国实行的偿债能力标准模式②；三是英国实行的司法介入确认效力的折中模式③，部分学者认为英国折中模式兼具德国、日本和美国制度的优点，应当予以采纳推行。本文认为，英国基于判例法国家施行的司法介入双重认定的折中模式并不适合中国，该做法既不符

① “债权人保护”模式运作的核心内容是：制定一套严密且可操作性强的减资程序，其中包括进行减资时通知债权人、公开公告和警示；向债权人提供一定数额的担保保证将来债权的实现、对债权人享有的债权进行实质性清偿等内容。

② 美国《特拉华州普通公司法》（Delaware General Corporation Law）第244条4. b款规定：如果资本减少后公司的剩余资产不够偿付公司债务，则不得减资，即使减资也为无效。

③ 减资行为的实施需要一般的程序性规定和经过法院确认的双重规制。

合我国《公司法》减少政府干预，放活商事主体自由经营的立法精神，又可能给我国法官带来工作量的增加及裁判权力寻租的新空间。

相对于上市公司而言，人合性更为浓厚的有限责任公司是减资纠纷发生的重灾区，现行《公司法》规定的减资要求，责任主体不明及责任未落实到位，使得法律规定的通知义务、公告程序形同虚设，公司、董事、高管和股东往往不通知债权人，公告程序也只是应付工商登记部门的要求，在影响力较小的报纸上刊登“豆腐块”大小的公告，难以引起债权人注意。因此，结合目前数据互通讯息共享的大趋势，减资的书面通知程序乃必不可少，公告程序宜改为在国家企业信息公示网站进行公告，且公告次数不少于3次，每次间隔不少于7日，最后一次公告前形成的债权，债权人可以在6个月内要求提供担保或提前清偿，最大限度地利用网络手段充分发挥通知的效能，令债权人可以了解公司减资的现状，赋予其相应的权利救济措施。

（三）建立偿债承诺制度

在强化信息披露和公告程序后，结合美国偿债声明模式，要求股东、董事、高管出具偿债声明，承诺已经书面通知所有已知债权人，编制了资产负债表和财产清单，承诺不存在虚假伪造的情况，否则减资行为无效，承诺人在减资范围内承担补充赔偿责任。这样就从制度层面直接确定了违反法定义务减资行为的效力、责任承担范围及责任承担主体，让司法机关无须进入“形式减资”和“实质减资”的迷区，重点关注公司是否违反了减资程序或伤害了公司偿债能力，违反了或伤害了就承担相应法律责任，以最小的社会成本化解公司违法减资的法律风险。

（本文仅代表作者个人观点。特约编辑：张亮）

浅析被搬迁房屋用途核实、认定规则

叶秀贤*

一、引　言

在房屋征拆过程中，被搬迁人最关心的问题就是能获取多少补偿权益。影响搬迁补偿的因素很多，被搬迁房屋用途是重要因素之一，不同用途的房屋补偿标准是不同的。那么，房屋用途类别有哪些？如何进行房屋用途核实、认定？不同用途的房屋对补偿结果有何影响？改变房屋用途有何法律风险？本文进行以下简要分析。

二、房屋用途类别

房屋用途一般分为两大类：住宅房屋和非住宅房屋。为了明确房地产各统计指标的含义，防止歧义，利于统计和上报工作的规范化、标准化，依据《中华人民共和国统计法》（1996 年修正）第 11 条第 3 款“国务院各部门可以制定补充性的部门统计标准。部门统计标准不得与国家统计标准相抵触”的规定，并结合建设部（现更名为“中华人民共和国住房和城乡建设部”）“十五”期间统计工作的部署和要求，建设部于 2002 年 3 月 20 日发布并实施《房地产统计指标解释（试行）》［建住房〔2002〕66 号，以下简称《解释（试行）》］（已废止）。根据《解释（试行）》的规定，房屋分为住宅；工业、交通、仓储用房；商

* 广东晟典律师事务所律师，广西大学法学学士。

业、金融和信息用房；文化、新闻、娱乐、园林绿化、体育用房；教育、医疗卫生和科研用房；机关事业办公用房；军事用房；其他用房八大类。

上述《解释（试行）》发布实施后，根据《国务院办公厅关于做好规章清理工作有关问题的通知》（国办发〔2010〕28 号）的要求，住房和城乡建设部于 2011 年 1 月 26 日发布《住房和城乡建设部公告第 894 号——关于公布住房和城乡建设部规范性文件清理结果目录的公告》，确定上述《解释（试行）》废止或失效。上述《解释（试行）》失效后，目前并无有效的法律法规等对房屋用途类别进行明确具体的规定，实践中，规划自然资源管理部门仍参照上述规定进行房屋用途分类。

三、房屋用途核实、认定规则

（一）已办理产权登记房屋

1. 土地登记用途与房屋登记用途不一致

土地使用证记载的用途与房屋权属证书①记载的房屋用途不一致的，应按照房屋权属证书记载的房屋用途进行认定，房屋权属证书记载的房屋用途视为对土地使用证记载用途的变更。

2. 房屋权属证书和房屋登记簿记载不一致

《国有土地上房屋征收评估办法》第 9 条第 3 款规定：“对于已经登记的房屋，其性质、用途和建筑面积，一般以房屋权属证书和房屋登记簿的记载为准；房屋权属证书与房屋登记簿的记载不一致的，除有证据证明房屋登记簿确有错误外，以房屋登记簿为准。对于未经登记的建筑，应当按照市、县级人民政府的认定、处理结果进行评估。”《深圳市房屋征收与补偿实施办法（试行）》（2022 年 3 月 3 日深圳市人民政府令第 342 号修正）第 27 条第 1 款规定：“被征收房屋的建筑面积（包括套内建筑面积）与房屋用途的认定，以房地产权证书、房地产登记簿记载的面积和用途为准；但房地产权证书记载与房地产登记簿记载不一

① 房屋权属证书，2020 年后也有相关规定中修改为“不动产权属证书”。

致的，以房地产登记簿记载为准。”

根据上述规定，房屋权属证书与房屋登记簿的记载不一致的，原则上以房屋登记簿记载的为准，但房屋登记簿记载的用途错误除外。

相关案例：

（1）基本案情。

原告马某某诉被告磐石市人民政府房屋征收补偿决定案［案号为吉林省吉林市中级人民法院（2018）吉02行初35号、吉林省高级人民法院（2019）吉行终162号和最高人民法院（2020）最高法行申15401号］，被告为了棚户区改造项目的需要，对磐石市东安大街以东、东环路以西、永盛路以南、阜康路以北及四中分校以东平房范围内的国有土地上的住宅房屋进行征收。原告建筑面积为326.89平方米（房屋产权证号吉房权磐字第××××号，该证2010年11月1日颁发）的两层私产住宅房屋在征收范围内。因协商未达成征收补偿协议，被告于2018年1月11日作出磐政房征（2018）9号《磐石市人民政府关于马某某房屋征收补偿决定书》。

（2）原告观点。

被诉房屋征收决定未对涉案的楼梯和楼梯间计入补偿面积属于漏补，把车库按照住宅进行补偿属于错补。

（3）被告观点。

原告诉称的封闭楼梯间、楼梯不属于产权面积，无法计入产权面积内，不存在漏补情形。原告诉称的车库实为住宅，不具有商业房性质，不能按商业房安置。综上，原告的诉求缺乏证据支持，理应予以驳回。

（4）裁判观点。

关于再审申请人提出的漏补和错补的问题，根据《国有土地上房屋征收评估办法》第9条第3款的规定，对于已经登记的房屋，其性质、用途和建筑面积，一般以房屋权属证书和房屋登记簿的记载为准。故涉案房屋的评估和补偿依据被征收房屋所有权证的记载确定房屋用途和建筑面积符合法律规定。该项再审理由不能成立。

3. 现状用途与登记用途不一致

已登记房屋改变房屋用途后未办理变更登记，按照原有登记房屋用途进行补偿，如果是改成经营性用途并满足一定条件的，除了按照原有登记用途补偿外，还可以获得擅自改为经营性用途的适当补偿；如果是改成住宅或其他用途，则只能按照原有用途进行补偿。在搬迁补偿安置协议签订前进行房屋用途变更登记的，可以按照变更登记后的用途进行补偿。

擅自改为经营性用途的适当补偿的依据：《国务院办公厅关于认真做好城镇房屋拆迁工作维护社会稳定的紧急通知》（国办发明电〔2003〕42号）中规定："对拆迁范围内产权性质为住宅，但已依法取得营业执照经营性用房的补偿，各地可根据其经营情况、经营年限及纳税等实际情况给予适当补偿。"《深圳市房屋征收与补偿实施办法（试行）》第31条规定："征收产权性质为非经营性房屋或者工业用途房屋、但已依法取得营业执照的经营性用房，按照原合法用途予以补偿。"《深圳市房屋征收补偿规则》第四部分第2款规定："征收产权性质为非经营性用途或者工业用途房屋，未经规划国土部门批准擅自改为经营性用途，但已依法取得营业执照的，除按照原用途予以补偿外再给予擅自改为经营性用途的适当补偿。"

变更房屋用途登记所需材料：《深圳经济特区房地产登记条例》（2021年修正）第45条规定："申请变更登记，应当提交下列文件：（一）登记申请书；（二）不动产权属证书；（三）身份证明；（四）改变房地产使用用途的，应当提交规划和自然资源部门同意改变用途的批准文件及土地使用合同书，需补地价的，还应当提交付清地价款证明书；改变权利人姓名或者名称的，应当提交有关行政主管机关的批准文件。登记机构对权利人的申请进行审查，符合规定的，应当自受理申请之日起三十日内办理变更登记，并颁发不动产权属证书。"

相关案例：

（1）基本案情。

原告鲁某甲、鲁某乙诉被告重庆市人民政府行政裁决案［案号为重庆市第五中级人民法院（2019）渝05行初99号、重庆市高级人民法院（2019）渝行终575号和最高人民法院（2020）最高法行申6572号]，原告继承其母杨某某的房屋，位于重府地（1993）××征地红线范围内，原告在征地范围内共有房屋91.22平方米，未办理房屋产权转移登记，该案涉房屋《乡村房屋所有权证》记载：房屋所有权人为杨某某，房屋种类和建筑结构为砖石，建筑面积51.49平方米，用途为住宅。原告除有证房屋外，其余无证房屋未向有权审批机关申请办理建设审批手续。2018年4月17日，重庆市九龙坡区人民政府作出《关于鲁某甲、鲁某乙（户）拆迁补偿安置方案的批复》（九龙坡府〔2018〕14号），同意了重庆市九龙坡区国土资源管理分局上报的鲁某甲、鲁某乙（户）拆迁补偿安置方案，原告对房屋补偿标准有异议，原告向被告申请行政裁决，被告于2018年12月20日作出《重庆市人民政府征地补偿安置争议裁决书》[渝府地裁（2018）273号]。

（2）原告主张。

案涉房屋一直用于经营且具有营业执照、税务登记证，应按照经营性用房标准和程序给予停产停业损失费等设施的补偿费等。

（3）被告主张。

①答辩人具有作出涉诉裁决书的法定职责；②答辩人作出涉诉裁决书程序合法；③答辩人作出涉诉裁决书事实清楚、证据充分、内容适当、适用法律正确。经查询，该户除有证房屋外，其余无证房屋未向有权审批机关申请办理建设审批手续，属于违章建筑；九龙坡区人民政府批准实施的安置方案对原告具有合法权属房屋的补偿符合《最高人民法院关于审理涉及农村集体土地行政案件若干问题的规定》第12条的有关规定，也符合《国有土地上房屋征收与补偿条例》相关补偿标准的规定以及《重庆市国有土地上房屋征收与补偿办法（暂行）》第29条的有关规定。综上，请求法院驳回原告的诉讼请求。

（4）裁判观点。

本案中，案涉《乡村房屋所有权证》明确记载房屋用途为住宅，鲁某甲、鲁某乙在裁决程序中举示了个体工商户营业执照、食品卫生许可证等证据，但未举示其房屋经过规划、国土资源等部门批准将住宅房屋改为营业用房或其他非住宅用房的证据，也未举示搬迁损失证明和2年以上的纳税记录，故裁决对鲁某甲、鲁某乙所提91.22平方米的房屋应全部认定为经营用房并给予停产停业损失等补偿费的主张不予支持，并无不当。

4. 房屋登记未记载房屋用途或记载不明

《深圳市房屋征收与补偿实施办法（试行）》第27条第2款规定："房地产权证书、房地产登记簿未记载或者记载不明的，可以根据合法有效的竣工测绘报告认定房屋建筑面积（包括套内建筑面积），根据合法有效的规划证明文件认定房屋用途。"

根据上述规定，房屋登记未记载房屋用途或记载不明的，可根据合法有效的规划证明文件认定房屋用途。

相关案例：

（1）基本案情。

原告周某某诉被告浙江省舟山市普陀区人民政府（以下简称普陀区政府）房屋征收行政补偿案［案号为舟山市中级人民法院（2017）浙09行初57号、浙江省高级人民法院（2018）浙行终1429号和最高人民法院（2020）最高法行申1040号］，房屋征收部门与原告在签约期内未能达成一致，普陀区政府于2017年5月17日作出《房屋征收补偿决定书》。从《房屋征收补偿决定书》的内容来看，包含了被征收房屋货币补偿金额、搬迁费、临时安置费、装修及附属设施补偿费、私有住宅用于商业经营补助费等内容。周某某不服上述征收补偿决定。

（2）原告主张。

被征收房屋的性质应为商业用房，应按经营性用房进行补偿。

（3）裁判观点。

关于涉案房屋的性质和是否应当按照经营性用房进行补偿。从一审法院查明的事实看，涉案房屋所有权证未记载房屋性质，但是国有土地使用权证记载的用途为住宅用地，根据房地一致原则，房屋的法定用途应当是住宅。《浙江省国有土地上房屋征收与补偿条例》第30条第2款规定，1990年4月1日《中华人民共和国城市规划法》施行前已改变房屋用途并以改变后的用途延续使用的，按照改变后的用途确定。周某某虽然主张涉案房屋一直用于经营，应按照经营性用房予以补偿，并提供《个体工商户营业执照》用于佐证，但该营业执照的颁发时间为2013年，故其该项主张不能成立。就本案具体情况而言，普陀区政府考虑到涉案房屋用于经营的实际情况，额外补偿7万余元，亦不损害周某某的权益。

5. 登记用途与规划审批用途不一致

房屋登记经规划和自然资源部门依法批准改变用途但未作房屋用途变更登记的，按照规划和自然资源部门规划审批的用途确定。

（二）未登记房屋

由于历史原因或其他原因，被搬迁人因不愿登记或无法登记而未办理房屋权属证书的问题，根据《国有土地上房屋征收评估办法》第9条第3款的规定，由规划和自然资源管理部门综合考虑未办理登记的历史原因、土地、建设、规划审批、法定图则、房屋现状、周边类似房屋现状等多种资料信息进行房屋用途核实、认定。

相关案例：

（1）基本案情。

原告易某甲、易某乙诉被告湖南省长沙市岳麓区人民政府（以下简称岳麓区政府）房屋强拆行政赔偿一案［案号为湖南省长沙市中级人民法院（2011）长中法赔字第0001号、湖南省高级人民法院（2011）湘高法行终字第106号和最高人民法院（2015）行提字第20号］，1987年6月14日易某甲、易某乙经岳麓区天顶乡人民政府批准建房，持有望国土乡字第335号《非耕地建房许可证》，同意使用土地面积100平方米，并于岳麓区枫林××前建造一栋房屋，总面积为263.76平方米。2001年11月27日，长沙市人民政府发布（2001）第07号《征用土地方案公告》，征收集体土地2839.69亩，用于长沙市高科技园项目建设，易某甲、易某乙所有的房屋位于该项目范围内，属集体土地。岳麓区政府及其职能部门在未与易某甲、易某乙达成安置补偿协议或者作出相应决定的情况下，于2009年1月9日拆除案涉房屋。

（2）原告主张。

案涉房屋用途应为商业性质。案涉房屋临街，自建成后第一层即为“居改商”，在房屋强拆前一直出租给租赁户经营并办理了营业执照，将整栋房屋作为住宅用途进行评估不妥，为此在评估调查中提交了《长沙市公安局租赁房屋治安管理许可证》《房屋出租户计划生育合同》《收条》，在收到评估报告后提交了若干房屋租赁协议、营业执照（复印件）。

（3）被告主张。

案涉房屋只能按照住宅用途进行赔偿。易某甲、易某乙及其父亲易某丙均为非农业集体户口，案涉房屋系父亲在集体土地上所建，并办理了相关的村民建房手续。即使参照国有土地上房屋补偿标准进行赔偿，该房屋之性质仍为住宅。从再审申请人提交的证据来看，房屋租赁协议大多是1997年签订的，营业执照（复印件）显示颁证时间分别是强拆行为发生后的2010年、2017年以及2019年，难以证明案涉房屋“居改商”的主张。

（4）裁判观点。

关于涉案房屋的用途认定，由于涉案房屋系1987年建成的农村住宅，未办理房屋所有权登记证件，本院根据望国土乡字第335号《非耕地建房许可证》载明的“易某丙申请建房住宅基地……同意利用废弃余坪、荒山劣地改造建房，用地面积100平方米，不占耕地，由村、组落实地址，划定四至范围”认定涉案房屋系住宅用途。

综上，对于房屋用途的认定，一般按照产权证书确定房屋用途。土地使用证记载的用途与房屋权属证书记载的房屋用途不一致的，按房屋权属证书记载的房屋用途进行认定；房屋权属证书上记载的用途与房屋登记簿的用途不一致的，按房屋登记簿上记载的用途认定，但房屋登记簿记载错误的除外；擅自改变房屋用途未办理变更登记的，按原登记用途认定；房屋登记未记载房屋用途或记载不明的，按合法有效的规划证明文件认定房屋用途；未办理房屋权属证书的，综合考虑未办登记的历史原因、土地、建设、规划审批、法定图则、房屋现状、周边类似房屋现状等多种资料信息进行房屋用途核实、认定。

四、用途不同、补偿不同

《国有土地上房屋征收评估办法》第14条规定："被征收房屋价值评估应当考虑被征收房屋的区位、用途、建筑结构、新旧程度、建筑面积以及占地面积、土地使用权等影响被征收房屋价值的因素。"

根据上述规定，被搬迁房屋的价值需委托专业的房地产价格评估机构进行评估，不同的房屋用途会影响房屋评估的价值，也就意味着适用不同的补偿标准。对于房屋用途的补偿标准并没有全国性的统一规定，由各省、自治区、直辖市或市级人民政府结合所在地的实际情况拟定，同一用途的房屋在不同地区的补偿标准也会有所不同。

广东省层面未制定有关房屋用途的补偿标准，由各个地级市根据本地区情况进行制定。以深圳市为例，《深圳市房屋征收与补偿实施办法（试行）》（2022年修正）和《深圳市房屋征收补偿规则》等相关法规政策明确不同的房屋用途可以选择的房屋补偿方式（货币补偿、回迁安置和两者结合）不同，搬迁费、临时安置费、装饰装修费等补偿标准不同，停产停业补偿费、擅自改为经营性用途的适当补偿需要满足相应用途和其他条件才能获得等。

相关案例：

（1）基本案情。

原告朱某甲诉被告贵州省毕节市七星关区人民政府（以下简称七星关区政府）房屋行政赔偿案［案号为贵州省毕节市（地区）中级人民法院（2017）黔05行赔初10号、贵州省高级人民法院（2019）黔行赔终3号和最高人民法院（2020）最高法行赔申1415号］，毕节市司法路54－2号房屋的所有权人是朱某甲，《房屋所有权证》为毕房权证毕地字第××号。后朱某甲在其房屋侧面自行修建二层房屋，其子朱某乙在上述房屋内从事餐馆经营，并办理了《食品卫生许可证》《个体工商户营业执照》《税务登记证》。后朱某甲上述房屋被纳入七星关区政府征收范围。

（2）原告观点。

①案涉房屋性质系经营餐饮业的经营性用房。2007 年，朱某甲之子朱某乙开始在案涉房屋开办“毕节市顺兴酒家”，朱某甲提供了营业执照、税务登记等证据证明，不能认定为住房；②关于停产停业损失问题。根据《中华人民共和国国家赔偿法》第 36 条第 8 项及《国有土地上房屋征收与补偿条例》第 17 条等规定，朱某甲的停产停业损失属于直接损失，七星关区政府应当予以赔偿。

（3）被告观点。

根据黔府办发〔2011〕116 号《贵州省国有土地上房屋征收停产停业损失补偿指导意见》（以下简称《116 号指导意见》）计算停业损失 76507.20 元，无事实及法律依据。朱某甲自行修建的房屋系非法建筑，对该部分面积不满足停产停业损失的补偿条件；对《房屋产权证》登记的 97.28 平方米部分，根据前述指导意见，需同时满足合法有效的营业执照、税务登记证并有纳税记录三个条件才符合停产停业损失的补偿条件。

（4）裁判观点。

关于停产停业损失问题。案涉房屋并未登记为非住宅，不符合《116 号指导意见》等有关补偿停产停业损失的规定。鉴于该房屋实际用于经营，二审参照《116 号指导意见》第 6 条关于实际经营用房在房屋评估价值基础上增加 20% 补偿金额的规定，确定在案涉房屋价值基础上增加 20% 的赔偿金额，能够弥补案涉经营用房被拆除的实际损失。

五、改变房屋用途的法律风险

（一）房屋用途改变后增加部分不予补偿

《国有土地上房屋征收与补偿条例》第 16 条规定：“房屋征收范围确定后，不得在房屋征收范围内实施新建、扩建、改建房屋和改变房屋用途等不当增加补偿费用的行为；违反规定实施的，不予补偿。”《深圳市房屋征收与补偿实施办法（试行）》第 11 条规定：“房屋征收范围确定后 3 个工作日内，房屋征收部门应当在房屋征收范围、政府网站以公告形式发布征收提示，告知自公告之日起至房屋征收决定公告之日止，因下列行为导致增加房屋征收补偿费用的，对增加部分将不予补偿：……（二）改变房屋和土地用途。”

根据上述规定，房屋征收范围确定以后，被征收人不得改变房屋用途，相关部门应暂停办理房屋用途变更的相关手续，如违反规定实施的，改变房屋用途后增加补偿费用部分将不予补偿。

（二）擅自改变房屋用途需承担民事、行政和刑事责任

不同用途的房屋在开发时会采用不同的配套设施和安全标准，未经规划许可擅自改变房屋用途，会对房屋原有结构和使用功能造成破坏，影响建筑物安全性能，容易酿成安全事故，也侵犯了其他业主的合法权益。如擅自改变房屋用途危害房屋安全导致财产损失或人身伤亡的，需承担民事责任、行政责任甚至刑事责任。具体如下：

1. 民事责任

《中华人民共和国民法典》第 724 条规定：“有下列情形之一，非因承租人原因致使租赁物无法使用的，承租人可以解除合同：（一）租赁物被司法机关或者行政机关依法查封、扣押；（二）租赁物权属有争议；（三）租赁物具有违反法律、行政法规关于使用条件的强制性规定情形。”第 1252 条第 2 款规定：“因所有人、管理人、使用人或者第三人的原因，建筑物、构筑物或者其他设施倒塌、塌陷造成他人损害的，由所有人、管理人、使用人或者第三人承担侵权责任。”《最高人民法院关于审理建筑物区分所有权纠纷案件适用法律若干问题的解释》（2020 年修正）第 10 条第 1 款规定：“业主将住宅改变为经营性用房，未依据民法典第二百七十九条的规定经有利害关系的业主一致同意，有利害关系的业主请求排除妨害、消除危险、恢复原状或者赔偿损失的，人民法院应予支持。”《最高人民法院关于审理城镇房屋租赁合同纠纷

案件具体应用法律若干问题的解释》（2020 年修正）第 6 条规定：“承租人擅自变动房屋建筑主体和承重结构或者扩建，在出租人要求的合理期限内仍不予恢复原状，出租人请求解除合同并要求赔偿损失的，人民法院依照民法典第七百一十一条的规定处理。”综上，擅自改变房屋用途，侵犯他人人身、财产合法权益的，受害人根据不同情形可以要求加害人承担排除妨害、消除危险、恢复原状或者赔偿损失等侵权责任。

2. 行政责任

《中华人民共和国城乡规划法》（2019 年修订）第 64 条规定：“未取得建设工程规划许可证或者未按照建设工程规划许可证的规定进行建设的，由县级以上地方人民政府城乡规划主管部门责令停止建设；尚可采取改正措施消除对规划实施的影响的，限期改正，处建设工程造价百分之五以上百分之十以下的罚款；无法采取改正措施消除影响的，限期拆除，不能拆除的，没收实物或者违法收入，可以并处建设工程造价百分之十以下的罚款。”《物业管理条例》（2018 年修正）第 62 条规定：“违反本条例的规定，未经业主大会同意，物业服务企业擅自改变物业管理用房的用途的，由县级以上地方人民政府房地产行政主管部门责令限期改正，给予警告，并处 1 万元以上 10 万元以下的罚款；有收益的，所得收益用于物业管理区域内物业共用部位、共用设施设备的维修、养护，剩余部分按照业主大会的决定使用。”《建设工程质量管理条例》第 69 条规定：“违反本条例规定，涉及建筑主体或者承重结构变动的装修工程，没有设计方案擅自施工的，责令改正，处 50 万元以上 100 万元以下的罚款；房屋建筑使用者在装修过程中擅自变动房屋建筑主体和承重结构的，责令改正，处 5 万元以上 10 万元以下的罚款。有前款所列行为，造成损失的，依法承担赔偿责任。”综上，擅自改变房屋用途的，有关主管部门根据不同情况可处以警告、责令停止建设、限期改正、限期拆除、没收实物或违法收入、罚款等行政处罚。

3. 刑事责任

《中华人民共和国刑法》（2020 年修正）第 134 条第 1 款规定：“在

生产、作业中违反有关安全管理的规定，因而发生重大伤亡事故或者造成其他严重后果的，处三年以下有期徒刑或者拘役；情节特别恶劣的，处三年以上七年以下有期徒刑。”第233条规定：“过失致人死亡的，处三年以上七年以下有期徒刑；情节较轻的，处三年以下有期徒刑。本法另有规定的，依照规定。”第235条规定：“过失伤害他人致人重伤的，处三年以下有期徒刑或者拘役。本法另有规定的，依照规定。”第275条规定：“故意毁坏公私财物，数额较大或者有其他严重情节的，处三年以下有期徒刑、拘役或者罚金；数额巨大或者有其他特别严重情节的，处三年以上七年以下有期徒刑。”综上，擅自改变房屋用途造成他人人身或财产重大损害，符合刑法规定的犯罪构成要件的，根据不同犯罪情节，需承担相应的刑事责任。

六、结　语

经本文分析，笔者认为，在房屋征拆项目中，无论是征拆部门或被搬迁人都应坚持依法依规、实事求是、诚实信用、公平合理的原则，开展被搬迁房屋用途的申报、认定及补偿工作。相关主体在进行房屋用途认定过程中，原则上应依据房屋权属证书、规划审批等登记、批准材料进行认定；针对未办理产权登记的被搬迁房屋，综合考虑未办理产权登记的历史原因、土地、建设、规划审批、房屋现状、周边类似房屋现状等情况进行认定。被搬迁人对房屋实际用途也应承担相应的举证责任，依法主动提供相关材料配合认定工作，保障自身合法权益。

（本文仅代表作者个人观点。特约编辑：徐路路）

未完工固定总价施工合同结算规则评析

孙　立*

固定总价合同俗称“一口价”合同，发承包双方以施工图、已标价工程量清单或预算书为基础，工程任务和内容比较明确，总价一次包死，在约定的范围内合同总价不作调整。此定价方式，一般适用于周期短、设计成熟固定、发包人预算要求严格的建设工程项目。具体到合同条款，固定总价合同除出现“合同价款为固定总价或总价包干”的文字描述外，往往伴随“除签证、设计变更、新增工程外固定总价不再调整”“人工、物价波动合同价款不作调整”等限制性条款。

在严格意义上的固定总价合同中，执行“总价优先原则”。承包人承担着工程量与工程价不变的双风险。当合同项下工程未完工而承包人中途退场时，订立合同或投标时的报价清单也不能作为工程价款计算依据，此时工程价款因无合同依据可循，往往难以确定。因此，如何公平合理地认定中途解约条件下的固定总价合同价款，多有争议。

一、固定总价合同与固定综合单价合同结算区别

一般固定总价合同有三个结算步骤，即承包人报价、发包人定价和最终价款确定，分别对应民事合同法律行为中的要约、承诺和履行三大阶段。

具体到固定总价合同缔约环节中，在承包人报价阶段（要约），发

* 中铁三局集团有限公司法务。

包人已提供施工图纸和说明，承包人在报价时要自己计算工程量，即承包人根据“工程总价 = 分部分项工程费 + 措施项目费 + 其他项目费 + 规费 + 税金”或者“工程总价 = 直接费 + 间接费 + 利润 + 税金”的规则计算报价。在此阶段，对于单价合同与总价合同，承包人计算工程价款的方式并无实质差别。

而在发包人定价阶段（承诺），发包人根据“工程总包干价 + 其他合同签证费用”或者以“单位工程量包干价 = 工程总包干价 ÷ 工程体量”原则确定固定总价合同价款。而在单价合同中，发包人承诺的仅是综合单价，总价款处于暂定状态。

最后，在最终结算阶段（履行），固定总价合同和单价合同的差别得以体现。固定总价合同结算执行的是总价优先，报价阶段的工程量清单和分项工程表并不作为结算依据，要以承包人完成单位工程价款包含的所有施工内容为基础。单价合同结算执行的是工程量优先，单价合同结算价以实际发生工程量为基础。

需要指出的是，部分形式上表现为固定总价的合同实际按照综合单价计算工程价款，该类合同并非真正的固定总价合同。例如，在房建类施工技术成熟的建设工程领域中，一些建设工程项目产品设计已经非常成熟，基本再无调整变更可能，尤其是在一些“用地未定、设计先行”的房建项目（常见于地产开发商的“系列”开发项目）集采招标中，发包人通常会在招标阶段将施工工序、技术、材料等施工要求详尽罗列，并约定承包人施工图预算完成后，一次性确定合同总价，以基本排除承包人在施工工程中形成签证的空间，并在具体项目落地后，与承包人订立“固定总价合同”。此类固定总价合同价款计算仍然以综合单价、工程实际发生量为基础，并非上述意义上的固定总价合同。

二、固定总价合同一般结算情形

（一）当事人约定优先原则

《中华人民共和国民法典》第510条规定，“合同生效后，当事人就质量、价款或者报酬、履行地点等内容没有约定或者约定不明确的，可以协议补充；不能达成补充协议的，按照合同有关条款或者交易习惯确定”。另《最高人民法院关于审理建设工程施工合同纠纷案件适用法律问题的解释（一）》（法释〔2020〕25 号）第 19 条规定，“当事人对建设工程的计价标准或者计价方法有约定的，按照约定结算工程价款”，第 24 条规定，“当事人就同一建设工程订立的数份建设工程施工合同均无效，但建设工程质量合格，一方当事人请求参照实际履行的合同关于工程价款的约定折价补偿承包人的，人民法院应予支持”。上述法律规定体现了民事法律关系中的约定优先原则。

（二）政府定价或市场价作为当事人约定的补充

《中华人民共和国民法典》第 511 条第 2 项规定，“价款或者报酬不明确的，按照订立合同时履行地的市场价格履行；依法应当执行政府定价或者政府指导价的，依照规定履行”。

在建设工程施工合同中，由于施工技术和施工过程的复杂性，最终价款可能难以完全通过事先的合同约定直接确定。合同履行完毕后，结算价才是确定双方价款的最终依据，即使结算价与合同约定不一致。通过上述法律及司法解释规定，可以得知建设工程合同价款确定的一般顺序是“当事人确定 > 合同约定 > 司法鉴定”，即首先应当看当事人双方是否已经进行结算；如果尚未结算的，则应当看是否能按照合同约定直接确定价款；如果不能按照合同约定直接确定价款，最后才进行司法鉴定。并非一概“以鉴代审”。

三、固定总价合同特殊结算情形

如果固定总价合同未全部履行完毕，发包方及承包方不能就结算价款达成一致的，那么固定总价合同工程价款该如何确定？

例如，某总价包干住宅项目，合同包干总价款 10000 万元，总建筑面积 25000 平方米，包干单价为 4000 元/平方米，分为 2 栋（8000 平方米/栋），承包范围为地下工程（地基 + 地下室等）5000 平方米，室内工程（土建＋安装＋精装修等）16000 平方米，室外工程 4000 平方米。

问题1：承包人仅完成地下工程5000平方米时，价款如何计算？能否按照5000平方米×4000元/平方米直接计算？即总价为2000万元。

问题2：承包人仅完成地下工程5000平方米与其中2栋住宅所有施工内容16000平方米时，价款如何计算？能否按照5000平方米×4000元/平方米＋16000平方米×4000元/平方米直接计算？即总价为8400万元。

问题3：承包人仅完成地下室5000平方米的70%，与其中1栋住宅8000平方米的60%，价款如何计算？能否按照5000平方米×4000元/平方米×70%＋8000平方米×4000元/平方米×60%直接计算？即总价为3320万元。

问题4：承包人完成地下室5000平方米的90%，2栋住宅16000平方米的90%，室外工程4000平方米的95%时，价款如何计算？能否按照5000平方米×4000元/平方米×90%＋16000平方米×4000元/平方米×90%＋4000平方米×4000元/平方米×95%直接计算？即总价为9080万元。

前述法律规定仅是建设工程施工合同的一般结算规定，对于固定总价合同，合同虽然约定了总价款，合同价款看似约定明确，但该总价款的兑现以承包人完成所有工程量为前提。承包人未完成所有工程量时，一是该总价款兑现条件尚未成就，总价条款未能触发适用；二是固定总价合同一般也不会对此种情形下如何计算工程价款作出约定。因此，固定总价合同应属于“半约定不明”的合同。即在上述情形下，合同对价款计算约定不明，根据合同约定的固定总价计算前述情形工程价款的基础依据显然错误。因此，不能直接按照固定总价合同约定的总价款计算上述例子中的合同价款。正是总价合同在实际履行过程中的多变性，导致结算方式存在争议。

四、关于固定总价合同特殊结算情形的司法判定

影响工程总价款的两大基本因素为完工量与计价方法。在固定总价

合同中，承包人未完成全部工程时，因固定总价合同并未对出现此情形时的计价方法作出约定，而按照相关法律规定，应由鉴定机构对工程价款进行鉴定，根据定额计价或参照市场价形成鉴定价款。但鉴定机构作出的鉴定价款仅是对价款事实部分的认定，仅涉及法律事实查明问题，而涉及法律适用问题时，鉴定价款能否作为认定发承包人双方结算价款的最终依据？

笔者认为，双方结算价款的确认仍然要参照双方合同约定的总价款，因为固定总价合同中已经对合同总价款作出了约定，合同约定的总价为发承包双方的真实意思表示；即使工程未完工，但当事人约定的固定总价形成与分部工程密切相关，约定的总价款也是影响工程价款的重要因素，也应当在确定价款时作为依据。

而围绕量价关系，对于未完工情形下如何计算固定总价合同工程价款的问题，司法实践中主要形成按照已完成工期比例、已完成工程量比例、已完成工程价比例计算总价款的“折算法”和完全按照鉴定结果认定工程价款的“不折算法”。

（一）工期比例折算法

建设工程合同中虽然一般会约定总工期，承包人也会根据约定总工期制定施工计划节点，施工产值随着工期进度总体呈增长趋势，但在具体施工中，工程价款的变化与工期进度比例关系极不平衡，按照工程工期进度比例确定已完工价款明显不合理。该计算方法仅适用于工程量完全按照工期天数匀速增加的理想计量模型。

（二）工程量比例折算法

工程量比例折算法的基本计算方法是按照“已完成工程量×包干单价”直接计算，该方法的确定思路为：①已完工总价款=合同约定总价款×已完工程量/总工程量；②将“合同约定总价款”进行拆解，即已完工总价款=包干单价×总工程量×已完工程量/总工程量；③将“总工程量”进行约分，即已完工总价款=包干单价×已完工程量。如同前述案例中问题1、问题2的计算方式。

与上述计算方法对应的司法解答——《山东省高级人民法院关于审理建设工程施工合同纠纷案件若干问题的解答》（2020年11月16日）第4条规定："建设工程施工合同约定工程价款按照固定总价结算，当事人主张施工范围、工程量增减的，如何处理？……（3）工程尚未完工的，合同约定固定总价，承包人要求支付工程款的，对于能够确定已完工工程占合同约定施工范围比例的工程，应以合同约定的固定价为基础按比例折算；无法确定已完工比例的，双方对工程造价有争议的，可将争议部分工程造价委托鉴定。"

与上述计算方法对应的案例——威海市中级人民法院（2020）鲁10民终435号民事判决书中认定"江海石材厂未履行完毕全部施工内容，已施工完毕部分的工程价款，应以合同约定的固定总价为基数，按照已实际施工部分的工程量占全部工程量的比例来确定已完工部分的工程价款，经鉴定，实际施工部分的工程量占全部的工程量的比例为87.77%，按合同约定的固定价格442,000元计算，已完工部分的工程价款为387,943.40元"。

（三）工程价比例折算法

工程价比例折算法的基本计算方法是按照"已完成工程价款比例"或"总价下浮"计算。该方法的确定思路为，已完工总价款=合同约定总价款×已完价款（鉴定）/工程总价（鉴定），或按照"总价下浮"角度计算，已完工总价款=已完价款（鉴定）×合同约定总价款/工程总价（鉴定）。

回到前述案例中问题1、问题2，即已完工价款=10000万元×已完价款（鉴定）/工程总价（鉴定），此种价款计算方法也称为"定额价下浮法"。对于前述案例中问题3、问题4，也可按固定合同价款乘以鉴定完成的工程价款占鉴定总价款的比例计算。

与上述计算方法对应的司法解答——《北京市高级人民法院关于审理建设工程施工合同纠纷案件若干疑难问题的解答》（京高法〔2012〕

245号）第13条规定，“固定总价合同履行中，承包人未完成工程施工的，工程价款如何确定？建设工程施工合同约定工程价款实行固定总价结算，承包人未完成工程施工，其要求发包人支付工程款，经审查承包人已施工的工程质量合格的，可以采用‘按比例折算’的方式，即由鉴定机构在相应同一取费标准下分别计算出已完工程部分的价款和整个合同约定工程的总价款，两者对比计算出相应系数，再用合同约定的固定价乘以该系数确定发包人应付的工程款”。

与上述计算方法对应的案例——北京市房山区人民法院（2015）房民初字第03977号民事判决书中认定“在本案诉讼中，轻工建设公司申请对其施工工程的造价进行评估鉴定……按照预算定额价计算……另一版图纸（以下简称第二版）的造价为3,782,845.93元，图纸内实际施工内容的造价为3,266,094.33元。施工合同为固定价格合同，通过‘按比例折算’的方式计算，轻工建设公司完成合同范围内施工内容对应的造价为3,453,584.3元（第二版）”。

（四）量价平衡法

量价平衡法的核心是承包人应得的工程价款应与其完成的工程量大小相对应。在固定总价合同中，合同约定固定总价对应的是承包人完成所有工程量，完成所有工程量是固定总价款的结算基础。而在承包人仅完成部分工程时，如果存在不平衡报价或承包人完成的工程量占据总工程量的比例较小时，合同约定的固定总价款就失去了计算适用基础，按照工程量或工程价比例折算法计算工程价款将违背合同双方真实意思或有失公平，此时应当视承包人完成的工程量大小，综合考虑是否折算或下浮。根据是否存在不平衡报价问题，分为两种方式结算：

1. 存在不平衡报价问题，按照定额或市场价据实结算

对于该问题，江苏省高级人民法院的观点较为合理，符合实际。《江苏省高级人民法院关于审理建设工程施工合同纠纷案件若干问题的解答》（已废止）第8条规定：“固定总价合同履行中，承包人未完成工程施工的，工程价款如何确定？建设工程施工合同约定工程价款实行

固定总价结算，承包人未完成工程施工，其要求发包人支付工程款，发包人同意并主张参照合同约定支付的，可以采用‘按比例折算’的方式，即由鉴定机构在相应同一取费标准下计算出已完工程部分的价款占整个合同约定工程的总价款的比例，确定发包人应付的工程款。但建设工程仅完成一小部分，如果合同不能履行的原因归责于发包人，因不平衡报价导致按照当事人合同约定的固定价结算将对承包人利益明显失衡的，可以参照定额标准和市场报价情况据实结算。”即应当根据合同履行实际情况选择“按比例折算”或者按照鉴定价款据实结算。

最高人民法院（2014）民一终字第69号民事判决书中也有充分论述。该案例裁判摘要为“对于约定了固定价款的建设工程施工合同，双方未能如约履行，致使合同解除的，在确定争议合同的工程价款时，既不能简单地依据政府部门发布的定额计算工程价款，也不宜直接以合同约定的总价与全部工程预算总价的比值作为下浮比例，再以该比例乘以已完工程预算价格的方式计算工程价款。而应当综合考虑案件实际履行情况。并特别注重双方当事人的过错和司法判决的价值取向等因素来确定”。主要裁判内容为：①合同约定价款为，合同总价 = 1860 元/平方米 × 36691.76m^2 = 68,246,673.60 元；②鉴定价款为，经按定额鉴定全部施工图预算价：89,098,947.93 元，定额预算每平方米单价：2428.31 元，按照定额已完工程预算价 40,652,058.17 元；按照定额计算已完成工程量比例为 45.62%；③一审法院判决价款为，已完成部分总价 = 合同总价 × 经鉴定完成的工程价款/经鉴定完成的工程总价，即 68,246,673.60 元 × 40,652,058 元/89,098,947 元 = 31,138,052.8 元，鉴定后的定额价与计算得出的折算价相差约951万元；④二审判决价款为，原告完成的工程总价按照定额计价据实结算，不进行折算或下浮。主要理由为承包人已完工部分单价远比整体工程单价高，折后单价对承包方明显不公平，按照“定额计价法”符合双方真实意思表示。

2. 不存在不平衡报价问题，仍然按照量价比例折算法计算承包人完成的工程价款

江苏省江阴市人民法院（2018）苏0281民初5350号民事一审判决

书中认定："……根据鉴定意见，按合同约定结算方式 3745 工程已施工项目造价占合同总价的 9%；按江苏省定额规定鉴定已施工项目造价占 3745 项目总造价的 10.6%；按合同约定结算方式 3745 工程已施工项目的可得利润占整个工程完成后的可得利润的 9%，按江苏省定额规定 3745 工程已施工项目的可得利润占整个工程完成后的可得利润的 12%。可见，虽然案涉已完工程占合同约定工程的 10% 左右，但按合同约定的可得利润与按江苏省定额规定鉴定的可得利润差距不大，因此涉案工程不存在不平衡报价的问题……本院确定已经完工的工程价款（不含临时设施费）采用'按比例折算'的方式计价。"

五、不同计算方法评析

如语言学家索绪尔所述，"语言只是形式，而不是实质"，法律规定也不能穷尽所有的表达，上述列举的计算固定总价合同中承包人已完成部分工程总价款的方法各有依据，但也应根据具体实际情形选择适用，真正把握法律规定对于争议解决的实质正义。

笔者认为，因一般工程量价与工期进度差距较大，工期比例折算法明显不合理，实践中适用较少。而工程量比例、工程价比例折算法，其综合考虑了合同约定总价、鉴定总价、已完工部分鉴定价三者对工程价款的影响，较为合理，但因完成所有工程量是"合同约定总价款"适用的前提条件，如果承包人已完成工程量与总工程量偏差较大，或存在不平衡报价时，仍然会导致量价失调，该两种方法公平性依然存在偏颇。而对于量价平衡法，其核心为完成的工程量与完成的工程价款能够对应，在涉及未完工情形下计算固定总价合同工程价款问题时，应结合承包人完成的工程量、合同约定总价款、双方过错、是否存在不平衡报价等问题，综合判定是否应对定额价进行折算，该方法较为全面地考虑了影响工程价款的各项因素，最为合理。

六、结　语

结合前述分析，在工程总承包模式成为趋势背景下，建设工程固定总价合同对工程价款结算约定简单，能够在一定程度上简化工程价款计算方式，提高发包人和承包人双方的履约效率。而一旦双方发生履约纠纷，有关工程价款的计算便成为争议焦点，但在现行司法体系下目前还难以统一裁判标准。笔者认为，固定总价合同与固定单价合同相比，更具有“人合性”，其风险化解关键在于发承包双方事先需要根据建设工程项目特点、双方信赖关系、发包人资金来源情况、承包人项目经验等情况，综合审慎考虑是否订立固定总价合同，以避免合同履行不能满足双方的需求而发生争议，以避免发包人无法使用工程及承包人不能回收工程款的两败俱伤。

（本文仅代表作者个人观点。特约编辑：李佳明）

爱的对价

——上市公司股权激励面对离婚纠纷的多重困境

宋　佳[*]

现代公司治理中，随着公司所有权和控制权的分离，相当多公司通过激励和约束机制引导高级管理人员行为。高级管理人员薪酬计划可能包含四项要素：基本工资、年终奖、股票期权、长期激励计划等。在工资、年终奖构成相对透明的情况下，股权激励类收入及权益显得有些神秘，同时因法律对此未有明确规定，实践中一旦涉及离婚纠纷，可能存在争议。

我国《民法典》并未以明文方式将股权激励类收入及权益作为夫妻共同财产的类型之一。《民法典》第 1062 条第 1 款规定："夫妻在婚姻关系存续期间所得的下列财产，为夫妻的共同财产，归夫妻共同所有：（一）工资、奖金、劳务报酬；（二）生产、经营、投资的收益；（三）知识产权的收益；（四）继承或者受赠的财产，但是本法第一千零六十三条第三项规定的除外；（五）其他应当归共同所有的财产。"据此，基于股权激励的薪酬属性及可能具有的股票或期权形式，股权激励类收入及权益可能被认为属于"劳务报酬"或"投资的收益"，继而可以作为夫妻共同财产在离婚纠纷中进行分割。但因股权激励同时具有人身属性，法院一般不直接分割激励股票或期权，通常会进行折价分割。

---

* 德恒律师事务所（深圳）律师，中央民族大学法学学士。

根据《上市公司股权激励管理办法》（以下简称《股权激励办法》）第2条的规定，股权激励是指上市公司以本公司股票为标的，对其董事、高级管理人员及其他员工进行的长期性激励。其最常见形式为公司授予限制性股票或股票期权。本文将主要探讨这两种形式下，所涉财产及权益在离婚诉讼中的分割规则及实践困境。

一、限制性股票

根据《股权激励办法》第22条第1款的规定，限制性股票是指激励对象按照股权激励计划规定的条件，获得的转让等部分权利受到限制的本公司股票。

依据《股权激励办法》第22条第2款的规定，限制性股票在解除限售前不得转让、用于担保或偿还债务。上市公司在股权激励计划中一般会明确规定分期解除限售期限以及解除限售的条件，当出现终止实施股权激励计划的情形或激励对象未达到解除限售条件的，公司将回购尚未解除限售的限制性股票，并进行注销。

因此，虽然限制性股票在被授予时，获授员工即享有相关权利，但最终权益能否实现仍存在不确定性。根据限制性股票取得及解禁的不同时间，通常有如下处理规则。

（一）婚前取得，婚前解禁

此时，限制性股票为激励对象个人婚前财产，在实践中一般不存在争议。

（二）婚前取得，婚内解禁

此情形法院存在两种观点：一种观点认为属激励对象的个人婚前财产；另一种观点认为婚前购买限制性股票的款项为个人婚前财产，婚内解禁股票的增值部分属于夫妻共同财产。因解禁发生在婚内，且解禁需倚仗婚内的工作表现，婚内增值部分在实践中可根据具体解禁条件个案争取。

观点一判例：

案号	裁判日期及裁判法院	案情	法院观点	法院裁判
（2016）沪0106民初9233号	2016年1月6日上海市静安区人民法院	离婚后就共同财产分割另行起诉，其中，限制性股票第一批为婚前购买，婚后解禁，第二批为婚后购买，部分在婚后解禁，部分未解禁。	被告婚前购买的股票婚后上市的增值部分以及婚后购买的股票均属于夫妻共同财产，本院根据实际情况酌情予以分割。其中婚后购买的10000股股票仅上市4500股，尚有5500股未上市，双方可以另行处理，本案仅对已上市的4500股股票予以分割。	双方同意以股票上市之日的价格计算，被告施乙应于本判决生效之日起十日内给付原告范红某股票折价款人民币59,000元。

观点二判例：

案号	裁判日期及裁判法院	案情	法院观点	法院裁判
（2019）京01民终11051号	2019年12月25日北京市第一中级人民法院	张某与万某1协议离婚后，万某1未履行离婚协议约定，张某另发现万某1隐瞒持有京东股票，遂向法院起诉。	万某1持有的股票中，144000股股票属于婚前授予，表明万某1婚前取得、婚后支付，应视为万某1婚前个人财产，25000股股票属于婚后授予、婚后支付，属婚后夫妻共同财产。	根据万某1婚前婚后实际获得股票比例，计算出婚后夫妻共同财产股票价值415,084元，鉴于万某1存在隐匿夫妻共同财产行为，万某1应少分，法院酌定张某与万某1按7:3比例分配。二审驳回上诉维持原判。

（三）婚前取得，离婚后解禁

与情形二类似，婚前取得的限制性股票在婚内增值的部分在离婚时可进行争取。因在离婚时对未解禁部分的限制性股票法院一般认为暂不分割，此类案件一般为离婚后财产纠纷，诉讼时效应从离婚后知道或应当知道限制性股票解禁之日起算。由于解禁日在婚姻关系解除后，能否在解禁后实现股票全部权益尚有赖于持有限制性股票方的辛勤劳作，因此一般认为解禁日距婚姻关系解除之日越远，非持股方的原配偶的贡献越小，比例越低，原配偶分得的比例一般为≤50%。

（四）婚内取得，婚内解禁

此时，限制性股票为夫妻共同财产，在实践中一般也不存在争议。

（五）婚内取得，离婚后解禁

因在婚内取得，实践中一般认可该限制性股票为夫妻共同财产，但需根据具体解禁条件计算比例。与情形三解禁情况类似，一般解禁日距婚姻关系解除之日越远，原配偶的贡献越小，比例越低，原配偶分得的比例一般为≤50%。

典型判例：

案号	裁判法院	案情	法院观点	法院裁判
（2015）沪一中民一（民）终字第624号	上海市第一中级人民法院	限制性股票系在婚内授予，部分在婚内解禁，并在离婚诉讼中处理，部分在离婚后解禁。	陶某某取得相应的股票权益与其实际被聘用的时间、离职后需履行的保密义务密切相关，因陶某某与公司之间的聘用关系尚在继续中，且最终利益可以完全获得尚有赖于其之后的辛勤劳作，虽双方当事人婚姻关系解体于	判决陶某某支付佘某某股票折价款的30%。

续表

案号	裁判法院	案情	法院观点	法院裁判
			2014年4月，但对该部分利益的分割当应考虑各自的贡献程度，原审法院依平均分割的原则处理该部分财产内内容确有不当之处，法院对此予以调整。	

值得注意的是，针对未解禁的限售股，法院并非一概认为不予分割，存在法院以购入价作为未解禁股票价值进行分割的案例①，但考虑购入价一般比解禁时的价格低，是否在离婚诉讼中争取分割未解禁股票价值需在个案中斟酌考虑。

二、股票期权

根据《股权激励办法》第28条的规定，股票期权是指上市公司授予激励对象在未来一定期限内以预先确定的条件购买本公司一定数量股份的权利。股票期权同样不得转让、用于担保或偿还债务。上市公司一般会规定考核标准、明确的行权价格或行权价格确定方法及可行权日，在可行权日，激励对象可以确定价格购买相应比例的公司股票。行权期结束后，未行权的当期股票期权会终止行权，由上市公司注销。在出现《股权激励办法》第18条、第31条规定的情形，或者其他终止实施股权激励计划的情形或激励对象不符合行权条件的，上市公司应当注销对应的股票期权。

因股票期权与限制性股票相比，在未行权时是一种期待权，尚不具

① 黄某与庄某离婚纠纷案［（2019）粤5102民初962号案］，法院认为："对于剩余6000股股票可作为共同财产予以分割，因目前尚未解锁，没有具体的市值，故可以购入价11.15元/股的价格作为该部分股票的分割价值。"

有确定的财产性权益，在未行权时，法院倾向于暂不予处理[①]。根据股票期权取得及行权的不同时间，通常有如下处理规则。

（一）婚前获得、婚前行权

此时，行权部分一般认为属于个人婚前财产，在实践中一般不存在争议。

（二）婚前获得，婚内行权

已行权的股票期权形式已转化为上市公司股票，如在婚内行权，且行权考验期间包括婚姻持续期间，由于行权条件往往需要一方辛勤工作和对公司贡献，需要在婚内投入大量时间和精力，根据个案行权条件、行权出资的性质在个案中争取，存在主张为婚姻关系存续期间的劳务报酬的空间，不可一概而论。

（三）婚前获得，离婚后行权

针对婚前取得、离婚后行权部分能否作为共同财产分割，广东省高级人民法院曾经作出批复[②]，认为："LF 婚前取得的股票期权，是 XT 科技公司作为一种激励机制而赋予员工有条件地购买本企业股票的资格，并非具有确定价值的财产性权益。该期权要转化为可实际取得财产权益的股票，必须以员工在公司工作时间的积累为前提条件。在 LF 与 SHS 二人婚姻关系存续期间，LF 的部分股票期权可行权并获得财产权益。虽然 LF 是在离婚后才行使股票期权，但无法改变其在婚姻关系存续期间可以行使部分期权并获得实际财产权益的事实。根据《中华人民共和国婚姻法》第十七条，参照《最高人民法院关于适用〈中华人民共和国婚姻法〉若干问题的解释（二）》第 11 条、第 12 条的规定，LF

① 类案包括：（2018）冀 0227 民初 617 号案、（2016）沪 0115 民初 14217 号案、（2012）朝民初字第 04632 号案。

② 《广东省高级人民法院关于婚前取得的股票期权，离婚后行权所得能否确认为夫妻共同财产问题的批复》（粤高法民一复字〔2009〕5 号）。

在婚姻关系存续期间可通过行使股票期权获得的该部分股票财产权益，属于在婚姻关系存续期间明确可以取得的财产性收益，宜认定为夫妻共同财产。”

通过实践经验及检索案例，笔者认为仍需结合个案行权条件、婚姻存续期间、行权出资来源等因素判断。如考核期间包括婚姻存续期间，存在主张部分为夫妻共同财产的空间。

（四）婚内获得，婚内行权

此时，认为属于夫妻共同财产，在实践中一般不存在争议。

（五）婚内获得，离婚后行权

与情形三类似，应结合个案行权条件、婚姻存续期间、行权出资来源等因素判断夫妻共同财产比例。如考核期间包括婚姻存续期间，将存在主张该部分为夫妻共同财产的空间。但如系离婚后行权且行权的考核期限发生在离婚后，行权出资又为离婚后一方个人财产的，将可能不支持作为夫妻共同财产分割①。

另外，实践中存在离婚后激励对象故意对婚内享有的股票期权不行权或者申请撤销，在另一方能够举证证明的情况下，法院可能认为激励对象故意损害配偶利益，具有过错，从而应赔偿配偶因此产生的损失②。

三、股权激励所涉财产及权益在离婚分割中的困境

鉴于股权激励类收入及权益与工资、奖金相比，并非完全清晰透

① （2016）京 0108 民初 34393 号案，法院认为：“刘某所持有的期权分别三次行权，其中 2012 年，即婚姻存续期间，因考核不合法而被注销。此后次行权资格考核的是双方离婚后刘某的业绩，且行权的出资亦由刘某婚后个人财产予以支付。综上，刘某现持有的华谊兄弟传媒股份有限公司的股票不属于夫妻共同财产。”

② （2012）浦民一（民）初字第 17439 号案，法院认为：“在离婚判决已明确认定第一、二批股票期权的情况下，被告未经原告同意，将取得的股票期权以‘个人原因’申请全部撤销，是故意损害原告利益的行为，对此，被告有过错，故无论某公司作出何种‘依规处理’，被告均应赔偿原告的损失。”

明，另外，部分股权激励又与股东权益相关，关系公司发展，因此，在涉及离婚纠纷时，股权激励所涉财产及权益的分割将可能面临种种现实困难。

（一）当事人无法查明股权激励情况，且无法举证已解禁或已行权

即使是朝夕相处的夫妻，在实践中更常见的可能是知道配偶有股权激励，但并不知道股权激励的具体情况，包括持股数、价格、行权或解禁情况等。笔者曾经办理的离婚纠纷，就遇到此种情形。得益于上市公司的公开性，上市公司员工股权激励计划应当进行公告，在查询公告获得初步线索后，可向法院申请调查令或直接申请法院调查取证；在申请时应当写明申请调查被调查人获得的股票期权或限制性股票的具体时间、行权或者解禁记录、出售记录、余额等具体内容。

但对于境外的股票期权或限制性股票，仍存在难以查明的痛点[①]。

（二）境外股票或期权存在法院不予处理的风险

对于境外的股票或期权，在国内法院能够查明的情况下，一般会予以处理，但在当事人无法提供境外股票的具体信息，且无法举证已变现的情况下，存在法院不予处理的风险[②]。

对于境内个人参与境内注册的境外上市公司的股权激励计划的，可向法院申请调查令或由法院向其所属境内公司发送调查函。同时，在境内公司担任董事、监事、高级管理人员的中国公民及外籍个人，在参与境外上市公司股权激励计划时，需根据《国家外汇管理局关于境内个人参与境外上市公司股权激励计划外汇管理有关问题的通知》（汇发

---

① 在前引4案例中，某公司注册于开曼群岛，针对被告可能被授予的第三、第四批股票期权，原告向法院申请了调查令调查，但仍未证明该两批期权数量。

② （2010）沪二中民一（民）终字第1804号案，法院认为："张甲持有单位授予在美国证券市场交易的期权股票，由于这些股票系境外上市，相关事实无法查明，且秦某未举证证明上述股票已变现，故对该股票，法院不作处理。"

〔2012〕7 号）登记备案，资金出境及入境一般不存在障碍，且有迹可循。

（三）分割补偿税费承担可能存在争议

上市公司对员工进行股权激励，当股票期权或者限制性股票收益构成工资薪金或劳务报酬组成部分时，需按照相关规定征收个人所得税。在激励对象为非我国公民的外籍人士时，与居民个人计税存在巨大差别。因此，如果在分割补偿过程中未将股权激励收益变现产生的税费成本考虑在诉讼请求或谈判过程中，将可能造成全部税费由激励对象一方承担的困境。具体税费计算规则因篇幅所限在此不再赘述。

（四）可能存在影响公司股价波动等不稳定风险

从上市公司角度，当激励对象离婚纠纷数量众多或者金额巨大时，将可能导致公司股价波动，或催生其他不稳定因素，亦需警惕。现任苹果 CEO 库克在上任之初就获得一笔为期 10 年的股权激励，获得的限制性股票将于任职 5 年和 10 年后分别解锁 50%；对于库克此类的上市公司重要高级管理人员，在遭遇离婚纠纷时，股票权属变动将可能显著影响公司股价。另外，如果大量激励对象的激励股票可能因离婚纠纷而必须立即或提前兑现，则必须审慎选择激励对象以及进一步完善股权激励协议。

随着第二类限制性股票等创新性激励的方式渐多，我国上市公司股权激励案例呈数量上升及形式多样的显著趋势。当公司法规则遭遇家事纠纷时，由于不同法律各有其特殊价值追求，冲突必然更加明显。但在立法及司法层面尚未对相关规则明确及细化前，股权激励相关各方应当全面考量各方面因素，进一步完善股权激励计划和执行方案，将风险防范做在风险未发生之时。

（本文仅代表作者个人观点。特约编辑：张晓静）

代持股权能否执行

——兼评股权执行新规第4条

融天明[*]　王兆磊[**]　徐　洁[***]

金钱债权的一般债权人申请强制执行名义股东名下股权，实际出资人依据《民事诉讼法》第234条[①]的规定提起执行异议之诉，其是否“可以排除强制执行”，在理论界和实务界争议颇多。

目前，就该问题的讨论多集中于商事外观主义的适用范围边界上。笔者认为，应从根本上否认实际出资人具有股东资格，进而得出其无法排除强制执行的结论。本文以上述结论为前提，对《最高人民法院关于人民法院强制执行股权若干问题的规定》（以下简称《股权执行新规》）第4条[②]应如何适用，提出自己的见解，以期抛砖引玉。

一、截然相反的观点

在法院查明案件中确有代持股的事实[③]，即被执行人是拟被执行股

---

* 上海融孚律师事务所律师，高级合伙人。

** 上海融孚律师事务所律师。

*** 上海融孚律师事务所律师（已离职）。

① 《中华人民共和国民事诉讼法》（2021年修正）。

② 《股权执行新规》第4条规定：“人民法院可以冻结下列资料或者信息之一载明的属于被执行人的股权：（一）股权所在公司的章程、股东名册等资料；（二）公司登记机关的登记、备案信息；（三）国家企业信用信息公示系统的公示信息。案外人基于实体权利对被冻结股权提出排除执行异议的，人民法院应当依照民事诉讼法第二百二十七条的规定进行审查。”

③ 不少案例中案外人提出自己是实际出资人，但法院依据在案证据没有认定上述事实，这些案例与题述问题不符，不再列出。

权的名义股东，其背后还有实际出资人的情况下，实际出资人能否要求排除强制执行，实务中存在两种截然相反的观点。

（一）两种截然相反的观点及其理由

1. 不支持“可以排除强制执行”的理由

《公司法》第32条第3款①规定，股东的姓名或者名称未经登记或者变更登记的不得对抗第三人，法律、司法解释并未对该第三人的范围进行限缩。即便我国《民法典》第65条规定不登记不得对抗善意相对人，也不意味着“相对人”就仅指“交易相对人”。申请执行人作为第三人，也是相对人，有信赖利益，应受商事外观主义的保护。且上述信赖利益并非仅在交易时存在，在诉讼及执行程序中亦存在。名义股东与实际出资人之间的关系，一般债权人难以知晓，不能预见，在分配风险负担时，应保护一般债权人。实际出资人选择匿名，固有商业利益考虑，但其通过代持获得了利益，亦应承担由此带来的风险。股权被执行后，实际出资人可依据代持协议向名义股东追偿。其权益存在救济途径，不会遭受实质性损害。如支持“可以排除强制执行”，则会出现如下后果：名义股东的一般债权人不能执行名义股东名下的股权，实际出资人的一般债权人也不能执行名义股东名下的股权。这将会激励代持行为，与设立登记制度的目的相悖。

2. 支持“排除强制执行”的理由

商事外观主义旨在维护交易安全，无交易则无保护。非交易对象的一般债权人申请强制执行，不适用商事外观主义。即便不考虑商事外观主义的适用，一般债权人并无合理的信赖利益。即当一般债权人在与被执行人交易时已知实际出资人的存在，或与被执行人交易时其尚不是名义股东的情况下，一般债权人无信赖可言；即便与被执行人交易时其已是名义股东，这种所谓的信赖也聊胜于无。

虽然支持“可以排除强制执行”的理由较为单薄，但《全国法院

① 《中华人民共和国公司法》（2018年修正）。

民商事审判工作会议纪要》（法〔2019〕254 号，以下简称《九民纪要》）的序言部分明言，“从现行法律规则看，外观主义是为保护交易安全设置的例外规定，一般适用于因合理信赖权利外观或意思表示外观的交易行为。实际权利人与名义权利人的关系，应注重财产的实质归属，而不单纯地取决于公示外观。总之，审判实务中要准确把握外观主义的适用边界，避免泛化和滥用”。因上述序言的内容与《民法典》第65 条“不得对抗善意相对人”的规定相契合，故坊间讨论该问题时，支持“可以排除强制执行”的声音越来越大，颇有“上有谕，则论毕”（Romalocuta，causa finita）[①] 的趋势。

（二）最高人民法院的态度

1. 会议纪要及司法解释的征求意见稿——仍在纠结

2019 年 8 月 6 日，最高人民法院发布《九民纪要》征求意见稿。征求意见稿第 119 条关于上述问题，给出了正反两个方案，表述如下：“在金钱债权执行过程中，人民法院针对登记在被执行人名下的房产或者有限责任公司的股权等实施强制执行，案外人有证据证明其系实际出资人，与被执行人存在借名买房、隐名持股等关系，请求阻却执行的，人民法院应予支持。另一种观点：不予支持。”

2019 年 11 月 8 日，最高人民法院发布《九民纪要》。征求意见稿第 119 条的内容被删除，代之以上文的序言。以此观之，最高人民法院似有为“可以排除强制执行”进行铺垫之意。

2019 年 11 月 29 日，最高人民法院发布《关于审理执行异议之诉案件适用法律问题的解释（一）》的征求意见稿。该征求意见稿第 13 条并没有将“不支持排除强制执行”排除在征求意见稿之外，而是再次给出了正反两个方案。目前该司法解释仍未发布。

---

① 古罗马谚语。

2. 最高人民法院判决——不支持的观点仍是主流（见下表）

案号	是否可以排除强制执行	裁判时间
（2018）最高法民申 5464 号	可以	2018 年 12 月 12 日
（2019）最高法民再 45 号	不可以	2019 年 9 月 25 日
（2019）最高法民申 4710 号	不可以	2019 年 9 月 29 日
2019 年 11 月 8 日，《九民纪要》发布		
（2019）最高法民再 46 号	不可以	2019 年 11 月 13 日
（2019）最高法民申 2978 号	可以	2019 年 11 月 18 日
（2018）最高法民再 325 号	不可以	2019 年 12 月 29 日
（2019）最高法民申 6275 号	不可以	2020 年 5 月 21 日
（2020）最高法民终 845 号	不可以	2020 年 8 月 31 日
（2021）最高法民申 1236 号	可以	2021 年 3 月 1 日

从上述表格可以看出最高人民法院的裁判观点并未统一，即便是在《九民纪要》发布后，不支持“可以排除强制执行”的判决①，仍旧是主流。

3. 地方法院的态度

（1）各高级人民法院发布的文件——意见不一。

第一，支持“可以排除强制执行”。

相关文件包括：《山东省高级人民法院民二庭关于审理公司纠纷案件若干问题的解答》（2018 年 7 月生效）、《黑龙江省高级人民法院关于审理执行异议之诉案件若干问题的解答》（修订版）（2019 年 4 月生效）等。从上述文件的内容来看，山东省高级人民法院和黑龙江省高级人民法院支持“可以排除强制执行”的理由均为：商事外观主义旨在

① 2018 年之前的案例有：（2013）民二终字第 111 号案、（2015）民申字第 2381 号案、（2016）最高法民再 360 号案、（2016）最高法民申 3132 号案、（2017）最高法民终 100 号案、（2017）最高法民申 110 号案等。上述案例中，除（2015）民申字第 2381 号案外，其余案例均不支持排除强制执行。

维护交易安全，无交易则无保护，申请执行人并非交易中的相对人，不受商事外观主义保护。但颇令人玩味的是，山东省高级人民法院的解答发布后，完全没有在山东地区起到指导审判的作用。从已检索的案例来看，即便是在《九民纪要》生效后，山东省各中级人民法院判决（共计 10 个）仅有 1 个认定“可以排除强制执行”；甚至山东省高级人民法院自身也作出了与该解答相反的判决①。

第二，不支持“可以排除强制执行”。

相关文件包括：《吉林省高级人民法院关于审理执行异议之诉案件若干疑难问题的解答（二）》（2018 年 12 月生效）、《江西省高级人民法院关于执行异议之诉案件的审理指南》（2019 年 6 月生效）等。在上述文件中，吉林省高级人民法院和江西省高级人民法院均未就不支持“可以排除强制执行”的理由进行说明。

第三，原则上不支持，但能证明申请执行人非善意的除外。

相关文件有：《江苏省高级人民法院执行异议及执行异议之诉案件审理指南（三）》（2019 年 3 月生效）（已废止）江苏省高级人民法院虽未在上述文件中进行说理，但如此规定的原因不难猜测：如完全不支持“可以排除强制执行”，则难以解释为何执行申请人明知或应知案外人是实际出资人，其仍可受到保护；如完全支持“可以排除强制执行”，则会导致实际出资人享受特别优待，激励股权代持。因此在利益衡量上进行折中，也契合《民法典》第 65 条的规定，似乎是一个不错的选择。

（2）各地判决——自《九民纪要》生效以来，不支持的观点仍是绝对主流。

《九民纪要》生效后部分高级人民法院的裁判情况，笔者检索到的情况如下表所示：

① 不支持“可以排除强制执行”的案例有：（2019）鲁 01 民初 2208 号案、（2019）鲁 01 民初 2263 号案、（2019）鲁 02 民初 1134 号案、（2020）鲁 03 民终 2481 号案、（2020）鲁 14 民终 881 号案、（2021）鲁 03 民终 1047 号案、（2021）鲁 10 民终 646 号案、（2021）鲁 14 民申 118 号案、（2021）鲁 15 民终 820 号案等。

案号	是否可以排除强制执行	裁判时间
（2019）豫民申 6121 号	不可以	2019 年 11 月 18 日
（2020）鲁民申 510 号	不可以	2020 年 3 月 26 日
（2020）皖民终 326 号	不可以	2020 年 6 月 16 日
（2020）鲁民再 239 号	可以	2020 年 8 月 19 日
（2020）辽民申 2469 号	可以	2020 年 8 月 27 日
（2020）晋民终 449 号	不可以	2020 年 9 月 11 日
（2020）冀民终 479 号	不可以	2020 年 9 月 16 日
（2020）京民终 309 号	不可以	2020 年 9 月 29 日
（2020）赣民终 775 号	不可以	2020 年 11 月 2 日
（2020）渝民终 800 号	可以	2020 年 11 月 19 日
（2019）皖民申 2922 号	不可以	2020 年 12 月 21 日

《九民纪要》生效后部分中级人民法院的裁判情况，笔者检索到了 38 个有效判例①，其中仅有 5 个判例支持“可以排除强制执行”。

总而言之，即便《九民纪要》序文有给“可以排除强制执行”进行铺垫之意，其也基本没有起到指导审判的作用。

① 这些案例为：（2019）川 01 民初 4904 号案、（2019）川 17 民终 1567 号案、（2019）鲁 01 民初 2208 号案、（2019）鲁 01 民初 2263 号案、（2019）鲁 02 民初 1134 号案、（2019）鲁 05 民终 2372 号案、（2019）渝 01 民初 1036 号案、（2020）渝民申 800 号案、（2020）川 06 民终 25 号案、（2020）赣 01 民初 574 号案、（2020）冀 01 民初 513 号案、（2020）冀 01 民终 10512 号案、（2020）津 02 民终 2372 号案、（2020）晋 09 民初 25 号案、（2020）鲁 03 民终 2481 号案、（2020）内 06 民再 11 号案、（2020）皖 06 民终 976 号案、（2020）皖 06 民终 1593 号案、（2020）湘 01 民终 4738 号案、（2020）湘 11 民终 2675 号案、（2020）新 01 民终 3822 号案、（2020）豫 01 民终 9281 号案、（2020）粤 01 民终 15698 号案、（2020）粤 03 民终 2891 号案、（2020）浙 07 民终 3250 号案、（2021）川 05 民终 254 号案、（2021）川 11 民初 15 号案、（2021）吉 24 民终 1315 号案、（2021）京 01 民终 1697 号案、（2021）京 02 民初 111 号案、（2021）京 04 民初 190 号案、（2021）鲁 03 民终 1047 号案、（2021）鲁 10 民终 646 号案、（2021）鲁 14 民申 118 号案、（2021）鲁 15 民终 820 号案、（2021）鲁 14 民申 118 号案、（2021）湘 06 民终 3421 号案、（2021）湘 12 民再 12 号案。

二、新的思路——从根本上否认实际出资人具有股东资格

综观理论界关于该问题的争论，以及司法裁判中关于该问题的说理，均以一般债权人“信赖名义股东具有股东资格”为前提，进而争论一般债权人是否应受商事外观主义的保护，以及一般债权人是否具有信赖利益。必须指出的是，“权利人是谁”和“信赖权利人是谁”并不是一回事。因此，我们是否应当先讨论“名义股东和实际出资人，到底谁才具有股东资格，是股权的权利人”？如果实际出资人都不是股东，不享有股权，那么也谈不上是否适用商事外观主义，更谈不上是否具有信赖利益——一般债权人申请执行的就是名义股东的责任财产。

笔者认为，具有股东资格的主体是名义股东，股权是名义股东的责任财产。

（一）实际出资不是取得股东资格的要件

所谓股东，是“向公司出资并就出资享有权利承担义务的人”，此处的出资，是“认缴”而非“实缴”。故实际出资在股东资格的认定这一问题上，无足轻重。

（二）权责一致

《最高人民法院关于适用〈中华人民共和国公司法〉若干问题的规定（三）》（2020年修订，以下简称《公司法解释三》）第26条规定：“公司债权人以登记于公司登记机关的股东未履行出资义务为由，请求其对公司债务不能清偿的部分在未出资本息范围内承担补充赔偿责任，股东以其仅为名义股东而非实际出资人为由进行抗辩的，人民法院不予支持。”既然名义股东要承担股东义务，那即应享有股东权利。

（三）实际出资人显名化，实为股权转让

基于对有限公司人合性的保护，若实际出资人欲显名，依照《公司法解释三》第24条第3款的规定，需要经过公司其他股东过半数同意。

这与股权转让的条件并无二致。换言之，该行为名为显名，实为股权转让。

值得一提的是，作为首次系统性地规范名义股东和实际出资人之间权利义务关系的司法解释，《公司法解释三》没有将实际出资人称为“隐名股东”“实际股东”“真实权利人”“实际权利人”等，而是客观地称为“实际出资人”，亦体现了上述认识。

实际上，已有部分地区的法院亦开始重视该问题。例如，广西壮族自治区高级人民法院在2020年7月发布的《广西壮族自治区高级人民法院民二庭关于审理公司纠纷案件若干问题的裁判指引》中就明确表示：“名义上的出资人实质上具有股东资格，其在公司中享有股东权益并承担股东义务与责任，其原则上不得以隐名出资关系对抗公司、其他股东及债权人向其主张相关股东义务与责任；而实际出资人实质上并非公司股东，其不享有公司股东权利，原则上不得凭借隐名出资关系直接向公司主张股东权利，其仅有权依据隐名出资合同或代持股协议向名义股东主张合同权利。……实际出资人想要成为显名股东或真正的股东，实质上是要形成新的股权转让关系，即由名义股东将其股权转让给实际出资人。……名义股东处分股权的行为属于有权处分。”

在司法判例层面，不少法院已在说理中明确表示“名义股东才具有股东资格”，仅就最高人民法院而言，相关判例包括但不限于：

（2018）最高法民再325号案，裁判要旨：“即使新乡汇通公司可以依据股权代持关系享有股东的权利，但也并不因此就享有股东的地位，其要取得股东地位仍需符合一定的条件。……实际出资人与名义股东之间的纠纷采用合同机制解决，故实际出资人与名义股东之间的股权代持关系，本质上仍为债权债务关系，实际出资人基于股权代持协议获得实际权益，是基于合同关系取得，而非基于公司法及相关司法解释的规定取得。”

（2016）最高法民再360号案，裁判要旨：“在代持情况下……通过合同法规制解决。即使海航集团为涉案股份的实际出资人，也并不当然地取得营口沿海银行的股东地位。代持情形下，隐名股东的财产利益是通过合同由名义股东向实际股东转移，需经过合同请求而取得，若隐名股东请求成为公司股东，则需经过半数股东同意，其并非当然取得股东地位。综合上述分析可知，海航集团即使对涉案股份真实出资，其对因此形成的财产权益，本质还是一种对中商财富享有的债权。”

综上，名义股东具有股东资格，享有股权，一般债权人申请执行的是名义股东的责任财产，与实际出资人无涉，与商事外观主义和信赖利益亦无涉。

三、《股权执行新规》第4条应如何适用？

《股权执行新规》第4条第1款规定了法院可以依据哪些股东资格的资料或信息冻结被执行人的股权，其本质上是将判断股权权利人的标准进行了扩充，将“章程、股东名册等资料”作为判断股权权利人的标准。第2款规定了案外人基于实体权利提出排除执行异议，法院应依据《民事诉讼法》第227条[①]规定进行审查。

（一）最高人民法院扩大冻结被执行人股权依据的原因

最高人民法院将“章程、股东名册等资料”（鉴于实践中绝大多数公司不制备股东名册，其功能多被在章程上记载股东信息替代，故此处还添加了章程作为冻结依据。如不作特别说明，下文中的“股东名册”，均包含“章程”）加入冻结被执行人股权的依据，其原因可能在于：股东名册无论是具有设权效力还是证权效力，客观上其都属于“权利外观”。

如认为股东名册具有设权效力（最高人民法院在对《九民纪要》进行释义时的观点[②]），那么其就是判断股东资格和股权所在的最终标准，其当然应作为冻结股权的依据。

---

① 此处的227条指《中华人民共和国民事诉讼法》（2017年修正），在《中华人民共和国民事诉讼法》（2021年修正）中已改为第234条。

② 最高人民法院民事审判第二庭编著：《〈全国法院民商事审判工作会议纪要〉理解与适用》，人民法院出版社2019年版，第135页。

如认为股东名册仅具有证权效力（最高人民法院在对《公司法解释三》进行释义时的观点[①]），则其与国家企业信用信息公示系统（以下简称信用信息公示系统）的公示信息的效力，并无高下之分，将其作为冻结股权的依据，亦无不可。

（二）实际出资人所享有的权利，并不属于此处的“实体权利”

《股权执行新规》第4条第1款的内容，语义完整，本可成为单独的一条；而案外人基于实体权利提出排除执行异议，法院应依据《民事诉讼法》第234条规定进行审查，亦是司法实践中的常识，无须特别规定。因此，最高人民法院将两款合并至一条中，可能并非无意之举。有鉴于此，笔者大胆推论：第2款是一个“提示性”条款，即只在股东名册与登记信息、公示信息发生冲突时，才有判断“实体权利”在何处的问题。具体而言，最高人民法院认为股东名册具有设权效力，原则上应以股东名册的记载确定“实体权利”之所在，此与最高人民法院在《九民纪要》中的观点一脉相承。

如股东名册与登记信息、公示信息一致，则“实体权利”毫无疑问在上述资料及信息所载明的股东处。此时，法院无论依据何者冻结股权，均是有效冻结。因此，即便其中有股权代持的事实，亦不改变上述判断，即“实体权利”在名义股东处，法院冻结了名义股东的股权，实际出资人并不能提出执行异议（或者说，即便提了也会被驳回；下同）。如在上述冻结发生后，股东名册发生变更，则该等变更因股权上存在司法限制而不发生效力。变更股东名册后载于股东名册的股东，不能提出执行异议。

如法院在冻结股权时，股东名册与登记信息或公示信息不一致，则分如下两种情况：其一，法院依股东名册冻结股权，则因“实体权利”在股东名册所记载的股东处，该冻结是一个有效的冻结，其他主体不能

① 最高人民法院民事审判第二庭编著：《最高人民法院关于公司法解释（三）、清算纪要理解与适用》，人民法院出版社2014年版，第361－362页。

提出执行异议。其二，法院非依股东名册冻结股权，则因“实体权利”在股东名册所记载的股东处，法院“冻结错了”，此时该股东可提出执行异议，目的在于解除冻结，方便进行登记信息及公示信息的变更。

当然，上述理解是否正确，有待最高人民法院出版相应的理解与适用书籍后进行验证。

（本文仅代表作者个人观点。特约编辑：王舸帆）

利用信息网络侵害名誉权纠纷案件的几个法律问题

——以邓某诉邹某、何某名誉权纠纷案为例

段若愚*

利用信息网络侵害名誉权纠纷是指通过包括门户网站、微博或微信等自媒体平台、贴吧、论坛等信息网络发布侵权文章、侵权言论、侵权信息，侵害他人名誉权引起的纠纷案件。从侵权法的角度概括来讲，判定被诉行为是否侵犯名誉权，主要从侵权行为是否存在、名誉权受损结果是否存在、侵权行为与损害结果之间是否存在因果关系以及行为人是否存在过错四个方面考察。但在司法实践中，仍然有诸多存在争议的法律问题。笔者作为一起利用信息网络侵害名誉权纠纷案件的原告代理人，结合实际案例谈一下该类纠纷的几个法律问题。

一、案件背景及审理情况介绍

1. 原告邓某起诉称：原告邓某系《××周刊》编委、记者部主任，并先后发起微博打拐、免费午餐、中国乡村儿童大病医保、暖流计划、儿童防侵、让候鸟飞、中国水安全计划等多个公益项目，是在全国享有一定声望的公众人物。

被告一邹某具有媒体从业经验，其于 2018 年 8 月 1 日在其自己运

---

* 广东晟典律师事务所律师，高级合伙人。

营的微信公众号（名称略）上发表文章《邓某：没有女生是你的“免费午餐”》（链接略）。被告一在文中称其朋友 C 被邓某性侵（未遂），并同时转发了其朋友 C 的文章《“未遂”之后呢？成功 say NO 又如何?》，在该文中，一位化名“C”的人指控邓某曾对其性侵（未遂），导致其夜奔街头，并多年痛不欲生。邹某则在“按语”部分明确指出：“（邓某）没有资格继续担任公益机构负责人，为自己捞取名声资本；邓某继续经营社会企业，是所有公益人之耻。”被告一同时在文章题图中将原告的头像，打上一个大大的红色叉号。

被告一的上述文章发出后，阅读量很快便达到 100000 +，导致许多不明真相的网友听信被告一的言论，在上述文章评论区对原告进行大肆辱骂；多家网络媒体转载了该文，微博上骂声一片，大量网友在评论区使用“恶心”“不堪”“偶像崩塌”“再也不捐助免费午餐”等措辞进行评价。原告的朋友及同事在看到被告一上述文章后，也对原告议论纷纷。2018 年 8 月 1 日，背负着来自网友、朋友及同事的巨大压力，原告在其微博上发表声明，称因网络上关于其个人的各种传闻给多个公益项目造成巨大困扰，其退出所参与发起的所有公益项目。

同时，被告一的上述文章也受到公众质疑，比如有网友提出对匿名的独白不能不做任何核对和求证、不能无条件采信一面之词、不能对被指控的一方进行证据交叉互证、不能有罪推定等。2018 年 9 月 11 日与 9 月 12 日，被告一又分别在其微信公众号上接连发表文章《邓某朋友开始制造舆论，我做一个防守反击》（链接略）及《简评〈我杀死了邓某〉》（链接略），被告一在上述两篇文章中对原告进行更为严厉的指责，并继续坚称原告具有性侵（未遂）的“事实”。

原告认为自己的名誉权严重受损，决定提起诉讼维权。在诉讼程序中发现，被告一发布的上述文章《邓某：没有女生是你的“免费午餐”》中转发的《“未遂”之后呢？成功 say NO 又如何?》一文，系被告二何某向被告一提供。于是原告向法院申请追加何某为被告二，要求其承担共同侵权责任。

原告为支持其主张，向法院提交了原告各种获奖证书、经过公证的侵权文章及网友的不利评论、被告二与案外人在侵权文章形成及发布前后就侵权文章的讨论等聊天记录等证据，用以证明自己具有良好的社会声誉、侵权事实及侵权结果的存在、被告炮制侵权文章具有主观恶意等。

2. 被告一答辩称：涉案文章确系其发布，该文作者为被告二基于自己的真实人生经历，从女性视角反思当前社会职场性骚扰问题，其经审慎了解后内心确认其内容真实可信，且文章主题涉及公众人物和公众利益，故代为发布。基于《中华人民共和国侵权责任法》（已废止）第6条规定，行为人因过错侵害他人民事权益，应当承担侵权责任。《最高人民法院关于审理名誉权案件若干问题的解答》（已废止）第8条规定，因撰写、发表批评文章引起的名誉权纠纷，文章反映的内容基本真实，没有侮辱他人人格的内容的，不应认定为侵害他人名誉权。本案中，涉案文章内容属实，没有诽谤、侮辱邓某的内容，其主观无过错，属于行使言论自由讨论公共事务、对公众人物进行舆论监督的行为，不构成名誉权侵权行为。涉案文章不存在损害诽谤、侮辱邓某的内容。《邓某：没有女生是你的“免费午餐”》正文部分为被告二所写真实经历，真实可信，不存在诽谤行为。其发布的其他内容亦不存在损害邓某名誉权的内容。其主观上无过错，其为公共目的发表本文，属依法行使公民言论自由权的行为。邓某社会评价确有降低，但在涉案文章发表之前已是如此，与涉案文章之间并无因果关系。

被告二答辩称：案涉文章正文为其本人所写，并不存在被贾某、陈某或被告一编辑修改的情况，其仅就与事实无关的文字细节听取了后者的部分意见。所写情况，是真实发生的邓某试图侵害其未遂的一段经历。其所写案涉文章案涉内容完全属实，没有诽谤或者侮辱邓某，不构成侵害邓某的名誉权。为客观条件所限，其没有进一步的客观证据来证明当晚事实，没有监控视频，没有录音录像。但在客观条件允许的范围内，其已尽最大努力向法庭提供证据，帮助法庭查明事实，其证据形成链条，相互印证，已高度盖然性地证明案件事实，邓某作为原告没有完成举证义务，应当由原告承担举证不能的责任。其主观上无过错，其有公开陈述案涉事件的言论自由，这是《中华人民共和国宪法》赋予的基本权利。本案涉公众人物和重大公共利益，邓某作为公众人物负有较普通身份更多的容忍义务，更重的举证责任。

两被告为支持自己的主张，提交了二人之间的邮件、证人证言、其他网友发布的文章、被告二的学位及学术地位等证据，用以证明文章陈述真实、其他网友也有对邓某的类似指控、邓某社会评价本来就低等。

3. 一审法院认为，公民享有名誉权和言论自由，但言论自由并非不受限制，公民公开发表言论时应当审慎，须以不侵犯其他社会主体的合法权利为限。行为人需就其陈述的“真实与否”负举证责任，若其不能证明所述为“真”，应承担举证不能之法律后果。当然，为避免寒蝉效应，陈述人对事实描述是否为“真”的证明标准，不必苛求达到分毫不差地还原客观真实的程度，但仍需提供可信证据材料，足以使社会公众确信其陈述事实真实存在。本案中，被告二虽尽其所能以“亲历者”的视角向法庭回溯文中封闭空间的事件，但除其本人对这一近十年前事件的描述之外，二被告并未提供任何其他直接证据证明“性侵（未遂）/性骚扰事件”发生的时间、地点、经过，二被告提供的其他间接证据亦不足以令人毫无迟疑地确信其所述情况真实存在。故在二被告未提供充分证据的情况下，法院认定其陈述缺乏事实依据和法律依据，二被告应承担侵权责任。

二审法院认为，根据《中华人民共和国民事诉讼法》第64条的规定，当事人对自己提出的主张，有责任提供证据。故从行为意义的举证责任角度，原告邓某及两被告均应就各自的主张承担证明责任，但因邓某否认其曾对被告二实施性侵（未遂）/性骚扰，此为消极主张，两被告应当对其积极主张进行举证。一方面，虽被告二极尽所能地向法庭回溯了文中密闭空间内发生的事实，但其未能指明事件发生的确切时间、地点等基本要素，以期由邓某对此举证；另一方面，除被告二本人对这一事件的描述外，两被告并未提交其他直接证据证明性侵（未遂）/性骚扰事件的存在，两被告提交的相关间接证据也不足以形成邓某对被告二实施过性侵（未遂）/性骚扰这一待证事实的有效证据链。同时被告一在发表的涉案文章一中，使用邓某的头部肖像并在其上画有红叉。该行为明显含有对邓某人格贬损、否定的性质，已构成对邓某的侮辱。邓某作为公众人物，其对名誉权的保护可以考虑适当克减，但并不意味着其对缺乏事实依据的言论，亦负有相应的容忍义务。同时无论行为人是否基于公共利益需要之目的，转发言论均应当对言论的内容尽到相应的核实义务，并遵守言论中的事实陈述基本属实的边界。被告一主张自身为媒体人，但并无充分证据证明其在发表案涉文章前，已就文章中的争议内容，进行了必要的调查与核实。两被告就案涉文章一的发表，有明确而清楚的意思联络，案涉文章一经网络传播为不特定的第三人所知悉，导致邓某的社会评价降低，两被告的案涉行为已构成对邓某名誉权的共同侵权，应当为此承担相应的侵权责任。

该案经过一审、二审，法院均认定两被告构成共同侵权，均支持了原告关于删除侵权文章、赔礼道歉、精神损害补偿等各方面的诉求。但在本案结案后，笔者深切地感到在法律上仍存在一些争议，需做进一步探讨。

二、争议问题一：某行为是否构成名誉权侵权行为的判断标准或者尺度是什么?

在本案审理过程中，两被告均进行答辩称：文章的内容是真实的；在文章按语部分的评论，以及在题图中对被告头像打叉的行为，都是正当的评论，或者出于义愤填膺的谴责。那么，上述行为是否构成名誉权侵权，这是本案争议的焦点；而名誉权侵权行为的认定，并没有一个法定的标准，更多需要裁判者结合具体案情进行判断，其考量的因素，不仅包括法律的规定，还包括常情常理、社会观念、文化传统以及行为人的角色、知识和能力、信息的对称性、主观动机等诸多因素。

在上述案例中，二被告存在至少三个行为，一是对“邓某曾对何某性侵（未遂)”的描述，二是文章按语称“邓某是所有公益人之耻”的评论，三是对题图中邓某头像进行画叉的否定判断。严格来说，后两者都可以称为“评论”（法律上也称为“意见表达”），前者属于“描述”

（法律上也称为“事实陈述”）。笔者对其进行简单分类，并分别对其是否达到侵权的标准进行分析。

1. 笔者认为，对于描述行为是否构成名誉权侵权行为的判断标准，应当有且只有一个，就是“是否（基本）真实”。至于“完全真实”还是“基本真实”，需要考虑部分偏差产生的原因是否合理，部分偏差是否对名誉权造成独立的、实质性的影响等因素。

比如，在原告张某某诉被告周某某、成都商报社名誉权侵权纠纷案中，北京市第二中级人民法院作出的（2003）京二中民初字第7230号判决认为，“……周某某在举行其小说《绝爱》的签售活动时所谈到的她去北京邀请一个影视大腕来蓉担任签售嘉宾一事与涉案文章所用的标题、行文的词语意思相当，内容相近（注：指周某某声称，其邀请该大腕时，对方提出以性为交易，被她予以拒绝）；现周某某并无证据证明其在涉案文章中的说法是真实的，而此说法直接影响张某某的社会评价，在此情形下，周某某的行为构成对张某某名誉权的侵害，理应承担侵权的民事责任”。该案中，北京市第二中级人民法院认定周某某的描述构成侵权的主要依据就是“周某某并无证据证明其在涉案文章中的说法是真实的”，也就是“描述不属实”。

上述案例是对当事人本人描述事实是否构成侵权的认定标准，属于最简单的一种情况，但如果行为人换成新闻媒体，则情况就复杂得多。比如在同样的上述案例中，北京市第二中级人民法院在判决书中认定，“成都商报社对周某某举行小说《绝爱》签售活动时‘性交易事件’的报道，来源于周某某的叙述，反映的内容基本真实，在没有对方姓名的情况下也无核实的义务；对周某某主动约见记者，公开当众明确指出其邀请来蓉担当签售嘉宾的影视大腕——‘皇阿玛’就是张某某的报道，反映的内容亦基本真实，没有夸张、歪曲事实，故均不构成对张某某名誉权的侵害”。

在同一案例中，之所以成都商报社的报道未被认为构成侵权，区别在于对新闻报道“真实性”的理解有不同的标准。理论界认为，新闻的真实性有“客观真实说”（新闻报道必须反映客观事物的原貌）、“本质真实说”（新闻报道不停留于一时的真实，要反映全过程的真相）、“依据真实说”（新闻的真实性主要是消息来源的真实）、“逻辑真实说”或“确信真实说”（报道过程符合规则和逻辑要求，或有充分的依据）等多种学说和标准，采用不同的学说，对于是否真实的判断结果可能相去甚远。北京市第二中级人民法院在上述案例中对成都商报社的报道，并没有采取“客观真实”的标准，而是采取了“逻辑真实”的标准，基于案件事实，认为成都商报社的报道交代了新闻来源、进行了平衡报道、审核了周某某提供的合影证据，尽到了审核义务，因此做出的报道虽然最终不符合“客观真实”，但符合认识的逻辑规律，因此该报道不构成侵权。

2. 笔者认为，对于评论行为是否构成名誉权侵权行为的判断标准，应当是“不歪曲事实，不侮辱、贬损人格”。对于评论行为是否构成侵权的尺度把握，一直是司法实务中的难点，因为评论涉及更多主观的感受和看法，还关系到宪法及法律规定的言论自由权能否实现，因此更加需要谨慎对待。对于建立在事实基础上的评论，即便言辞过激，但只要没有侮辱人格的内容，就不应认为构成侵权，以体现对言论自由的保护。

比如，在唐某某诉曹某某、羊城晚报等侵害名誉权纠纷案中，湖南省株洲市荷塘区人民法院在（2004）荷民一初字第 167 号民事判决书中认为，“被告羊城晚报社在《株洲晚报》《长沙晚报》的基础上加以评论，评论文章中个别用词欠妥，漫画有嘲讽之意，羊城晚报社对原告名誉已构成侵权……被告株洲广播电视报社在《株洲晚报》的基础上加以评论，对原告的评论中言辞过激，用词欠妥，对原告的名誉已经构成侵权”。但二审法院没有支持上述观点，二审法院在（2004）株中法民一终字第 305 号民事判决书中认为，“对同一事实，因评价观点不同，就可决定侵权是否成立或只要是批评的贬责的评论就是侵权，是不符合侵权构成要件的。如果认为批评、讽刺就是侵权，只准许媒体发出同一种声音、都持一个观点，就会随时陷入侵权险境，也不符合宪法和法律所规定的言论自由的要求。综上所述，株洲广播电视报社及羊城晚报社发表的这两篇评论性文章及一幅漫画既不属于侮辱性质也不属于诽谤性质，文章的目的不是贬低唐某某的人格，而是对客观事实进行评论，这种评论属于媒体的正常职权范围，也是其正当权利的行使，不是侵权性质”。

三、争议问题二：要件事实的举证责任在谁?

在本案审理过程中，两被告均提出答辩认为，“谁主张、谁举证”是诉讼法及司法解释规定的举证责任分配原则，原告主张两被告侵害其名誉权，应当由原告对所有的侵权构成要件包括“两被告撰写、发布的文章内容系捏造”承担举证责任，如果要求两被告举证证明其文章中陈述的内容真实，则构成举证责任倒置，违反了诉讼法的规定。该问题在本案一审、二审中一直是争议焦点。

事实上，该问题早已有之，并被部分学者称为“名誉权法的悖论”，即在通常的诉讼中，主张的成立需要证明相关事实的存在，而名誉权纠纷案件，主张的成立却需要证明相关事实的真伪。而如果证明相关事实真伪的举证责任加给原告，则一方将陷入证明消极事实的逻辑困境，即处于“自证清白”窘境，如被告提出的“名誉权纠纷举证责任倒置没有法律依据”即属此情形。

对于该问题，从比较法的角度看，在大陆法系国家，名誉权的保护主要通过刑法中的诽谤罪来实现，多数国家（如《德国刑法典》第186条①、《日本刑法典》第230条之二第1款②、我国台湾地区“刑法”第310条第3项③）将证明言论的真实性作为违法阻却事由。同时将“能证明确信真实则不罚”的原理从刑事领域推广到民事领域。既然纳入名

① 《德国刑法典》第186条规定：“断言或散布足以使他人受到公众蔑视或贬低的事实，而不能证明其为真实的，处1年以下自由刑或罚金刑；公开或以散发文书（第11条第3款）的方式实施本行为的，处2年以下自由刑或罚金刑。”

② 《日本刑法典》第230条之二第1款规定：“前条第一款的行为涉及与公共利益有关的事实，且认为其目的在于专门谋求公益的，判断事实的真伪，有真实证明的，不处罚。”

③ 我国台湾地区“刑法”第310条第3项规定：“对于所诽谤之事，能证明其为真实者，不罚。但涉于私德而与公共利益无关者，不在此限。”

誉侵权的抗辩事由，被告承担举证责任就是顺理成章。

而在普通法系国家，英国 1843 年的《坎贝尔伯爵诽谤法》（Lord Campbell's Libel Act）、1952 年《诽谤法案》（Defamation Act 1952）和 2013 年的《诽谤法案》（Defamation Act 2013）均将言论真实性作为诽谤的抗辩事由或侵权正当化事由，称为“真实性抗辩”，即若被告能证明涉诉言论实质真实，则抗辩成立，由此被告不构成诽谤。美国最开始同英国一样，采取“真实性抗辩”原则。但是 1964 年的《纽约时报》诉沙利文案（New York Times Co. v. Sullivan）之后，美国最高法院创立了著名的“实际恶意原则”（Actual malice）[①]，其含义包括原告需证明被告明知其不真实及轻率地不顾真实与否。此规则对于涉案言论真伪的举证责任分配发生了转换，在涉及公众人物的诽谤案件时，如果原告不能证明诽谤性言论是虚假的，则承担败诉后果，体现了保护言论自由与公民名誉权的平衡。在随后的 1974 年的 Gertz v. Robert Welch, Inc. 案中，美国最高法院明确了“公众人物”的范围，其有两项标准：①自愿主动接近媒体；②自承风险。“公众人物”的范围因此被扩大，不仅是沙利文案中的公职人员，而且运动员、演员、明星等都被包括在内。但需要说明的是，不管是大陆法系还是英美法系，世界上大多数国家没有采取美国法的“实际恶意原则”。究其原因，各国都有自己的平衡言论自由和名誉权保护的方法，而美国“实际恶意原则”的确立也有其独特的时代和社会背景。

那么，我国的立法是如何处理这个悖论问题的呢？我国原《民法通则》以及现行《民法典》都规定言论不真实（诽谤）是名誉侵权责任构成要件中的侵害行为的一部分，且没有将“言论真实”作为不承担侵权责任和减轻侵权责任的法定情形。也就是说，与德国和日本等大陆法系国家不同，我国法律并未明确规定真实性抗辩。但通过案例检索发现，我国法院的判决 90% 以上均要求被告承担真实抗辩的证明责任。

① 该原则在 1964 年美国最高法院审理纽约时报诉沙利文案（New York Times Co. v. Sullivan）时确立，是美国法院用来规范言论自由与出版自由的准则之一。

例如，在唐某某诉芮某某、青年时报社、北京新浪互联信息服务有限公司等名誉权纠纷案中，上海市第一中级人民法院在（2004）沪一中（民）初字第13号民事判决书中认为："新闻报道是否严重失实之证明责任，应当在新闻媒体一方。如新闻媒体不能证明被报道对象确实从事过媒体所报道之行为，则应当认为其新闻报道严重失实。否则，每个被报道对象将不得不自证清白，这同我国宪法保护人权的要求是严重相悖的。"

要求被告承担真实抗辩的证明责任，还有一个经典的理论支持，即根据罗森贝克的法律要件分类说，对于权利成立要件事实，应由原告承担证明责任，而权利对立要件事实，则应由主张权利不成立的被告承担证明责任。诽谤行为中的"捏造事实"表面上看是积极事实，但本质上是证明某一事实为假或者不存在，是消极事实和权利妨害要件事实，不应该由原告证明。本案中，二审判决书中也认为"（但）因邓某否认其……此为消极主张，邹某、何某应当对其积极主张进行举证"，显然也采用了该理论。

但对于上述经典理论，仍然存在争议，有观点就认为，"教科书不能成为法源，我国是成文法国家，举证责任倒置应该以法规定"。但笔者认为，上述理论在我国立法中已被广泛采纳，比如，我国《民事诉讼法》第64条规定：当事人对自己提出的主张，有责任提供证据。《最高人民法院关于适用〈中华人民共和国民事诉讼法〉的解释》第90条规定：当事人对自己提出的……反驳对方诉讼请求所依据的事实，应当提供证据加以证明。以上规定均明确，当事人在民事诉讼中负有提供证据的责任，只要当事人在诉讼中提出于己有利的事实主张，就应当提供证据。《最高人民法院关于适用〈中华人民共和国民事诉讼法〉的解释》第91条第2项规定：主张法律关系变更、消灭或者权利受到妨害的当事人，应当对该法律关系变更、消灭或者权利受到妨害的基本事实承担举证证明责任。人民法院出版社在《最高人民法院民事诉讼法司法解释理解与适用》一书中解释说：此处的"法律关系变更"可以理解为“权利限制”[1]，那么要求主张权利不成立的一方举证也就有了法律依据。

此外，有观点主张，应当由原告方初步提供证据证明媒体的报道或者文章存在一定失实或者评论不公，然后举证责任转移，由信息发布者承担内容真实可信的举证责任[2]。这种思路同样具有代表性和合理性，同样可以适用于被指控侵权的被告，比如在本案中，二审判决书中也认为，“何某……未能指明事件发生的确切时间、地点等基本要素已由邓某对此举证”，显然也考虑了这种举证责任转移的思路。举证责任转移的思路还有一个优势就在于，举证责任可以根据双方举证情况多次转移，以利于彻底查明事实。

总之，从目前我国的司法实践来看，对于证明相关事实真伪的举证责任问题仍然存在很大争议，但总体上讲罗森贝克的法律要件分类说是最完整的，也最符合人权保护的法律精神。

四、争议问题三：间接证据及当事人陈述的采信标准是什么？

在名誉权侵权纠纷中，往往涉及一种情况，即被告主张其所陈述的事实并非捏造，但因事发突然当时未能及时取证，因举证能力不足甚至丧失，故只能采取其他间接证据，甚至只能依据自己的陈述来证明其主张的事实真实存在。在本案的审理过程中，两被告提供了诸多间接证据，比如，互联网上存在的其他对原告不利的类似言论，部分人士对原告品行的评价，以及被告曾与原告同时在某单位工作的证人证言等间接证据。

显而易见，以上证据并不能直接指向被告主张的事实，但可以与当事人陈述等其他证据作为印证，因此其性质上属于间接证据。对于间接证据的审查判断，理论和实务界的观点均认为，对间接证据与待证事实

① 参见《最高人民法院民事诉讼法司法解释理解与适用》（上），人民法院出版社 2015 年版，第 317 页。

② 参见北京市海淀区人民法院课题组：《关于媒体侵权案件的调研报告》，载《判解研究》2011 年第 1 辑。

之间关联性的审查，应当满足以下四个条件：①间接证据必须在数量上形成足够的优势；②在一定数量基础上的单个间接证据必须通过逻辑推理的方式，形成有效的证据链，以显示其具有充分的证据力；③各个间接证据之间，以及它们与主要待证事实之间不能有合理因素之外的矛盾；④由各种间接证据所形成的证明体系，在证明优势所有的高度盖然性上，必须足以排除现有条件下的任何其他可能，并且得出的结论具有唯一性。满足以上条件时，间接证据就可以起到直接的作用，具有相当于直接证据的证明力[①]。

除此之外，还有当事人的陈述。当事人一般情况下总会作出对自己有利的陈述，而不会作出对自己不利的陈述，从而导致法官对当事人陈述的真实性产生疑问，一旦将当事人的陈述单独作为认定案件事实的依据，就极有可能导致案件错判，故《民事诉讼法》及《最高人民法院关于民事诉讼证据的若干规定》明确规定当事人陈述不能独立证明案件事实，于己不利的陈述可构成自认。

但需要强调的是，法律的规定是抽象的，而具体的实践是鲜活的。在法官对证据的认定过程中，离不开日常生活经验法则。在名誉权侵权纠纷案件中，一旦存在一方举证能力较弱甚至丧失举证能力的情况，法官必然更加重视当事人的陈述。另外涉及公众人物的名誉权纠纷，其判决还具有“自证清白”的功能需求，公众人物一方不仅需要获得法庭上的胜诉，还需要努力说服社会公众，因此也必须超出其他案件重视程度特别关注当事人陈述。对于该种情况下的当事人陈述，则需要法官及代理律师充分运用逻辑和经验法则来审查和判断。比如基于时间的一维性，在一定时间、空间中所发生的事件，其留下的痕迹或记载应当具有一致性，不能相互矛盾；比如当事人陈述与案件中的其他证据，是否具有原因上的联系、结果上的联系、条件上的联系、时间上的联系、空间上的联系等，以上联系是否存在矛盾就是判断依据。另外，当事人陈述

① 人民法院出版社编：《司法解释理解与适用全集（民事诉讼卷）》，人民法院出版社2019年版，第2414页。

的事件动机、原因、时间、地点、经过、周边环境、陈述者的感受与反应、相对方的感受与反应，以及上述因素之间的逻辑关系，都需要结合经验法则进行审查和判断。

在本案的办理过程中，经过对当事人的详细询问，代理律师发现并指出了当事人陈述中的诸多不合常理之处。最终一审、二审判决也认为被告“未能指明事件发生的确切时间、地点等基本要素”“被告提供的其他间接证据亦不足以令人毫不迟疑地确信其所述情况真实存在”。

五、争议问题四：公众人物是否具有更多的容忍义务？

在本案办理过程中，两被告提出抗辩称，原告系具有一定知名度的公众人物，应当对其名誉权进行限制。该抗辩理由被称为“公众人物抗辩”，也是名誉权侵权抗辩研究的热点。一般认为在名誉权侵权纠纷中，应当将公众人物和普通公民予以区分，对公众人物起诉的案件适用特殊规则予以处理。但是如何界定公众人物，以及被告利用原告系公众人物作为抗辩事由能否成立，实践中存在较大争议。

公众人物的概念来源于美国最高法院的沙利文与《纽约时报》案。在我国，公众人物包括：一是国家机关领导人及其他国家公务人员，二是被社会广泛关注的艺术家、社会活动家以及影视体育明星。其主要特点有二：一是有一定的知名度，顾名思义公众人物是为公众所知的人物。在多大范围内为公众所知，应以时间、环境等因素，结合具体的案件来认定，知名度的认定应采取客观标准，以一般人的通常认识来判断。二是自愿进入公众视野的公众人物。公众人物并不以主动追求成为公众人物为限，自愿进入公众视野也可以认定为公众人物。

“公众人物”之所以成为名誉权侵权的免责抗辩事由，主要依据在于公众人物的知名度超过常人，或者承担的职责涉及公共利益或者国家利益，人们对他们的关注和观察远超出一般自然人。对于政治公众人物，主要涉及国家利益、社会公共利益和舆论监督，公众有兴趣权和知情权。基于利益平衡原则，由于公众人物已经从自己的角色中得到了足够的报偿，如社会的普遍尊重、实现抱负、成就感和物质待遇等，因此对于其名誉权应当适当弱化保护，这是法律在利益冲突面前作出的一种权衡。

对于如何适用“公众人物抗辩”，核心争议在于是否应该借鉴适用美国的“实际恶意原则”。“实际恶意原则”是指禁止政府官员因指向他的公务行为的诽谤性虚假陈述而获得损害赔偿，除非他能证明被告在制造虚假陈述时确实有恶意，即被告知道陈述为虚假而故意为之或者玩忽放任，根本不在乎真假与否。但我国司法实践中没有明确采纳“实际恶意原则”，法院通常以公众人物对“轻微损害”应当“容忍和理解”“宽容”“忍受”来形容公众人物名誉权保护的限制尺度。这种轻微损害主要是指在事实基本真实的前提下，针对公众人物那些涉及公共利益事项的激烈评论和披露公众人物涉及公共利益的私人情况。但是公众人物作为自然人，同样具有人格尊严，其名誉权也应当受到法律保护，如果评论依据的基本事实严重失实，评论具有恶意、明显的放任或重大过失，侵犯人格尊严超出了必要限度，即便受害人是公众人物，也应当认定构成侵犯名誉权。

比如，在张某某诉某出版社、黄某某侵犯名誉权纠纷案①中，法院即认为，对公众人物的权利保护范围较之对普通公众应当有“一定程度的限缩”，但同时认为“这并不意味着任何人均可对他人私生活领域的信息进行披露”。同样，在本案的二审判决中，法院也认为“原告作为公众人物，对其名誉权保护的适当克减，并不意味着其对缺乏事实依据的言论亦负有相应的容忍义务”。

六、争议问题五：舆论监督与侵权的界限在哪里？

本案中，其中一名被告提出，其转发侵权文章的目的是“公共利益”和“舆论监督”。该抗辩理由被称为“舆论监督抗辩”，常见于媒体、自媒体作为新闻侵权的重要抗辩事由，其理由在于媒体报道的目的

① 参见北京市第一中级人民法院民事判决书，(2009）一中民初字第1030号及北京市高级人民法院民事判决书，(2010）高民终字第411号。

是公共利益。但以此作为名誉权侵权的抗辩事由，应当具备以下条件：①具有公共利益目的。所谓公共利益目的，就是关系到社会不特定多数人利益的目的，而不是其他诸如吸引眼球等目的，更不得具有侮辱、诽谤或者侵害他人隐私等非法目的。②消息来源相对准确，不应捏造事实。新闻媒体的消息来源要么是权威消息来源，要么在引述消息时应当注明消息出处，并保留好相关证据。③在相关事实不明确的情况下，应当做平衡报道，给相关当事人平等的话语权，提出不同的意见，将判断的权利交给广大受众。④须没有故意侮辱、诽谤他人人格尊严的言辞，不得借公共利益目的之机侮辱、诽谤他人。

比如，在姚某诉某报社侵害名誉权纠纷案①中，某报社在其于2013年3月20日出版的《劳动报》第16版刊发题为《微博“明码标价”产业链浮出水面》的文章，其中提到“东方卫视宣传总监韦某告诉记者，很多电视节目的宣传‘都走名人微博的捷径’，是一件‘明码标价’的事情，像冯某某、姚某这样千万级粉丝的大咖（大明星），单独发一条软文价格为2万元，转发一条几千元……早先某档娱乐节目，冯某某、姚某等一众明星在微博上连连称赞，正是圈内典型案例”。姚某因此诉至法院，称某报社未经调查核实，以第三方名义捏造虚假内容，发布不实言论给其个人名誉和社会形象造成严重侵害，故要求某报社承担侵权责任。某报社则辩称：涉诉文章是为社会公共利益进行正当的新闻宣传和舆论监督，应当受到法律保护。

最终法院认定，某报社该报道发表于2013年央视3·15晚会之后，名人微博营销成为公众话题，某报社对此做相关报道，确有满足公众知情权和舆论监督的功能，但是其主要消息来源，东方卫视宣传总监韦某明确否认提供过报道中的消息，某报社也无法提供证据证明韦某提供过该消息，并且即使韦某提供过该消息，某报社也应当尽可能地进行核实，或者同时做一些平衡报道，但某报社未尽上述义务直接发表涉案报道，极易使读者认为姚某确有在微博中发表软文并因此收费的行为，足

① 参见北京市朝阳区人民法院民事判决书，（2013）朝民初字第18239号。

以贬损姚某的人格，导致社会评价降低，构成名誉侵权。

同样在本案中，由于不存在基本的事实依据，二审法院认为“无论行为人是否基于公共利益之目的转发言论，都应当对言论的内容进行相应的核实并遵守言论中的事实、陈述基本属实的边界”，并认定该被告同样构成侵权。

七、结 语

互联网行业的全面发展，推动了我国的信息化进程，丰富了人民群众的精神文化生活，深刻影响了社会生活方式，同时带来了一系列的法律问题。名誉权侵权纠纷在互联网时代数量激增，但相应的法律规定依然比较单薄，更多的是比较原则性的要求；而且名誉权侵权行为的认定，并没有一个法定的标准，需要裁判者临时拿捏；如果再考虑名誉权侵权纠纷往往涉及公众人物、舆论监督等理论，则情况会变得更加复杂。

本文仅试图借笔者的办案经历简要梳理以上争议问题，但笔者可以确认的仅仅是，名誉权侵权纠纷办理的关键仍然在“内容是否属实或基本属实”。至于其他种种问题，基于名誉权侵权纠纷的特性，则需要从逻辑、生活经验、比较法研究等角度，进一步地研究和总结。

（本文仅代表作者个人观点。特约编辑：南小明）

“以房抵债”的类型化界定及执行排除的可行性研究

李　茜*

一、引　言

在大量看似相同的“以房抵债”交易模型中可能蕴含着当事人不同的利益追求和法律构造，难以轻易提炼出某一具体的裁判规则。故在此背景下，本文在借鉴《全国法院民事审判工作会议纪要》（以下简称《九民纪要》）划分标准的基础上，重点讨论以房抵债在学理上构成的相应类别；从当事人真实合意与物权期待权目的出发，探究以房抵债排除强制执行的实际可能性。

二、概　述

近年来，以物抵债作为一个集合性概念被大量使用，指向代物清偿、债之变更、新债清偿等多种子类型，在学界引发诸多争议。由于我国现行民法中尚无直接规范依据，加之实践中类型多样的以物抵债协议层出不穷，故使得以物抵债的性质界定模糊不清。

以房抵债作为以物抵债的下位概念，特指抵债人将“房屋”这一不动产作为抵债物，与债权人达成以物抵债协议。受以物抵债协议性质界定困难的影响，若案外人基于以物抵债协议提起执行异议之诉要求排

---

* 天同律师事务所律师。

除执行时，其对于作为执行标的的房屋享有何种权利，该种权利与申请执行的债权孰优孰劣更加难以判断。

以房抵债受让人主要依据《最高人民法院关于人民法院办理执行异议和复议案件若干问题的规定》（以下简称《执行异议复议规定》）第28条、第29条之规定主张排除执行。从规范目的来看，第28条旨在保护无过错不动产买受人的物权期待权，第29条旨在保护房屋消费者的物权期待权，两者为一般与特殊的关系，裁判路径基本一致，故为避免行文累赘，本文仅着重讨论第28条之规范。在案外人执行异议之诉中，牵涉申请执行人、被执行人和案外人三方利益的权衡比较，以房抵债协议能否被解释为买卖合同，以房抵债受让人对房屋享有何种权利，能否对抗申请执行人的金钱债权是此类案件的审理要点。为明确裁判规则，本文在界定以房抵债构成类别的基础上，从当事人真实合意与物权期待权目的出发，探究以房抵债排除强制执行的实际可能性。

三、"以物抵债"的界定标准

"以物抵债"并非传统法律术语，而是对以他物顶抵原债这种生活现象的统称，其更多的作为一种集合概念出现，至少包括了代物清偿、债的变更、新债清偿等多种规范概念。有学者认为，以物抵债在法律行为层面是指双方当事人达成以他种给付替代原定给付的协议。其包括两种类型：一种是仅具有以他种给付替代原定给付的合意，而不存在债权人受领债务人的他种给付的事实；另一种是双方当事人不但达成了以他种给付替代原定给付的合意，并且债权人现实受领了债务人的他种给付。[①] 也有学者认为，以物抵债仅是一种特殊的替代清偿的方式而非契约，其本质是一种处分行为而非负担行为。[②] 本文不聚焦于概念的定义之争，在本文语境下以物抵债可作广义理解，其既包括当事人之间达成的以物抵债合意，也包括传统意义上的代物清偿。

① 参见崔建远：《以物抵债的理论与实践》，载《河北法学》2012年第3期。

② 参见陈永强：《以物抵债之处分行为论》，载《法学》2014年第11期。

回顾既往的理论研究及司法实践，以物抵债协议的性质大致经历了从等同代物清偿到与代物清偿的剥离，从要物合同说到诺成合同说，从“武侯国土局案”[①] 到“通州建总集团合同案”[②]，以物抵债制度又得以与买卖型担保区分开来，并且大致完成了其内部规则的框架性建构[③]。以物抵债的性质是认定能否排除强制执行的核心，从审判指导意见和司法实践来看，肯定说与否定说的关键区别即在于以房抵债协议是否为原债的清偿方式，是否在当事人之间成立真实有效的房屋买卖合同关系。为此，有必要探寻以房抵债协议的性质，对实践中各类以房抵债协议可能构成的类型加以界定。

（一）以物抵债界定标准的形成

2015 年，《最高人民法院关于当前商事审判工作中的若干具体问题》（以下简称《商事审判问题》）提出了以“履行期限”作为区分以物抵债效力的标准，其将“履行期届满”这一要素与当事人替代清偿的目的相结合。对于具有替代清偿目的的以物抵债效力予以确认，反之对于不具有清偿目的的以物抵债效力不予确认。此后，《最高人民法院第八次全国法院民事商事审判工作会议（民事部分）纪要》第 17 条明确了债务清偿期届满后达成的以房抵债协议的效力，但对履行期届满前达成的以物抵债协议的效力未置可否。

以“债务履行期限是否届满”为标准对以物抵债协议进行区分，一方面是出于禁止流押、流质的考量，避免当事人利益偏颇失衡；另一方面是作为当事人真实意思表示的参照标准，进而将担保合同与以物抵

---

① 参见成都市国土资源局武侯分局与招商（蛇口）成都房地产开发有限责任公司、成都港招实业开发有限责任公司、海南民丰科技实业开发总公司债权人代位权纠纷案，载《最高人民法院公报》2012 年第 6 期。

② 参见通州建总集团有限公司与内蒙古兴华房地产有限责任公司建设工程施工合同纠纷案，载《最高人民法院公报》2017 年第 9 期。

③ 关于既往以物抵债裁判规则和理论认识的发展可参见肖俊：《以物抵债裁判规则的发展趋势与建构方向——2011—2019 年最高人民法院审判经验的考察与分析》，载《南大法学》2020 年第 1 期。

债加以区分。两者的本质区别不在于合意达成的时间点，而在于当事人的真实意思表示。在实践中，履行期限届满前达成的以物抵债协议大多具有担保目的，但不能因此否定此种情况下当事人确实具有以物抵债合意的可能。《〈全国法院民商事审判工作会议纪要〉理解与适用》一书也认为，在当事人明确表示抛弃期限利益的特殊情形下，可不严格按照履行期限节点确定以物抵债效力，可适用履行期限届满后签订的以物抵债协议的相关规则（见表1）。

表1　以物抵债相关规定

指导文件	具体规定
《最高人民法院关于当前商事审判工作中的若干具体问题》（2015 年 12 月 24 日）	九、关于以物抵债合同纠纷案件的审理问题 债权人与债务人之间存在金钱债务，有时双方约定以特定物替代原金钱债务的清偿。实务上将该种替代履行债务的方式称为以物抵债。一般情形下，当事人设定以物抵债的目的是及时还清债务。但有的以物抵债则是为了达到其他非法目的，恶意逃避债务，损害第三人的合法权益。我们认为，在以物抵债案件审理中，既要注重以物抵债在了结债务、化解矛盾纠纷、节约交易成本等方面的积极作用，不能对以物抵债约定轻易否定；同时，也要严格审查当事人缔结以物抵债的真实目的，对借以物抵债损害相对人、第三人利益的行为应予以否定。对这些问题我们将在《物权法》担保物权编司法解释中进一步研究。 第一，关于债务履行期届满前约定的以物抵债。 债权人与债务人在债务履行期届满前就作出以物抵债的约定，由于债权尚未到期，债权数额与抵债物的价值可能存在较大差距。如果此时直接认定该约定有效，可能会导致双方利益显失公平。所以在处理上一般认为应参照《物权法》关于禁止流押、流质的相关规定，不确认该种情形下签订的以物抵债协议的效力…… 第二，关于债务履行期届满后约定的以物抵债。 债务履行期届满后，债权的数额就得以确定，在此基础上达成的以物抵债协议，一般不会存在显失公平的问题。在以物抵债行为不存在违反法律、行政法规禁止性规定的情形下，应当尊重当事人的意思自治……

续表

指导文件	具体规定
《最高人民法院第八次全国法院民事商事审判工作会议（民事部分）纪要》（2016年11月30日）	（三）关于以房抵债问题 16. 当事人达成以房抵债协议，并要求制作调解书的，人民法院应当严格审查协议是否在平等自愿基础上达成；对存在重大误解或显失公平的，应当予以释明；对利用协议损害其他债权人利益或者规避公共管理政策的，不能制作调解书；对当事人行为构成虚假诉讼的，严格按照民事诉讼法第一百一十二条和《最高人民法院关于适用〈中华人民共和国民事诉讼法〉的解释》第一百九十条、第一百九十一条的规定处理；涉嫌犯罪的，移送刑事侦查机关处理。 当事人在债务清偿期届满后达成以房抵债协议并已经办理了产权转移手续，一方要求确认以房抵债协议无效或者变更、撤销，经审查不属于合同法第五十二条、第五十四条规定情形的，对其主张不予支持。

（二）以物抵债界定标准的完善

《九民纪要》第44条、第45条在上述文件的延续基础上，将以物抵债协议划分为在债务履行期限届满前、期满后和诉讼中达成的以物抵债协议，又按照“抵债标的物是否交付”“债权人是否撤回起诉”来区分其效力。

1.《九民纪要》第44条：以物抵债的诺成性

《九民纪要》第44条第1款规定：“当事人在债务履行期限届满后达成以物抵债协议，抵债物尚未交付债权人，债权人请求债务人交付的，人民法院要着重审查以物抵债协议是否存在恶意损害第三人合法权益等情形，避免虚假诉讼的发生。经审查，不存在以上情况，且无其他无效事由的，人民法院依法予以支持。”

《九民纪要》第44条第2款规定：“当事人在一审程序中因达成以物抵债协议申请撤回起诉的，人民法院可予准许。当事人在二审程序中申请撤回上诉的，人民法院应当告知其申请撤回起诉。当事人申请撤回起诉，经审查不损害国家利益、社会公共利益、他人合法权益的，人民法院可予准许。当事人不申请撤回起诉，请求人民法院出具调解书对以物抵债协议予以确认的，因债务人完全可以立即履行该协议，没有必要由人民法院出具调解书，故人民法院不应准许，同时应当继续对原债权债务关系进行审理。”

第44条第1款在合意效力上，一方面采纳诺成合同说，即只要双方就以物抵债达成合意，以物抵债协议就成立。另一方面关于新旧债关系问题，持新债清偿立场，即以物抵债协议成立后，同时存在新旧两债，债务人不履行以物抵债协议的，债权人享有请求继续履行新债或恢复履行旧债的权利。第44条第2款是关于诉讼中达成的以物抵债协议的规则，旨在处理诉讼关系与实体关系不一致的问题，而并非对以物抵债的性质作出认定。

2.《九民纪要》第45条：以物抵债的担保排除

《九民纪要》第45条规定：“当事人在债务履行期届满前达成以物抵债协议，抵债物尚未交付债权人，债权人请求债务人交付的，因此种情况不同于本纪要第71条规定的让与担保，人民法院应当向其释明，其应当根据原债权债务关系提起诉讼。”

第45条将债务履行期限届满前达成的以物抵债协议界定为一种担保关系。在该种情形下，根据抵债物是否完成公示的不同，将效力作出区分。抵债物已完成公示的，构成让与担保而非真正意义上的以物抵债，参照“让与担保”的相关规定处理。而对于抵债物尚未完成公示的，类似仅签订买卖合同作为原金钱债务的担保，参照《最高人民法院关于审理民间借贷案件适用法律若干问题的规定》（以下简称《民间借贷司法解释》）第24条规定进行处理，一方面明确了审理对象，另一方面较好地平衡了双方的权利义务关系。而理论上多将此类情形界定为“买卖型担保”[①] 或“后让与担保”[②]。

---

① 参见庄加园：《“买卖型担保”与流押条款的效力——〈民间借贷规定〉第24条的解读》，载《清华法学》2016年第3期。

② 参见杨立新：《后让与担保：一个正在形成的习惯法担保物权》，载《中国法学》2013年第3期。

四、“以房抵债”构成的学理类型

鉴于《九民纪要》对于民事审判的指导意见作用，在借鉴其分类方法的基础上，对实践中各类以房抵债所构成的类型展开论述。

（一）债务履行期限届满前达成的“以房抵债”

《九民纪要》第45条划分出履行期限届满前以物抵债这一类别，但又否定了此类以物抵债协议的拘束力，债权人无法据此请求交付房屋。因在债务履行期限届满前，由于债权的金额和抵债物的价值尚不确定，债权人极可能利用其经济优势地位对债务人进行暴利盘剥，导致禁止流押、流质规定的架空。

例1：

朱某某与山西嘉和泰房地产开发有限公司商品房买卖合同纠纷案	
2014年最高人民法院公报案例 ｜ （2011）民提字第344号	
裁判摘要	双方当事人基于同一笔款项先后签订《商品房买卖合同》和《借款协议》，并约定如借款到期，偿还借款，《商品房买卖合同》不再履行；若借款到期，不能偿还借款，则履行《商品房买卖合同》。在合同、协议均依法成立并已生效的情况下。应当认定当事人之间同时成立了商品房买卖和民间借贷两个民事法律关系。该行为并不违反法律、行政法规的强制性规定。 借款到期，借款人不能按期偿还借款。对方当事人要求并通过履行《商品房买卖合同》取得房屋所有权，不违反《担保法》第40条、《物权法》第186条有关“禁止流押”的规定。

依据2014年最高人民法院公报案例中“朱某某案”的裁判要点，当事人之间可同时存在买卖和借贷两种民事法律关系，该行为并不违反法律的强制性规定。但随后出台的《民间借贷司法解释》持不同立场，第24条规定买卖合同作为借贷合同的担保，在债务人不履行原债的情况下，债权人仅能依原债主张。同年，《商事审判问题》第9条中规定对于履行期届满前约定的以物抵债应按照《民间借贷司法解释》第24条规定处理，该种以履行期限为标准的划分方法也为《九民纪要》所

采用。由此可见，最高人民法院倾向于认定履行期届满前当事人签订房屋买卖合同的真实目的系为原债提供担保，而非具有真正的房屋买卖合意。

对于约定为“若如期清偿借款债务，则买卖合同不再履行；若借款到期未能清偿，则履行买卖合同，债务人用抵押物抵顶债务，借款人取得该财产所有权，同时双方互相不再支付任何款项”的情形，理论上解释为“名为买卖，实为担保”的观点不胜枚举。但仔细考察当事人订立买卖合同的原因，不难解释出以物抵债的意思表示。对此，有学者即主张此类约定可从学理上解释为当事人之间达成了一种“附停止条件的代物清偿合意和附解除条件的房屋买卖合同”①；也有观点进一步主张此类情形下的房屋买卖合同并非当事人真意，系无效的通谋虚伪表示，属于“名为买卖，实为抵债”，买卖合同下隐藏的真实意思表示为“代物清偿预约”。②

（二）债务履行期限届满后达成的“以房抵债”

1. 构成代物清偿的“以房抵债”

一般认为，代物清偿是指债权人受领他种给付以代替原定给付，从而使债之关系消灭。我国大陆在规范层面并无代物清偿的制度规定，既往的理论和实践中往往将以物抵债等同于代物清偿，并受代物清偿要物性的影响将以物抵债协议也认定为实践合同。在要物性的语境下，单纯的代物清偿合意并不产生清偿的效果。代物清偿构成的前提须有如下三个要件：一是当事人之间需存在以他种给付代替原定给付的清偿目的的约定，二是债务人已实际作出他种给付，三是债权人已实际受领他种给付。

从代物清偿的制度历史来看，在罗马法时期，代物清偿并未与要物

① 参见陆青：《以房抵债协议的法理分析——〈最高人民法院公报〉载“朱俊芳案”评释》，载《法学研究》2015 年第 3 期。

② 参见高治：《担保型买卖合同纠纷的法理辨析与裁判对策》，载《人民司法》2014 年第 23 期。

性相连接，而是强调代物清偿是一种以清偿合意为基础的清偿行为，将其看作要物合同的观点主要是由于晚期拜占庭法学的影响产生了代物清偿与买卖合同的趋同化。[①] 罗马法时期中清偿的合意不同于缔结新债的合意，但在后世的发展过程中，代物清偿中给付替代物的合意被理解为以原债的价格抵销替代物的买卖，进而也催生了替代给付存在瑕疵时，债权人可以准用买卖合同中债务人的瑕疵担保责任寻求救济。进而，又为了将代物清偿与买卖合同加以区别，法学家们提出了将物的交付作为二者区分的标准，与诺成性的买卖合同不同，代物清偿合同只有在替代物交付之后，协议才发生效力，由此，传统民法理论对于代物清偿制度形成了要物性的认识。这种要物性即反映在《德国民法典》第364条第1款的规定[②]和我国台湾地区“民法”第319条[③]的规定中。

从近年来对代物清偿要物性的理论反思来看，学界普遍认为代物清偿要物性的观点忽略了代物清偿与要物合同的本质区别，并且不符合要物合同逐渐减少的演变规律。并且，从上述代物清偿的制度史来看，代物清偿实质为债的清偿方式，而要物契约是债权契约的分类，关系到债权契约的成立，二者并非完全等同。最高人民法院在晚近的观点中也否定了代物清偿在我国系要物契约的可能，认为代物清偿的要物性是混淆了“受领他种给付”与“交付标的物”两者之间的区别，并且将不当削弱意思自治的效力。[④]

不过，即使承认了代物清偿契约的诺成性，仍需明确尚未履行的代物清偿合意的效力为何。对此，传统理论上因对代物清偿性质采“合同变更说”和“清偿行为说”的认识不同而存在争议。“合同变更说”认

① 参见肖俊：《代物清偿中的合意基础与清偿效果研究》，载《中外法学》2015年第1期。

② 参见《德国民法典》第364条第1款规定：“债权人一经受领他种给付以代替履行债务给付时，债的关系即告消灭。”

③ 我国台湾地区“民法”第319条规定：“债权人受领他种给付以代原定之给付者，其债之关系消灭。”

④ 参见最高人民法院民事审判第二庭编著：《〈全国法院民商事审判工作会议纪要〉理解与适用》，人民法院出版社2019年版，第301－302页。

为，代物清偿合意是当事人就给付标的达成了一个事后的合同变更的约定。[①] 通过达成合同变更的约定，债务的履行方式发生了变更，构成了任意之债，债务人可以选择一种履行方式消灭原债，但原债的消灭并不在合同变更的约定生效时，而是因实际履行才发生。“清偿行为说”则认为，债权人受领他种给付，但并非意味着其旨在放弃原有的债权，而是仅旨在代替原定给付获得原债的清偿。他种给付的受领实质上等同于原定债务的清偿，仅是债务清偿方式的变更，而债务人作出他种给付的本质也实际系履行原定债务，故而，代物清偿单纯为清偿行为。[②] 清偿由清偿合意和清偿行为共同构成，二者共同导致清偿效果的发生，替代给付的合意和替代给付的行为不必同时作出，而是可以事先作出。在清偿行为说的语境下，未履行的代物清偿合意系债权人和债务人共同达成旨在以他种给付代替原定给付从而消灭原债的合同。

上述两种理论在解释路径上虽有不同，但均认为清偿效果的发生系将原有的债务关系作为替代给付的发生原因。从这个意义上讲，无论采纳何种观点，代物清偿合意的本质目的仍然在于原债的清偿，这种约定使得替代给付得以发生如同原定给付发生的效果。

2. 构成新债清偿的“以房抵债”

新债清偿又称间接给付，在德国法上被称为“为清偿之给付”。我国大陆并无对此的直接规定，理论上的研究多集中于我国台湾地区“民法”第320条规定。[③] 在学理上一般认为，新债清偿是指因清偿债务而为异于原定给付之给付，因债权人就新给付之实行受满足，而使旧债务消灭。[④] 在新债清偿情形下，在新债务履行之前，旧债务并不消灭而是处于一种暂时停止履行的状态，债务人应当履行新债务，旧债务和新债

① 参见［德］迪尔克·罗歇尔德斯：《德国债法总论》（第7版），沈小军、张金海译，中国人民大学出版社2014年版，第142－143页。

② 陈自强：《论代物清偿——契约变更与结束自由之考察》，载《无因债权契约论》，中国政法大学出版社2002年版，第279页。

③ 我国台湾地区“民法”第320条规定，“因清偿债务而对于债权人负担新债务者，除当事人另有意思表示外，若新债务不履行时，其旧债务仍不消灭”。

④ 史尚宽：《债法总论》，中国政法大学出版社2000年版，第819页。

务处于并存状态，在新债务得以履行完毕得以清偿后，旧债务才同新债务一并消灭。

为规避传统民法理论对代物清偿要物性的认识，证成以物抵债协议的诺成性，最高人民法院在“通州建总集团合同案”中采纳了新债清偿的路径解释以物抵债中新债与旧债的关系。在该案中，最高人民法院在认可以物抵债协议的诺成性的前提下，对于新给付与原定给付的关系问题，传统理论中有债的更改、代物清偿、新债清偿三条解释路径，由于债的更改制度将导致原定给付义务的消灭，不利于保护债权人利益，代物清偿又将面临要物性的理论难题，为了保护债权，同时证成以物抵债协议的诺成性，而新债清偿理论下新旧债务并存的构造能够妥善处理债权人保护的问题，故而，最高人民法院便选择了新债清偿的解释路径，认为“当事人于债务清偿期届满后达成的以物抵债协议，性质一般为新债清偿”。但如从传统理论上看，这一解释路径似乎仍存在龃龉。

例 2：

通州建总集团有限公司与内蒙古兴华房地产有限责任公司 建设工程施工合同纠纷案	
2017 年最高人民法院公报案例 ｜（2016）最高法民终字第 484 号	
裁判摘要	・当事人于债务清偿期届满后达成的以物抵债协议，可能构成债的更改，即成立新债务，同时消灭旧债务；亦可能属于新债清偿，即成立新债务，与旧债务并存。基于保护债权的理念，债的更改一般需有当事人明确消灭旧债的合意，否则，当事人于债务清偿期届满后达成的以物抵债协议，性质一般应为新债清偿。 ・在新债清偿情形下，旧债务于新债务履行之前不消灭，旧债务和新债务处于衔接并存的状态；在新债务合法有效并得以履行完毕后，因完成了债务清偿义务，旧债务才归于消灭。 ・在债权人与债务人达成以物抵债协议、新债务与旧债务并存时，确定债权是否得以实现，应以债务人是否按照约定全面履行自己义务为依据。若新债务届期不履行，致使以物抵债协议目的不能实现的，债权人有权请求债务人履行旧债务，且该请求权的行使，并不以以物抵债协议无效、被撤销或者被解除为前提。

事实上，新债清偿理论系应对代物清偿理论不足之处而诞生的，在传统代物清偿要物性的框架下，新给付标的物的交付导致新债成立，旧

债消灭，但在新定给付为交付票据等无法即时清偿的情形下，旧债直接消灭将使得债权人失去寻求原定给付救济的渠道，故而理论上产生了新债清偿理论，主张在此类情况下，新债产生但旧债不消灭，新债履行后旧债才得以消灭，从而实现保护债权人的目的。故而，典型的新债清偿适用范围往往仅限定在新给付无法即时清偿的场合。将新债清偿扩展至一般性的以物抵债协议将扩大其适用范围，可能导致制度错位，进而引发诸多负面影响。例如，传统理论往往认为，因新债清偿中，新旧两债并存，并不同于代物清偿中新给付与原定给付构成对价关系，故而新债清偿为单务、无偿契约，若新债务的他种给付存在瑕疵，债权人并无法援引瑕疵担保责任。① 在新给付为交付票据时，这一问题尚不明显，但当新债清偿的适用范围扩展至全部以物抵债协议时，则将极大地增加双方当事人的交易成本。

不过，从制度目的上看，新债清偿本质上为双方当事人共同达成的以清偿旧债务为目的而负担新债务的合意，负担新债务仍旧为履行旧债务的手段。而以物抵债的根本目的便是清偿原债，新给付是服务于清偿原债的方法，新债不履行、旧债不消灭应当是以物抵债制度的天然特征。②

3. 构成债的更改的“以房抵债”

债的更改系罗马法上债的清偿的重要方式之一，具有重要的制度意义。债的更改，谓因使成立新债务，而使旧债务消灭之契约。更改之结果，一债务新成立，因而使旧债务消灭，就旧债务言之，为债务消灭之原因。③ 在罗马法上，债的关系一旦确立，债的主体和客体要素即严格受其约束，不得任意变更。故而，如意图变更债的要素时，唯有废止原债的关系，成立新债的关系。④ 债的更改的本质是设立新债务以代替旧

① 参见史尚宽：《债法总论》，中国政法大学出版社2000年版，第820页；黄立：《民法债编总论》，中国政法大学出版社2002年版，第673页。

② 景光强：《债务清偿期届满后以物抵债案件的裁判路径与改进方向》，载《私法研究》2020年第1期。

③ 史尚宽：《债法总论》，中国政法大学出版社2000年版，第822页。

④ 郑玉波：《民法债编总论》，陈荣隆修订，中国政法大学出版社2004年版，第526页。

债务，并使旧债务归于消灭的民事法律行为。不同于新债清偿，债的更改下，双方当事人达成债的更改的目的即为消灭原债，成立新债，新债的生效与原债的消灭属于因果关系，其所产生的新债也并非旧债务的延续，而是不同于旧债务的独立的他种债务。

例3：

汤某等人诉新疆鄂尔多斯彦海房地产开发有限公司商品房买卖合同纠纷案	
最高人民法院第72号指导案例 ｜ （2015）民一终字第180号	
裁判摘要	借款合同双方当事人经协商一致，终止借款合同关系，建立商品房买卖合同关系，将借款本金及利息转化为已付购房款并经对账清算的，不属于《中华人民共和国物权法》第186条规定禁止的情形，该商品房买卖合同的订立目的，亦不属于《最高人民法院关于审理民间借贷案件适用法律若干问题的规定》第24条规定的“作为民间借贷合同的担保”。在不存在《中华人民共和国合同法》第52条规定情形的情况下，该商品房买卖合同具有法律效力。但对转化为已付购房款的借款本金及利息数额，人民法院应当结合借款合同等证据予以审查，以防止当事人将超出法律规定保护限额的高额利息转化为已付购房款。

在最高人民法院发布的第72号指导案例中，因债务人无力清偿借款本息，双方协商借款期限提前到期，在此前签订的《商品房预售合同》上形成《商品房买卖合同》《预售商品房补充协议》，就以房抵债、原债权债务的清算、房屋的价格、具体坐落、交付条件、违约责任等内容作出了明确的约定。民事法律关系的产生、变更、消灭，除基于法律特别规定，需要通过法律关系参与主体的意思表示一致形成。该意思表示的变化，除为法律特别规定所禁止外，均应予以准许。在此情形下，双方的真实意思已经不再是用房屋作为债务的担保，而是以房屋来清偿借款债务，终止借款合同关系，建立房屋买卖合同关系，构成债务更新，该协议生效之时，原借款合同关系消灭，以房抵债的债权人可要求债务人履行房屋买卖合同。

《民法典》第545条、第546条虽规定了债权让与和债务承担制度，但并未明文规定债的更改制度。但是，债的更改制度仍有存在的必要性和理论解释的空间。虽尚无明文规定，但从意思自治和契约自由的原则来看，债的更改作为一项非典型合同，只要符合《民法典》第143条规定的法律行为有效要件且不存在其他无效事由，即应当认定为有效的契约。

五、“以房抵债”能否排除执行的考量因素

在明晰实践中各类以房抵债在理论上可能构成的类型后，即需要探讨在上述类型下，能否参照适用《执行异议复议规定》第28条排除执行。需要说明的是，下文并未聚焦具体案件中以房抵债协议能否排除强制执行的审查要点这一问题，而是旨在确定案外人以存在以房抵债协议为由要求排除执行时，法院能否参照适用《执行异议复议规定》第28条进行审查，也即以房抵债受让人是否属于《执行异议复议规定》第28条的“不动产买受人”①。原因在于：一方面，后者是前者的逻辑前提，若以房抵债受让人不能构成“不动产买受人”，则讨论以房抵债受让人排除强制执行的审查要点并无意义。另一方面，前者本质上属于应用法学的范畴，在多地高级人民法院已出台多份指导意见加以明确的情况下，进一步的讨论主要依赖于同类案件的总结和实务经验的积累。

对于以房抵债受让人能否参照适用《执行异议复议规定》第28条主张排除强制执行这一问题，其本质即确定抵债人与抵债房屋的受让人之间是否存在真实有效的房屋买卖合同关系，抵债房屋的受让人是否属于“不动产买受人”，对此，应当在考察当事人意思表示的内在真意、结合物权期待权的设立目的和执行异议之诉的制度目的之基础上作出判断。

（一）当事人的真实意思表示

从前述以房抵债的分类来看，无论是“债务履行期限届满前后”这一时间标准的划分，还是理论上代物清偿、新债清偿、债的更改的划

① 如其构成“不动产买受人”，在符合《执行异议复议规定》第29条更为严格的条件时，当然也可构成“房屋消费者”。

分，本质区别都在于当事人内心真意的不同，而正是当事人真意的难以准确界定，导致了实践中此类案件的“同案不同判”和理论上的定性争议。一方面，当事人的真实意思表示是区分以房抵债类型的逻辑起点，正是意思表示的不同使得各类以房抵债得以区分开来；另一方面，当事人真实意思表示也是判断抵债受让人能否排除执行的基础，只有在存在真实的房屋买卖意思表示时，以房抵债受让人才能够视为“不动产买受人”，享有排除强制执行的法律地位。

1. 探求当事人真意的方法论

当事人之间签订的房屋买卖合同究竟系前文中的“名为买卖，实为担保”抑或“名为买卖，实为抵债”，还是构成债务更新，成立真实有效的房屋买卖合同，属于合同性质的界定，在理论上属于合同解释的范畴。一般认为，意思表示解释与合同解释的关系密切，尽管意思表示的解释主要属于合同成立与生效阶段的解释作业，且多针对一方当事人，而合同的解释主要是认定当事人之间的行为规范，主要针对双方当事人的共同目的和合意，但主流观点认为，在理论上并无将两者加以区分之必要。从本质上说，无论通过分别处于数个载体之中的意思表示订立合同，抑或通过处于同一个载体中的数项意思表示订立合同，合同解释就是意思表示解释。①“以房抵债”的约定属于向相对人作出的意思表示，故而，应根据《民法典》第 142 条第 1 款的规定，“按照所使用的词句，结合相关条款、行为的性质和目的、习惯以及诚信原则，确定意思表示的含义”。

对于实践中当事人达成的各类以房抵债协议，从方法论上看，判断其是否具有真实房屋买卖的意思应当以合同文本为基础、以客观情势为辅助、以推定解释规则为补充，从而判断其是否属于“不动产买受人”。

（1）以合同文本为基础。一方面，文义解释在意思表示规则中具

① 参见杨代雄：《民法典第 142 条中意思表示解释的边界》，载《东方法学》2020 年第 5 期。

有优先性。意思表示必借助语言表述，文义往往成为进入意思表示意义世界的第一道口。凡自然语言必有歧义，文义解释即旨在消除之。[①] 另一方面，从证据法上看，合同作为书证具有较高证明力。最高人民法院在洪某某与昆明安钡佳房地产开发有限公司房屋买卖合同纠纷案中即指出："合同在性质上属于原始证据、直接证据，应当重视其相对于传来证据、间接证据所具有的较高证明力，并将其作为确定当事人法律关系性质的逻辑起点和基本依据。"[②] 在判断当事人之间达成的房屋买卖合同是否属于"名为买卖，实为担保"抑或"名为买卖，实为抵债"时，即应从合同文本中是否约定买卖合同约定的价款金额、是否约定收取利息及利率多少、借贷债务是否因此消灭而不再履行、买卖合同履行是否具有清偿效力、买卖合同的生效要件是否与借款合同存在关联等要素，判断当事人之间实际存在借款关系或担保关系抑或实际系以物抵债关系。

（2）以客观情势为辅助。解释当事人所立书据之真意，以当时之事实及其他一切证据资料为其判断之标准，不能拘泥于书面或截取书据中一二语，任意推解致失真意。[③] 在以房抵债中，当事人所缔结的合同所用词句大同小异，对于"抵债"这一目的，在表述上即存在"抵偿、抵充、抵销、抵冲、折抵"等多种形式，在此情况下，即应根据当事人对于合同的实际履行情况作为辅助标准判断当事人的真实意思表示。实践中，对于"名为买卖，实为担保"和真实房屋买卖合同的界分，即应考察如下因素：一是"买卖合同"载明的价款与同地段相同房屋的售价是否差距较大；二是"买卖合同"如已载明一方已经支付了全部或大部分房款，则该方是否实际持有付款凭证；三是"买卖合同"约定的交房、过户时间与借款到期的时间是否一致；四是对于"买卖合同"的卖方（借款合同中的债务人）的违约责任约定明确且违约金约定较高，而对"买卖合同"的买方（借款合同中的债权人）的违约责

① 参见朱庆育：《民法总论》（第2版），北京大学出版社2016年版，第227页。

② 参见最高人民法院民事判决书，（2015）民一终字第78号。

③ 王泽鉴：《民法总则》，北京大学出版社2009年版，第320页。

任未作约定或约定不明；五是是否另行存在真实有效的借款合同。

（3）以推定解释规则为补充。在运用上述解释方法后，仍然难以准确界定以房抵债的类型，此时可从保护债权人的角度出发，借鉴类推解释规则加以确定。例如，我国台湾地区“民法”第 320 条即规定：“因清偿债务而对于债权人负担新债务者，除当事人另有意思表示外，若新债务不履行时，其旧债务仍不消灭。”《德国民法典》第 364 条第 2 款即规定：“债务人为使债权人受清偿而对债权人承担新债务的，有疑义时，不得认为债务人承担该债务以代替清偿。”我国在规范层面虽无此类解释规则，但基于最高人民法院公报案例的指导作用，在同类案件下，法院仍可据此规则释法明理。最高人民法院在“通州建总集团合同案”中即指出，“当事人于债务清偿期届满后达成的以物抵债协议，可能构成债的更改，即成立新债务，同时消灭旧债务；亦可能属于新债清偿，即成立新债务，与旧债务并存。基于保护债权的理念，债的更改一般需有当事人明确消灭旧债的合意，否则，当事人于债务清偿期届满后达成的以物抵债协议，性质一般应为新债清偿”。

2. 当事人达成何种合意能够排除执行

以上述各类以房抵债中当事人真实意思表示的界定和区分为基础，可以判断各类以房抵债受让人能否构成《执行异议复议规定》第 28 条中的“不动产买受人”。

首先，对于履行期限届满前达成的以房抵债，无论系构成“名为买卖，实为担保”抑或“名为买卖，实为抵债”，当事人的真实意思表示都并非缔结真实的房屋买卖合同，本质或为了担保债权的履行，与主债权构成主从关系，或为了抵偿借款债务，与原债构成替代关系，故而，此情形下的抵债物受让人不能排除强制执行。

其次，对于履行期限届满后达成的以房抵债，就构成代物清偿和新债清偿的以房抵债而言，当事人达成代物清偿或新债清偿的目的仍旧系偿还旧债，二者的区别仅在于是否存在缔结新债的合意，而所缔结的新债在法律上的原因系旧债的存在，在代物清偿和新债清偿，新给付均是服务于原债得以清偿的手段，故而，不同于房屋买卖合同中，买受人的真实意思表示旨在取得房屋所有权，代物清偿和新债清偿中，以房抵债受让人的真实意思表示旨在清偿，故而同样不能排除强制执行。

最后，对于构成债的更改的以房抵债受让人而言，当事人的真实意思表示由“缔结新债” + “更新原债”组成，原债权债务关系已为新债所取代，新的房屋买卖合同取代了原债权债务关系成为当事人之间新的法锁，故而，在债的更改下，以物抵债的受让人可以被视为“不动产买受人”，在符合《执行异议复议规定》第 28 条的情形时可以排除执行。

（二）物权期待权的设立目的

在审执分离的模式下，民事执行程序以效率优先和形式化为原则，物权公示原则和权利外观主义是执行程序中判断执行标的实体权属的标准。但是，基于我国现行房地产开发以及登记制度的不完善等原因，不动产买受人签订买卖合同之后，往往不能及时进行登记，买受人取得法律意义上的所有权总会滞后于债权合意很长一段时间。[①] 为调和执行形式化原则与实质权利归属之间的冲突，立法者引入德国法“期待权”的概念，创设了“不动产买受人物权期待权”以保护无过错房屋买受人的权利，赋予其足以对抗申请执行人金钱债权的法律效果。物权期待权系指对于签订买卖合同的买受人，在房屋尚未完成登记之前尚无法取得房屋的所有，但在其已经履行合同部分义务的情况下，即赋予其类似所有权人的地位，获得一种受法律保护的可于未来取得完整房屋所有权的期待权利。

严格来说，房屋买受人请求出卖人转移房屋所有权的请求权本质上仍为一种债权，但因买受人已履行了部分合同义务，在符合了立法规定的物权期待权时，立法者基于特殊的立法价值取向，保护该种情形下房屋买受人对未来完整物权的期待，使得其得以排除债权人的强制执行。

---

① 江必新、刘贵祥主编：《最高人民法院关于人民法院办理执行异议和复议案件若干问题规定理解与适用》，人民法院出版社 2015 年版，第 421 页。

而反观以房抵债中各类抵债物受让人，对于构成担保、代物清偿和新债清偿的抵债物受让人而言，其对房屋的期待均仅限定于房屋的交换价值，而非关注房屋的价值。构成担保的抵债物受让人希冀通过房屋的变价所得实现其债权的满足，构成代物清偿和新债清偿的抵债物受让人则旨在直接通过房屋所有权的移转实现原债权的清偿。换言之，此三类情形下的房屋受让人自始至终的期待均最终指向原债权的实现，取得物权仅是实现债权的一种手段，若债权能够通过原债的履行方式实现，则不必再曲折地通过取得物权加以实现。而仅当构成债的更改时，抵债受让人的期待才通过债的更改约定由实现债权变更为取得物权，其在符合物权期待权的构成要件时，才有必要考量抵债受让人的生存利益、弥补不动产登记制度的不完善与抵债受让人对房产的期待利益之间的冲突，赋予其得以排除强制执行的效果。

此外，从当前《执行异议复议规定》第 28 条的运行实践来看，实践中物权期待权的类型明显呈扩张趋势，除部分法院认可以物抵债债权人享有物权期待权，还有一些法院认为离婚夫妻一方、借名买房的借名人等情形下也享有物权期待权。[①] 但从不动产物权期待权的学理反思来看，德国不动产物权期待权理论系源于其物权变动形式主义的土壤而诞生的，其往往将不动产物权期待权严格限定于物权合意已具有约束力、登记同意表示已作出、受让人已向土地登记机关提出登记申请的情形，而在我国债权形式主义物权变动模式下，从规范层面并无能推导出当事人具有物权期待权的法理正当性。故此，有学者进一步主张，随着不动产登记制度的确立，在执行异议之诉时应当废除一般买受人排除强制执行的法律地位，仅保留商品消费者的物权期待权。[②] 故此，在我国的物权期待权在法理上尚难以得到有效支撑的背景下，应当审慎对待将“一般买受人”的范畴扩张至“以房抵债受让人”的观点，赋予实践中各

① 关于实践中我国不动产物权期待权存在的类型的梳理可参见庄诗岳：《中国式不动产物权期待权的批判与反思》，载《河北法学》2021 年第 11 期。

② 参见冉克平：《〈民法典〉视域中不动产买受人的法律地位——以“执行异议复议”的修改为中心》，载《武汉大学学报（哲学社会科学版）》2021 年第 3 期。

类“以房抵债受让人”能够排除强制执行的效力将难以从学理上获得充分的支撑。

六、结　语

以房抵债协议的性质界定颇为复杂，其涉及当事人意思表示的界定、意思自治、物权法定原则、债的变更等诸多问题的判断，实践中类型多样的以物抵债协议使得以房抵债受让人能否排除强制执行的问题更加难以界定，该问题就以房抵债的性质界定为前提，同时牵涉申请执行人、被执行人和案外人三方主体的利益衡量。在类型化视角下，不能轻易得出以房抵债受让人能够直接适用《执行异议复议规定》第28条，在符合相应条件时即可排除执行的结论。

作为实践中发展出来的交易模式，在界定以房抵债的性质和效力时需以尊重当事人的意思表示为前提，不能以主观臆断代替当事人真实意思，也不能套用相关传统理论简单地将以房抵债归于某一理论类型。在看似相同的交易模型中可能蕴含着当事人不同的利益追求和法律构造，难以轻易提炼出一条具体的裁判规则。面对实践中不同以房抵债类型，具体何种情况下可认定其能够排除强制执行，仍需在确定以房抵债协议和基础债权真实性的基础上，以合同文本为基础、以客观外在情势为辅助、以类推解释规则为补充，全面考察当事人的真实意思表示，综合权衡各方主体利益作出判断。

（本文仅代表作者个人观点。特约编辑：林秋兰）

“青花椒”式维权构成商标权利滥用吗

裘怡晨*

2021年12月下旬，“青花椒”商标维权事件受到了舆论的高度关注。12月31日，四川省调味品协会、四川省律师协会召开川渝青花椒产业链联席会议，拟就该事件所涉法律问题进行深入研究，提起“青花椒”商标无效申请。①

笔者注意到一种观点，即“青花椒”式维权（注：此处定义为“商标权人对可能构成描述性使用的经营者提起商标侵权之诉”的行为）是对商标权利的滥用。该观点在网络舆论场内呼声很高，但笔者认为，根据网络公开信息，“青花椒”式维权虽在情理上难称妥当，但其并不符合商标权利滥用的表现形式，不该轻易被定性为权利滥用。

一、商标权利滥用的本质

《中华人民共和国民法典》第132条规定的禁止权利滥用原则是第7条诚信原则的下位原则，是诚信原则的“具体化体现”。② 权利滥用的要件之一，是行为人以故意损害国家利益、社会公共利益或者他人合法

---

* 浙江一墨律师事务所律师。

① 封面新闻：《川渝青花椒产业链联席会议在成都召开 商讨“青花椒事件”应对策略》，记者：易弋力。

② 陈华彬：《论民事权利的内容与行使的限制——兼议我国〈民法总则（草案）〉相关规定的完善》，载《法学杂志》2016年第11期。

权益为目的行使权利。①

商标纠纷领域的权利滥用，可以追溯至《与贸易有关的知识产权协定》（《TRIPs 协定》）第 48 条的规定②。该条款要求成员国授权司法机关责令滥用知识产权救济程序的原告向受到错误禁止或限制的被告就后者遭受的损害提供补偿。该条款用于规制权利人在明知的情况下，或者出于恶意，利用知识产权阻碍合法竞争的行为。③

在我国，最高人民法院指导案例 82 号“歌力思”案④确立了禁止商标权滥用原则。⑤在该案的裁判理由中，法院认为，诚实信用原则是一切市场活动参与者所应遵循的基本准则。一方面，它鼓励和支持人们通过诚实劳动积累社会财富和创造社会价值，并保护在此基础上形成的财产性权益，以及基于合法、正当的目的支配该财产性权益的自由和权利；另一方面，它又要求人们在市场活动中讲究信用、诚实不欺，在不损害他人合法利益、社会公共利益和市场秩序的前提下追求自己的利益。民事诉讼活动同样应当遵循诚实信用原则。一方面，它保障当事人有权在法律规定的范围内行使和处分自己的民事权利和诉讼权利；另一方面，它又要求当事人在不损害他人和社会公共利益的前提下，善意、审慎地行使自己的权利。任何违背法律目的和精神，以损害他人正当权益为目的，恶意取得并行使权利、扰乱市场正当竞争秩序的行为均属于权利滥用，其相关权利主张不应得到法律的保护和支持。

因此，商标权利滥用的本质，是违背诚信原则，恶意取得并行使商

---

① 梁慧星：《〈民法总则〉重要条文的理解与适用》，载《四川大学学报（哲学社会科学版）》2017 年第 4 期。

② 《TRIPs 协定》第 48 条规定：1. 如应一当事方的请求而采取措施且该当事方滥用实施程序，则司法机关有权责令该当事方向受到错误禁止或限制的当事方就因此种滥用而受到的损害提供足够的补偿。司法机关还有权责令该申请当事方支付辩方费用，其中可包括适当的律师费。2. 就实施任何有关知识产权的保护或实施的法律而言，只有在管理该法过程中采取或拟采取的行动是出于善意的情况下，各成员方可免除公共机构和官员采取适当救济措施的责任。

③ 联合国贸易与发展会议、国际贸易和可持续发展中心编：《TRIPS 协定与发展：资料读本》，中华人民共和国商务部条约法律司译，中国商务出版社 2013 年版，第 689 – 690 页。

④ 具体案情，参见最高人民法院民事判决书，（2014）民提字第 24 号。

⑤ 姜南：《商标恶意诉讼的认定与法律规制》，载《江西财经大学学报》2021 年第 4 期。

标权，损害他人正当权益的行为。

二、商标权利滥用的表现形式

经检索，在我国司法实践中，商标权利滥用主要包含以下四种表现形式。

（一）恶意取得商标权，并提起商标侵权诉讼

在“刺客信条”案[①]中，案外人狮子山（香港）实业有限公司（以下简称狮子山公司）自2017年起在多个类别上注册与《刺客信条》游戏有关的商标共计135枚。原告广州市花亦浓贸易有限公司（以下简称花亦浓公司）经狮子山公司授权，针对《刺客信条》游戏周边产品卖家提起大规模侵权诉讼。法院认为，花亦浓公司借用司法资源谋取不当利益的行为，属于权利滥用，依法不予保护。

（二）恶意取得商标权，并发起行政投诉

在“Ambitmicro”案[②]中，被告恩倍科微公司在先使用“AmbiqMicro”标识销售集成电路产品，并在中国市场具有一定影响。原告拓野科技有限公司（以下简称拓野公司）作为自然人成立的一人公司，不具备集成电路、半导体行业的相应技术能力，却在成立当月即申请注册“Ambitmicro”商标，此后并未进行任何经营，而是在商标核准注册后针对恩倍科微公司的多个经销商发送侵权警告函并向监管部门投诉，甚至还向恩倍科微公司的投资方发送侵权警告函。法院认为，拓野公司申请注册“Ambitmicro”商标系出于不正当的目的，其申请商标、发布警告函、进行行政投诉以及提起本案诉讼的行为明显违反了诚实信用原则，其相关权利主张不应得到法律的保护和支持。

---

① 具体案情，参见浙江省金华市中级人民法院民事判决书，（2019）浙07民终2958号。

② 具体案情，参见上海市浦东新区人民法院民事判决书，（2018）沪0115民初46794号。

（三）恶意启动商标行政程序

在“碧然德”案[①]中，上海康点实业有限公司（以下简称康点公司）持续申请注册与碧然德有限公司（以下简称碧然德公司）的注册商标“BRITA”“碧然德”相同或近似的商标，总数多达21枚。康点公司还将其抢注的商标作为引证商标，对碧然德公司在同类别上的商标提起无效宣告请求或者异议。法院认为，康点公司的行为系恶意抢注商标及滥用商标异议程序，干扰、阻碍碧然德公司正常行使商标权利，违反了诚实信用原则和公认的商业道德。

（四）商标挟持

虽然传统民事领域的权利滥用常常被看作“损人不利己”的，但商标纠纷领域存在大量“损人肥己”的权利滥用行为，有学者称之为“商标挟持”（trademark holdup）。这些“挟持者”并不从事生产经营，而是通过商标抢注、商标投机等方式，将注册商标当作筹码，以提起诉讼或者发起投诉的方式，利用被告不堪诉累、息事宁人的心理，索要高额许可费或转让费。[②]因收益高、成本低，商标挟持一度十分猖獗。而禁止商标权利滥用的规则，很大程度上是为了制约商标挟持，或者具有同等程度恶意的行为。

在“优衣库”案[③]中，一审原告广州中唯企业管理咨询服务有限公司（以下简称中唯公司）申请注册了1931件商标，广州市指南针会展服务有限公司（以下简称指南针公司）申请注册了706件商标，其中部分商标与他人知名商标在呼叫或者视觉上高度近似。中唯公司、指南针公司曾试图以800万元的价格将其注册的“UL”商标转让给优衣库的品牌经营方迅销（中国）商贸有限公司（以下简称迅销公司），因转让不成，对优衣库品牌的经营方（包括各地的门店）提起商标侵权之诉，

---

① 具体案情，参见上海市闵行区人民法院民事判决书，（2017）沪0112民初26614号。

② 李晓秋：《论商标挟持行为的司法控制》，载《现代法学》2017年第4期。

③ 具体案情，参见最高人民法院民事判决书，（2018）最高法民再394号。

形成全国范围内的批量诉讼。再审法院认为，中唯公司、指南针公司的行为明显违反诚实信用原则，对其借用司法资源以商标权谋取不正当利益之行为，依法不予保护。

三、商标权利滥用的法律后果

（一）驳回诉讼请求

最高人民法院在指导案例“歌力思”案的裁判要点中明确，当事人违反诚实信用原则，损害他人合法权益，扰乱市场正当竞争秩序，恶意取得、行使商标权并主张他人侵权的，人民法院应当以构成权利滥用为由，判决对其诉讼请求不予支持。“歌力思”案确立的这一裁判思路，已被其后的多个判决参照适用。

（二）赔偿合理开支

《最高人民法院关于知识产权侵权诉讼中被告以原告滥用权利为由请求赔偿合理开支问题的批复》规定①，在知识产权侵权诉讼中，被告提交证据证明原告的起诉构成法律规定的滥用权利损害其合法权益，依法请求原告赔偿其因该诉讼所支付的合理的律师费、交通费、食宿费等开支的，人民法院依法予以支持。被告也可以另行起诉请求原告赔偿上述合理开支。

在“TELEMATRIX”案②中，山东比特智能科技股份有限公司（以下简称比特公司）以不正当手段抢注美国美爵信达公司在先使用并具有一定影响的“TELEMATRIX”商标，并对美国美爵信达公司的代工企业江苏中讯数码电子有限公司（以下简称中讯公司）实施发送警告函、工商举报、提起商标侵权之诉等行为，导致中讯公司停止生产销售 TELEMATRIX 商标商品，丧失交易机会。后中讯公司对比特公司提

① 《最高人民法院关于知识产权侵权诉讼中被告以原告滥用权利为由请求赔偿合理开支问题的批复》（法释〔2021〕11 号），自 2021 年 6 月 3 日起施行。

② 具体案情，参见最高人民法院民事裁定书，（2019）最高法民申 366 号。

起诉讼，案由为“因恶意提起知识产权诉讼损害责任纠纷”。再审法院认为，比特公司的行为已经构成恶意诉讼，应当承担消除影响、赔偿损失的法律责任。

（三）可能被认定为不正当竞争

我国《反不正当竞争法》（2019 年修正）第 2 条第 1 款规定，经营者在生产经营活动中，应当遵循自愿、平等、公平、诚信的原则，遵守法律和商业道德。司法实践中，部分商标权利滥用的行为还构成《反不正当竞争法》第 2 条规定的不正当竞争行为，如“碧然德”案①、“确美同”案②。

值得注意的是，在“确美同”案中，被告李某与原告拜耳消费者关爱控股有限责任公司（以下简称拜耳关爱公司）、拜耳消费者护理股份有限公司（以下简称拜耳护理公司）并非同业经营者，而是典型的“商标囤积者”，其注册了大量商标却不使用，而是据此在电商平台对原告等商标使用人发起投诉，导致原告的产品被下架。法院在判断两原告与被告李某之间是否存在竞争关系时认为，只要使用不正当的手段破坏他人的竞争优势从而增强自己的竞争优势或获得相应利益，即可以认为存在不正当竞争行为。因此，被告李某与两原告之间存在直接的竞争关系。

四、不应轻易将“青花椒”式维权定性为权利滥用

我们假设，“青花椒”事件的主角万翠堂公司善意取得并积极使用“青花椒”商标，在这种情况下，其对可能构成描述性使用的经营者提起商标侵权之诉，是否构成权利滥用呢？仅凭有限的公开信息，“青花椒”式维权暂未落入商标权利滥用的范围。那么鉴于该事件在社会上的影响，是否应该在未来将此类行为定性为权利滥用呢？笔者认为，从法

① 具体案情，参见上海市闵行区人民法院民事判决书，（2017）沪 0112 民初 26614 号。

② 具体案情，参见浙江省杭州市余杭区人民法院民事判决书，（2017）浙 0110 民初 18627 号。

律的角度，不应该轻易进行这样的定性。

这种定性存在逻辑上的矛盾之处。假设我们要求一位合法取得并积极使用商标的权利人，面对可能侵犯其商标权的行为，先行确认该行为是否属于商标性使用，再决定是否提起诉讼，那么该权利人为了获得这个问题的答案，只能先提起诉讼，并根据法院的认定作出决断。在法院裁判之前，任何人都无法对行为是否构成商标性使用这一问题作出完全准确的判断。

更进一步说，假设将“青花椒”式维权定性为权利滥用，那么，一个不怀有恶意的权利人必然会极力避免对可能构成描述性使用的行为主张权利。而《中华人民共和国商标法》（2019 年修正）对于商标专用权的保护，需要通过充分、有效的救济途径来实现。如果商标权人在决定是否维权时，内心存在对自身可能被认定为权利滥用的担忧和顾虑，其救济途径便受到了不合理的限制。

当然，也有观点认为，我国法律法规对商标性使用与描述性使用的区别有较为详细的规定，在起诉前对商标性使用作出判断，并不会给原告带来太大的负担。然而，描述性使用存在与否并非总是一目了然的。

在“片仔癀”案[①]中，再审法院认为，片仔癀是一种药品的名称，如果被控产品中含有片仔癀成分，生产者出于说明或客观描述商品特点的目的，以善意方式在必要的范围内予以标注，不会导致相关公众将其视为商标而导致来源混淆的，可以认定为正当使用。判断是否属于善意，是否必要，可以参考商业惯例等因素。一审被告漳州市宏宁家化有限公司（以下简称宏宁公司）如果是为了说明其产品中含有片仔癀成分，应当按照商业惯例以适当的方式予以标注，但是本案中，宏宁公司却是在其生产、销售商品的包装装潢显著位置突出标明“片仔癀”“PIENTZEHUANG”字样，该标识明显大于宏宁公司自己的商标及其他标注，并且所采用的字体与片仔癀公司的注册商标基本一致。该种使用方式已经超出说明或客观描述商品而正当使用的界限，其主观上难谓善

① 具体案情，参见最高人民法院民事裁定书，（2009）民申字第 1310 号。

意，在涉案商标已经具有很高知名度的情况下，客观上可能造成相关公众产生商品来源的混淆，因此宏宁公司关于其使用是正当使用的主张不能成立。

而在“85℃”案[①]中，二审法院认为，原审被告光明乳业股份有限公司（以下简称光明公司）对温度的标准表达方式85℃的使用，尚不属于对原审原告美食达人股份有限公司（以下简称美食达人公司）的“85℃”商标的恶意使用。虽然被控侵权外包装上的85℃的字号大于相同位置的文字，但该85℃并非孤立的，而是分别配以“85℃巴氏杀菌乳新鲜说”“认准巴氏杀菌乳才是鲜牛奶”“就是要喝85度杀菌的巴氏鲜奶”“我是巴氏杀菌乳我更新鲜”“85℃巴氏杀菌乳高品质鲜牛奶”等文字，上述文字亦充分说明，光明公司使用85℃所表达的就是温度，且仅是在表达温度意义上的使用。因此，光明公司在被控侵权商品上使用85℃，仅是为了向相关公众说明其采用的巴氏杀菌技术的工艺特征，仍属于合理描述自己经营商品特点的范围，并非对美食达人公司注册商标的使用，而是对温度表达方式的正当使用。

将描述性使用的前提规定为“正当使用”，能够避免某些假借描述性使用的名义，故意突出使用他人商标的行为。[②]很多时候，仅凭一张图片、几段文字，往往难以充分认识事件的全貌与行为的本质，因此才需要争议双方通过司法程序进行举证、质证、辩论，并由人民法院居中裁判。

实际上，不将“青花椒”式维权认定为权利滥用，不代表权利人在错误地对未构成侵权的经营者主张权利后不用付出任何代价。只要法院对构成正当使用的行为作出不侵权的认定，并据此驳回原告的诉讼请求，原告便无法从中获得任何赔偿，还要承担所有维权开支与诉讼费用。

---

① 具体案情，参见上海知识产权法院民事判决书，(2018) 沪73民终289号。

② 黄晖：《商标法》（第2版），法律出版社2016年版，第167－172页。

五、结　语

笔者还注意到，“青花椒”商标是否缺乏显著性，是该事件中的另一个争议问题。“青花椒”作为一种调味料的名称，虽然不是第 43 类上的通用名称，但确系餐饮行业的关联词，而行业关联词的显著性判断难度普遍较高，往往需要具体情况具体分析，这就不可避免地产生个案的偏差。例如，同样注册在第 43 类上，且同样与调料有关，“剁椒入味 DUO JIAO RU WEI 及图”商标与“青花椒”商标不同，该商标的注册申请因“直接表示了指定服务的内容等特点”被驳回①。

而北京好利来企业投资管理有限公司（以下简称好利来公司）在第 30 类上申请注册的“半熟芝士”和“完熟芝士”商标，也因一字之差迎来截然不同的命运。在“半熟芝士”案②中，法院认为，“半熟芝士”指定使用在蛋糕等商品上，易被理解成通过某种工艺或某种原料制作的蛋糕名称，构成《中华人民共和国商标法》（2019 年修正）第 11 条第 3 项规定的缺显情形，不应予以核准注册。而在“完熟芝士”案③中，法院则认为，“完熟芝士”指定使用在糕点等商品上显著性较弱，但其通过使用取得了显著性，应当予以初步审定。

商标显著性的判断，是诸多因素共同作用的结果。如果能进一步细化判断尺度，兴许能够提高商标审查审理结果的可预测性，从源头上避免“青花椒”式纠纷的产生。

（本文仅代表作者个人观点。特约编辑：胡海兵）

---

① 具体案情，参见商标评审委员会商评字（2019）第 0000039209 号商标驳回复审决定书。

② 具体案情，参见北京市高级人民法院行政判决书，（2020）京行终 3628 号。

③ 具体案情，参见北京市高级人民法院行政判决书，（2019）京行终 7731 号。

行使优先承租权的法律实务探析

何　丽*

优先承租权是指承租方根据法律规定或合同约定，获得以同等条件优先于第三人承租房屋的权利。《中华人民共和国民法典》（以下简称《民法典》）产生之前，有些省市地方立法规定了原承租人的优先承租权。租赁合同主体在合同中出现这方面的约定时，法院也认可这种约定的效力。《民法典》第 734 条规定："租赁期限届满，房屋承租人享有以同等条件优先承租的权利。"至此优先承租权从一项约定性权利升格为一项法定性权利，弥补了法律体系中关于优先承租权的空白，使承租方的利益得到进一步维护。该条法律也可以说是对当今蓬勃发展的租赁市场的及时回应。可以说，承租人优先购买权保护的是承租人从属权利中的"所有权因子"，而优先承租权保护的是承租人从属权利中的"使用权因子"。

优先承租权是为了调整出租方与承租方的法律关系而产生的，出租方与承租方主导该权利的行使实为必然。但在产权交易领域，产权交易机构作为租赁关系以外的第三方，对优先承租权合法有效的行使具有重要的推动作用。产权交易机构通过对原承租人的优先权进行审查、进行产权交易风险提示及救济帮助、完善涉及优先承租权的进场交易制度，可为承租方在参与交易机构的业务活动中提供更安全、有序、便捷、高效的优先承租权行使机制，同时也有利于维护出租方及其他各方法律主

* 媒体资深撰稿人，专栏作家。

体的合法权益，进而促使产权交易机构提供更为优质的产权交易服务，最终促进房屋租赁产业的高质量发展。

一、产权交易机构眼中的优先承租权问题

虽然产权交易机构为中立的第三方机构，但在推进涉及优先承租权的业务时，随时会遇到优先承租权行使纠纷带来的经营风险。

（一）对优先承租权行使条件的分歧意见

在实践中，对于优先承租权的分歧主要集中在优先承租权的行使条件上。法定优先承租权的行使条件包括以下要件：①满足同等条件；②在合理期限内主张；③存在合法有效的租赁关系；④出租人继续出租房屋。但出租方和承租方对这些条件的认知分歧较大。

在租赁物进入交易所交易过程中，承租方往往认为“满足同等条件”是指自己无须参与竞价活动，等竞价结束后，自己向出租方承诺自己以竞价的结果来续租租赁物，认为此刻也可以行使优先承租权。但根据现有交易机构制定的交易规则，若想要续租租赁物则需报名参加关于租赁物的竞价活动，否则无权主张优先承租权。

实践中有些承租方认为，自己的优先承租权来源于约定，故无须参与交易机构的竞争活动。例如，在宝应县山阳镇公民村经济合作社与嵇某某农业承包合同纠纷[①]中，由于承租方嵇某某没有参加正常竞标程序，最终丧失了租赁物的优先承租权。承租方对于租赁物必须通过产权交易机构挂牌表示不解，不认可产权交易机构的挂牌行为。例如，广州市房屋开发建设有限公司和广州市越秀区南方第二幼儿园房屋租赁合同纠纷案[②]中，被告广州市越秀区南方第二幼儿园作为承租方以自己的办学性质和相关政策为由，不认可出租方广州市房屋开发建设有限公司就

① 参见宝应县山阳镇公民村经济合作社与嵇某某农业承包合同纠纷案，江苏省宝应县人民法院民事判决书，（2018）苏1023民初3542号。

② 参见广州市房屋开发建设有限公司和广州市越秀区南方第二幼儿园房屋租赁合同纠纷案，广东省广州市越秀区人民法院民事判决书，（2021）粤0104民初18144号。

房屋通过交易机构进行招投标，但原告认为“原告是国有企业，为保证国有资产的保值增值，必须按照相关文件要求通过广州产权交易所挂牌对涉案物业进行公开招租；原告按法律法规推进该物业租赁工作，按原合同约定，在同等条件下，被告享有优先承租权等”。承租方在对优先承租权的行使条件存在质疑的情况下，会提出合理怀疑，认为出租方与其他承租方恶意串通，损害其优先承租权，进而诉至法院，引起纷争。

（二）出租方未履行相关义务而产生纠纷

承租方行使优先承租权以其知道出租方将继续出租房屋并有潜在的第三人承租的可能性为前提，因此出租方负有对承租方的通知义务。一般来说，通知内容应包括涉及拟出租的房屋的全部条款，通知方式可以包括书面或者口头等方式，通知期限以双方约定为准，若无约定则应在合理期限内。若出租方未履行或未适当履行通知义务，进而影响承租方行使优先承租权，此时对承租方的救济和保护措施较为欠缺。实践中出租方侵害承租方优先承租权的方式主要包括：在不通知承租方的情况下出租给第三人；拒不告知承租方续租条件，待原租赁合同期满后径直出租给他人；出租方以房屋改为自用为由收回房屋，短期内又将房屋出租给他人。对于进入产权交易机构进行招租的房屋，产权交易机构依据现有条件很难识别出租方是否已向承租方进行了关于房屋继续租赁的通知。房屋租赁交易完成后，若承租方认为其优先承租权受到损失，极有可能将出租方连同产权交易机构共同诉至法院，增加了产权交易机构的涉诉概率。

（三）涉及优先承租权的进场交易方式对法定权利的影响

现有交易模式中公开竞价的方式主要包括取拍卖、招投标、网络竞价等，然而这些竞价方式的初衷和逻辑未必与承租方优先承租权制度完全吻合。

拍卖是以公开竞价形式，将特定物品或财产权利转让给最高应价者的买卖方式。经拍卖程序成交的合同乃诺成性合同。拍卖师最后落锤后，法律关系即告成立。若拥有优先承租权的承租方不参加拍卖，拍卖师在租赁关系成立后询问承租方是否接受最高应价者的价格条件进而行使优先承租权时，若承租方愿意，其将会获得优先续租房屋的机会，而之前成立的合同旋即失效。拍卖将违背价高者得的宗旨，造成原承租人与最高应价者之间的人为利益冲突。

按照《中华人民共和国招标投标法》（以下简称《招标投标法》）的相关规定，在招投标过程中，投标人之间不得串通，投标人的投标方案在开标前处于保密状态。因此承租方在无法知道潜在的中标方案的情况下，其无法明确最终中标方案中的条件自己能否接受，因此很难根据“同等条件下”来判断自己是否要行使优先承租权。若开标时再允许承租方以“同等条件”行使优先承租权，这无疑将损害招标的可信度，对投标人无疑是不公平的，《招标投标法》的立法目的将被架空。司法实践中，承租人进行类似主张并未得到法院的认可。例如，在鹤峰县长冠商贸有限公司与鹤峰县走马镇古城村村民委员会房屋租赁合同纠纷一案①中，鹤峰县人民法院认为：优先承租权法律尚无明文规定，不属于法定权利，而是基于合同约定产生的约定权利。原、被告之间有合同约定，应依约定。根据双方的约定，原房屋租赁合同期满后，在同等条件下，被告继续出租房屋，原告享有优先于其他承租人的承租权。被告为了使原租赁房屋物权利益最大化，采取招标投标方式公开招租，是对其绝对物权的一种行使方式，原告享有的优先承租权不能与其对抗，而只能以同等条件对抗第三人。原告只有参与招标投标才有取得同等条件对抗第三人的机会，如不参与则视为对优先承租权的放弃。本案的同等条件，必须是同等地参与招标投标活动，同等地遵循招标投标规则，只有在竞标结果一致时，同等条件才会完全出现，原告才能享有优先承租权。原告在竞标中的标底低于锦昌公司，已实际丧失了其优先承租权。原告在锦昌公司竞标成功后再提出同等租赁条件，有悖招标公平原则，

① 参见鹤峰县长冠商贸有限公司与鹤峰县走马镇古城村村民委员会房屋租赁合同纠纷案，湖北省鹤峰县人民法院民事判决书，（2017）鄂2828民初400号。

也有损招标活动的严肃性，这是对“同等条件”的曲解。虽然，在被告房屋经营权招标投标过程中，锦昌公司没有两年商业经营的成功经历，不具备招标文件规定的资格条件，违反了《招标投标法》第 31 条“……联合体各方均应具备规定的相应资格条件……”的规定。采用竞争性谈判方式投标后，没有依照《中华人民共和国政府采购法》第 38 条规定的程序进行，投标方式名为谈判式实为暗投式，中标结果也非谈判结果，其形式属于“换汤不换药”，违反了《招标投标法》第 28 条“……投标人少于三个的，招标人应当依照本法重新招标”和《中华人民共和国招标投标法实施条例》第 44 条“……投标人少于 3 个的，不得开标；招标人应当重新招标”的规定。但是，对招标投标活动中存在的问题，应由招标投标行政监督部门依照《湖北省公共资源招标投标投诉处理办法》的规定来处理，属于行政法规调整的范围，不属于民事案件的审理范畴，故本案不作考虑。……原告长冠公司因投标标底低于第三人，已丧失了原承租房屋的优先承租权，其诉讼请求法院依法不予支持。为依法保护合同当事人的合法权益，依照原《中华人民共和国合同法》第 8 条、第 60 条、第 230 条的规定，判决驳回原告的诉讼请求。

网络竞价相较于拍卖和招标投标具有快速、便捷、成本低的特点，随着网络的普及、基础设施的不断完善，网络竞价在各类交易中的使用比重也会逐渐增大。但在实践中存在的问题也较为突出，由于技术不稳定导致在网络竞价的过程中出现网络中断的情形，从而可能妨碍到承租人优先承租权的行使。例如，在湖北伍家台旅游发展有限公司与丁某某房屋租赁合同纠纷案[①]中，原承租人丁某某已向交易所报名参加房屋网上竞价，由于网络中断，丁某某未能竞价成功，由其他竞价者竞得，此时责任的承担存在争议。由于竞价程序不够严谨，竞租人存在恶意串通，损害原承租人优先承租权的可能性和空间。例如，在苏州市吴中区星海艺术教育培训中心与苏州市吴中区木渎镇善人桥村经济合作社房屋

① 参见湖北伍家台旅游发展有限公司与丁某某房屋租赁合同纠纷案，湖北省宣恩县人民法院民事判决书，（2020）鄂 2825 民初 249 号。

租赁合同纠纷案①中，竞价人金葵花物业公司利用竞价交易规则与竞价人金太阳培训中心恶意串通采取联合行动的方式排除了原承租人星海培训中心的竞价权利，进而使原承租人星海培训中心丧失行使优先承租权的机会。

二、产权交易机构处理优先承租权相关问题的对策

（一）对原承租人的优先承租权进行审查

产权交易机构中有关优先承租权的制度用于指导相关业务，而规范的业务操作是确保优先承租权顺利实施的重要保障。因此产权交易机构在处理涉及优先承租权的租赁活动时应该对房屋是否存在优先承租权进行审查，对具体项目中的同等条件进行具体认定。

1. 对房屋优先承租权真实性进行确定

《民法典》规定的优先承租权的客体仅限于房屋租赁，因此不包括其他不动产和动产的租赁。“公租房、廉租房作为保障房，其承租方有特殊的资格条件要求，并不当然享有优先承租权。”产权交易机构在租赁项目进场招租前，可要求出租方出具关于房屋优先承租权的声明，若房屋存在优先承租权，且承租方主张优先承租权时，则应让出租方出具《房屋存在优先承租权》的声明作为交易备查文件进行公开。若房屋存在优先承租权且承租方放弃主张或房屋不存在优先承租权，则应让出租方出具《房屋不存在优先承租权》的声明作为交易备查文件进行公开。优先承租权作为承租方的一项法定权利，其可根据自身需要选择是否放弃该权利，若出租方放弃该项权利，出租方应要求其出具相关说明，进而避免今后不必要的纷争。

不仅在入场前可以对房屋的优先承租权进行明确，同时在成交后的租赁合同签订阶段也可对优先承租权进行约定，可以在租赁合同中约定新的承租方放弃优先承租权或者明示不具备优先承租权的情形。此时产

① 参见苏州市吴中区星海艺术教育培训中心与苏州市吴中区木渎镇善人桥村经济合作社房屋租赁合同纠纷案，苏州市吴中区人民法院民事判决书，（2018）苏0506民初5925号。

权交易机构需在公告阶段对相关情况予以充分公示。

2. 对同等条件进行具体认定

在现有优先权的相关制度下，关于同等条件的认定较难统一，实践中对同等条件的认定出现各式各样的标准，例如房屋租金金额、支付方式、支付期限等。在同等条件的理解上，优先购买权与优先承租权存在着巨大的差异，买卖合同作为即时性合同，在交易完成后，主要权利义务即宣告结束，因此价款及支付方式、支付期限实为优先购买权中同等条件的主要指向。而租赁合同是一个持续性的合同，主要权利义务随着租期的存在而一直存在，因此其考虑的因素较为丰富，包括双方的信赖基础、行业性质、承租方经济实力、承租方信誉、承租方的经营业绩及承租方偿债能力等。“因此同等条件应当包括主观条件和客观条件。就主观条件而言，如果承租人在原来合同履行过程中，存在严重违约行为，影响双方信赖关系时，不能认为满足同等条件。同时，对于客观条件，即合同核心条款，相对于优先购买权也应当作更宽泛的理解，一般包括租金标准、支付方式和期限、租期、租赁用途以及其他影响双方权利义务的内容。”① 租赁合同往往从各个方面设置了详细的条件，但不见得每个条件的设置同等重要，因此产权交易机构及出租方在衡量是否达到同等条件时应重点考量主要条款，而对于非主要条款要求大体一致即可。

（二）进行产权交易风险提示及救济帮助

1. 对承租方的风险提示及救济

产权交易机构的租赁业务中，大部分的承租方租赁房屋为了进行商业活动，在原租赁期内已经积攒了一定的有形或无形资产，若承租方因优先承租权受侵害而无法继续租赁房屋时，将会给其带来严重的损失和不稳定的社会因素。在实践中有三类阻挠承租方行使优先承租权的行为，“一是出租方和第三人以虚假租赁合同阻止承租方续租；二是出租

① 参见金绍奇：《论法定优先承租权》，载《行政与法》2021 年第 10 期。

方和第三人勾结，迫使承租方接受不合理续租条件；三是出租方以收归自用为名，拒绝承租方续租”。①

当承租方的优先承租权受到侵害时，有两种不同的处理观点：一种观点认为，出租方与第三人订立租赁合同侵害了承租方法定利益，法院应该认定合同无效。另一种观点认为，尽管出租方侵害了承租方的优先承租权，但出租方与第三方根据合同自由原则订立了租赁合同，是合法有效的，对于承租方所遭受的损失，出租方进行相应赔偿即可。现实中，租赁活动有共性的一面，同时存在其复杂独特的一面，不能“一刀切”地选择其中一种观点。在判定时应结合出租方的侵权方式、程度及危害性、第三人是否善意并遵循现有法律对合同的效力进行综合判定，即需要充分考虑各方的利益，选择恰当的纠纷处理方式，平衡各方利益才能最终达成共识。若产权交易机构发现出租方有恶意规避承租人行使优先承租权的情形，可及时通知承租人主张权利，也可将出租人列入黑名单，减少甚至杜绝其进场交易的可能性。

2. 对出租方的风险提示及救济

承租方的优先承租权值得被保护，但是出租方的合法权益也不容被忽视。若出租方是出于正当理由而损害了承租方的优先承租权时，其可不对承租方进行赔偿。例如，承租方在租赁期间存在较为严重的违约行为，承租方延付、拒付租金、未经出租方同意转租给他人、随意更改房屋用途、对于房屋进行严重损毁或使用房屋进行非法活动，进而使出租方对其丧失了信任基础，或者出租方收回房屋是为了自用或现有政策导致拆迁、改建的，这些情况就不可归责于出租方，均构成排除优先承租权的正当理由。在司法实践中，当租赁合同到期，出租方声称将房屋收回自用，若承租方不能证明出租方已将房屋出租给第三人，则法院则会认定承租方请求行使优先承租权的理由不成立。为确实维护承租方优先承租权，应该对出租方收回房屋后再次出租进行限制。例如，经过 3 个

① 参见王燕军：《房屋租赁合同中优先承租权问题初探》，载《生产力研究》2009 年第 18 期。

月后才允许出租方再次出租房屋，否则，承租方不丧失优先承租权，产权交易机构可提示出租人保留相关证据并做好相关备案工作，防止或阻止优先承租权行使纠纷的产生。因此产权交易机构规范的业务流程，对于出租方及承租方的权利救济都极为重要，因为产权交易机构提供了一个有公信力的平台，相关材料可作为相关事实认定的有力证据。

（三）完善涉及优先承租权的进场交易制度

1. 对现有制度进行修改

目前关于优先承租权的法律法规仅有《民法典》第734条规定，该规定较为原则，并无其他司法解释或下位法规定，因此给交易行业带来操作上的困难，但是交易行业甚至产权交易机构本身可以制定不与现有法律制度相抵触的有关优先承租权的租赁服务制度，这些制度包括对优先承租权的确认、行使和救济等方面，其中最为经济的方法并不是推翻现有制度另起炉灶，而是在现有制度框架下进行修改。例如，可以在租赁项目进场章节添加出租方对承租方的通知规定，要求出租方确实履行关于房屋即将招租的通知义务并出具相关材料，若承租方明示放弃优先承租权、不参与房屋的竞价活动、无故拒收相关通知或经过合理期限后仍不回复，承租方将丧失优先承租权。若承租方回复称要行使优先权，则出租方应提示其及时到产权交易机构报名参加竞租活动。若出租方未履行或未适当履行通知义务，进而影响承租方行使优先承租权，产权交易机构可以拒绝与出租方进行合作，阻止其租赁项目进场挂牌。若承租方因出租方的原因丧失继续承租房屋的机会，产权交易机构可以协助其维护权利。

2. 选择网络竞价作为优先承租权的进场交易方式

相比之下，拍卖和招标并不适合涉及优先承租权的租赁活动，而网络竞价则较为适合。网络竞价作为一种实时、便捷、高效竞价方式越来越广泛深入地应用到现有各类交易业务和板块中，因此可以在网络竞价的制度中添加对优先承租权行使的制度规范。网络竞价方式可根据现有材料如租赁合同等进而标识竞租人是否具有优先承租权，在竞价过程中给予原承租人特殊标识及操作权限，通过特殊标识可以让其他竞租人知道该租赁项目有原承租方并且其极有可能行使优先承租权，因此会全面衡量、谨慎出价，通过赋予原承租方额外操作权限，可让其与其他竞租人享有同等出价的权利，进而确保其优先承租权在“同等条件下”的行使。

（本文仅代表作者个人观点。特约编辑：陈容明）

融资方“跳单”，司法裁判如何考量投融资中介的应得报酬

傅一龙[*]

一、“跳单”纠纷的产生缘由

市场经济大潮中，一方面创业项目在千方百计吸引投资方的青睐，另一方面投资方也在苦苦寻觅优质投资标的。

投融资的迫切客观需求和双方信息的不对称，共同促使了投融资中介这一细分行业的产生。投融资中介，又称财务顾问，即 Financial Adviser（FA）。FA 是一个虽入行门槛低但技术要求高的行业，其工作本质是撮合投融资双方达成交易。

这一新兴行业在投融资活动发达的一线城市蓬勃发展，亦伴生诸多纠纷。

实践中常见，融资方经 FA 介绍认识投资方后，便抛开、隐瞒 FA 单独接洽投资方，直至投融资完成，俗称“跳单”。FA 获悉投融资成功并索要中介费时，融资方可能以“FA 不专业”“除了介绍个人便啥事儿没干”为由，拒绝按约定比例支付中介费。

此时，FA 便与融资方产生纠纷。谁是？谁非？融资方应支付中介费吗？应按约定比例支付中介费吗？

此时，需紧紧依靠法律。

---

* 北京市康达（深圳）律师事务所律师，圣路易斯华盛顿大学法学硕士。

二、跳单纠纷的民事案件案由

FA 的工作流程是介绍投融资双方认识、促使双方交易，事成之后融资方（委托人）按实际投资额给付 FA（受托人）一定比例中介费。

可见，FA 扮演的是投融资中介的角色，其当初与融资方签署的合同，不论名称是《融资顾问合同》还是《财务顾问合同》，本质都是中介合同，双方之间的纠纷是中介合同纠纷。

我国《民法典》第 961 条规定："中介合同是中介人向委托人报告订立合同的机会或者提供订立合同的媒介服务，委托人支付报酬的合同。"

《民法典理解与适用》[①] 对该条阐述道："依据本条规定，中介合同包括两类：报告订约机会的中介合同和充当订约媒介的中介合同。其中，报告订约机会，是指中介人接受委托后，将收集的信息报告给委托人，从而提供订立合同的机会，又称'报告中介'或'指示中介'。充当订约媒介，是指中介人接受委托后，不仅要报告订约机会，还要居中斡旋，代为传达委托人与第三人的意思，努力促成其合同成立，又称'媒介中介'。"

一般而言，根据融资方与 FA 达成的中介合同，FA 不仅要提供对本项目感兴趣的投资方资源（报告订约机会），还要撮合投资方与融资方达成合作（充当订约媒介）。

因此，从法律角度看，FA 既是"报告中介"，又是"媒介中介"。

三、融资方"跳单"后，FA 仍有报酬请求权

若 FA 促成投融资，则其有权向融资方收取中介费；若 FA 未能促成，则无权收取。这种约定，在协议双方乃至社会大众看来，都是天经地义的。

① 最高人民法院民法典贯彻实施工作领导小组主编：《中华人民共和国民法典合同编理解与适用》（四），人民法院出版社 2020 年版，第 2706 页。

法律亦为双方提供了相应的请求权和抗辩权依据。《民法典》第963条规定，“中介人促成合同成立的，委托人应当按照约定支付报酬……”第964条进一步规定，“中介人未促成合同成立的，不得请求支付报酬……”

从上述两条规定可知，FA是否有权取得报酬，关键在于最终达成的投资协议是否为FA促成的。那么，怎样判断是否为FA促成的呢？

《民法典释义》[①] 对上述第963条阐述道：“委托人与第三人之间的合同成立，是由中介人促成的，也就是与中介人的中介服务具有因果关系。因果关系的判断，应当考虑合同能够成立可以归因于中介人进行中介活动付出的努力，以及委托人是否实际利用了中介人提供的订约信息或者媒介服务。”

“在报告中介中，与委托人签订合同的第三人是中介人介绍的。而在媒介中介中，中介人参与了委托人和第三人签订合同的谈判和协商，在委托人和第三人之间斡旋，也就是在双方的谈判中起到了一定的辅助、协调作用。对于因果关系的存在，应当由中介人证明。”

“一般认为，只要中介人能证明在委托人与第三人的合同订立之前，提供了相应活动，如向委托人报告了第三人的有关情况，或者经常参与到双方的谈判中，一般就可以认为中介人的这些行为与合同的成立具有因果关系。”

因此，若FA确能证明投资协议的成立与其提供的中介服务具有因果关系，那么即使委托人“跳单”，司法裁判机构亦能认定FA已提供中介服务，从而判决或裁决支持相应中介费。

中介人此类成功维权案例在民法典颁布前便已屡见不鲜。

例如，在（2018）粤0309民初1708号案中，FA互联港湾公司向融资方三维通公司推荐了投资方松禾公司，三维通公司随后绕开FA直接与松禾公司洽谈并获得融资，FA并不知悉双方的谈判与合作，亦无从跟进服务。

① 黄薇主编：《中华人民共和国民法典合同编释义》，法律出版社2020年版，第982页。

针对该情况，深圳市龙华区人民法院认定："三维通公司既未告知互联港湾公司投资人资源重复，不属于有效推荐，亦未告知互联港湾公司是否需要与目标投资人接触谈判，导致互联港湾公司未能继续跟进该投资项目，故应视为互联港湾公司已完成部分居间服务，三维通公司应向互联港湾公司支付相应的居间服务费。"

相比原《合同法》，《民法典》新增关于委托人"跳单"后中介报酬请求权的条款，第965条规定："委托人在接受中介人的服务后，利用中介人提供的交易机会或者媒介服务，绕开中介人直接订立合同的，应当向中介人支付报酬。"

从此，法律层面首次明确了"跳单"行为的构成要件和违约责任，赋予了FA更加直接而明确的主张合法权利的法律依据。

四、融资方"跳单"后，司法裁判机构如何考量FA的应得报酬

根据上述《民法典》第965条的规定，"跳单"行为的构成要件包括三项，即"委托人接受中介人的服务"、"利用中介人提供的交易机会或者媒介服务"和"绕开中介人直接订立合同"。

司法实践中，FA往往通过展示种种证据力图证明三项要件事实均存在，而融资方的应诉策略则是反向而行，证伪要件事实的存在。

个案事实千差万别，事实层面的攻防要点需结合具体证据分析，故此处不再展开。

（一）FA报酬的法律性质

本文拟进一步探讨，融资方"跳单"后，FA维权主张的中介报酬属何性质，因为报酬性质的认定，直接影响了FA是否有权按约定比例取得全额中介费、直接影响了融资方的应诉策略。

《民法典理解与适用》[①] 对上述第965条阐述道："根据本条规定，

① 最高人民法院民法典贯彻实施工作领导小组主编：《中华人民共和国民法典合同编理解与适用》（四），人民法院出版社2020年版，第2725－2726页。

委托人构成‘跳单’行为的，应当向中介人支付报酬。那么对于报酬的性质，有不同的理解。”

“一种观点认为，它属于委托人应承担的违约责任；另一种观点认为，它属于中介合同的对价。这种观点认为，委托人向中介人支付报酬是附条件的，需以促成合同成立为条件，而根据《民法典》第159条规定（《合同法》第45条），附条件的民事法律行为，当事人为自己的利益不正当地阻止条件成就的，视为条件已经成就。因此，如果委托人‘跳单’而不正当地阻止报酬支付条件成就，视为条件已成就，委托人应向中介人支付报酬。”

“我们认为第一种观点更为合理。理由如下：第一，‘跳单’发生在中介合同成立、生效后的履行阶段；第二，附条件的民事法律行为，当事人阻止的是合同效力的成就，而‘跳单’并未阻止合同生效，而是委托人利用了中介人提供的信息、机会等条件却不通过中介人而达成买卖交易的行为，违反合同诚实履行的义务；第三，实践中，中介人享有的报酬请求权，往往不仅因为其提供了有用的信息。比如，在二手房买卖合同中，中介人与委托人约定的报酬，需要中介人履行一系列合同义务，包括提供有用的房源信息、带买方看房、协助双方商谈价格、协助办理贷款、协助办理产权过户等。实践中，委托人‘跳单’经常发生在看房之后，订立买卖合同之前。此时，中介人仅履行了部分合同义务，如果要求委托人支付约定的全部报酬，违反权利义务一致的原则。综上，中介人与委托人签订的中介合同，可以约定禁止‘跳单’条款，并且可以约定‘跳单’的违约责任；如果当事人没有约定的，按照本条处理，委托人应当向中介人支付报酬。至于支付的数额，可以考虑中介人提供服务的程度，进行具体判断。”

由上可见，权威司法观点认为，融资方“跳单”后，FA维权主张的中介报酬属于融资方应承担的违约责任。

实际上，该定性对融资方应诉是利好的，因为违约金是可以根据当事人请求而获得司法适当调减的，融资方并非只能依据实际投资额和当初约定的中介费率计付中介报酬。

根据《民法典》第585条第2款的规定："约定的违约金低于造成的损失的，人民法院或者仲裁机构可以根据当事人的请求予以增加；约定的违约金过分高于造成的损失的，人民法院或者仲裁机构可以根据当事人的请求予以适当减少。"

司法实践中，融资方往往以FA"仅在服务初期介绍投融资双方认识、后续未如约提供各项专业撮合服务"为由，反驳FA关于支付全额中介费的诉请；司法机关会根据证据材料所展示的FA工作量之多寡、服务程度之深浅、撮合作用之大小，并对照中介合同对FA工作职责的约定，最终酌定融资方应支付的中介报酬。

（二）中介合同全面约定FA职责情况下的裁判规则

司法裁判机构考量中介报酬的首要依据是中介合同的约定。因此，达成何种条款，关乎融资方有权要求的FA服务范围，也直接影响纠纷发生后FA的可期待利益。

在一些案件中，司法裁判结果可能与FA的诉请额相差甚远。

例如，在（2019）沪01民终9456号案中，FA曹某某、FA孟某某诉请融资方裕兰公司支付融资顾问费229.69万元，上海市第一中级人民法院仅支持其中的30万元。

对此，上海市第一中级人民法院在判决书中解释道："本院认为，根据《财务顾问协议》的约定，乙方曹某某的私募融资服务不仅包括向甲方裕兰公司引荐投资人，还包括为甲方设计股权融资交易的总体结构、协助确定公司估值、为甲方设计谈判策略、协助签订投资协议等。本案中，孟某某虽向裕兰公司推荐了包括南京A有限公司在内的几家潜在投资方，亦带南京A有限公司的代表王某前往裕兰公司处洽谈投资事宜，但最终南京A有限公司并未实际投资，曹某某、孟某某亦未提供后续服务。现南京A有限公司投资设立的宁波G有限公司实际投资了裕兰公司，鉴于上述两家公司之间的关联性，且裕兰公司对其抗辩主张的系经宁波市政府部门推荐达成投资协议一节未能提供证据证明，故应认定曹某某方在该起融资中的引荐作用，但考虑到其并未提供后续服务的实际情况，全额计取融资成功费并不合理，本院酌情确定裕兰公司支付30万元……”

又如，在（2019）粤03民终16176号案［前述（2018）粤0309民初1708号案的二审程序］中，FA互联港湾公司诉请融资方三维通公司支付居间服务费25万元，深圳市中级人民法院仅支持其中的5万元。

对此，深圳市中级人民法院在判决书中解释道：“双方2017年7月8日签订的《委托融资协议书》……在该协议中，明确约定互联港湾公司的义务包括四项，经诉争双方确认，互联港湾公司在融资活动中未参与完成协助融资人与投资人沟通答疑、尽职调查和谈判工作等三项工作。因此，互联港湾公司上诉依据合同约定支付全部报酬，本院不予支持。”

在以上两起案件中，司法判决的中介报酬远低于诉请额的原因在于，FA在中介合同项下，需提供的服务不仅是为融资方引荐投资方（报告订约机会），还需在投融资双方洽谈合作的全过程中，提供诸多专业撮合服务（充当订约媒介），而涉案FA明显未提供后者服务。

（三）中介合同淡化FA专业服务职责情况下的裁判规则

在另外一些案件中，中介合同重点约定FA需物色和引荐何种投资方（强调FA报告订约机会的职责），但未明确约定FA后续需提供何种专业撮合服务（未明确要求FA充当订约媒介），在这种情况下，司法层面往往认为FA已履行中介合同的大部分甚至全部义务，从而判决融资方支付大部分甚至全额中介费。

例如，在（2021）京0108民初5651号案中，FA攀登公司（合同乙方）诉请融资方奥创光子公司（合同甲方）支付财务顾问费62.5万元，获北京市海淀区人民法院全额支持。

北京市海淀区人民法院在判决书中援引了双方《财务顾问协议》的具体约定：“……乙方通过建立微信群或者以其他方式使甲方与投资机构建立联系，如果甲方之前接触过该机构，则甲方应当在两天内通知乙方，否则该投资机构仍属于乙方推荐的机构。如果该机构与甲方签订投资协议并打款，则甲方应当按照上述规定向乙方支付财务顾问费。”

北京市海淀区人民法院分析道：“现攀登公司已按合同约定建立微信群，提供潜在投资者信息并经过攀登公司介绍的投资人已实际与奥创光子公司实际签订了投资（融资）合同，故攀登公司已履行合同义务，奥创光子公司亦应按照协议的约定给付攀登公司相应的报酬。”

又如，在（2017）沪 0101 民初 18143 号案中，FA 启弘投资诉请融资方大方公司支付并购成功费 200 万元，上海市黄浦区人民法院支持其中的 176 万元。

对此，上海市黄浦区人民法院在判决书中解释道：“涉案的《财务顾问合同》……从合同内容看合同所指的财务顾问工作的目的是大方公司融资或者是并购成功，向大方公司推荐合适的投资者是首要的合同义务。原告履行了寻找上市公司作为并购方的义务后，大方公司应主动向原告披露其与并购方的并购动向，而大方公司却在原告向其介绍了梦洁公司后，违背诚信原则，与梦洁公司单独接洽并购事宜，构成违约。本院考虑到大方公司违约在先，导致原告确实未能参与整个并购过程，客观上未能履行全部合同义务，酌情扣减原告应得的并购成功费，认定大方公司应支付原告并购成功费 176 万元。”

综上可见，中介合同的具体条款约定内容，直接影响纠纷发生后的司法裁判结果。

因此，在商议合同条款时，FA 需量力而行，不可为承揽业务而过分夸大实力，最终书面承诺一揽子难以提供的专业服务，否则履约时极易引发不满甚至纠纷；而融资方需关注 FA 的拟服务范围，必要时还可背调 FA 的行业口碑，面对仅能提供介绍服务的 FA 和可提供专业服务的 FA，给予的中介费率应有所区别。

五、结　语

FA 将稀缺的资金和优质的项目对接成功，对提高社会资源匹配效率、创造更多财富均具有积极意义。

因此，尽管 FA 行业目前一方面在规模和数量上快速增长，另一方面存在从业者良莠不齐的客观现状，但其对经济发展的作用仍不容忽视，行业整体仍然值得持续关注和期待。

（本文仅代表作者个人观点。特约编辑：黄畅）